水运工程监理培训用书

Hetong　Guanli

合 同 管 理

（第三版）

中国交通建设监理协会　**组织编写**
交通运输部工程质量监督局　**审　　定**
　　刘志杰　李　静 **主　　编**

内 容 提 要

本教材是为水运工程项目监理人员学习和掌握有关工程合同管理基本理论与适用知识而编写的。主要包括三个方面的内容：一是合同知识，包括合同的基本知识和相关法律知识；二是水运工程招标投标知识，包括勘察设计、施工、监理的招标与投标；三是合同管理实务与案例。

本教材注重知识性与实践性的结合，既可以作为监理人员业务培训和水运工程监理工程师考试用书，并可用作高等学校水运工程专业学生学习监理知识的参考用书。

图书在版编目(CIP)数据

合同管理／中国交通建设监理协会组织编写．—3版．—北京：人民交通出版社，2013.5（2024.12重印）

水运工程监理培训用书

ISBN 978-7-114-10632-3

Ⅰ.①合… Ⅱ.①中… Ⅲ.①航道工程—经济合同—管理—技术培训—教材 Ⅳ.①U615.1

中国版本图书馆 CIP 数据核字(2013)第 106276 号

水运工程监理培训用书

书　　名	合同管理（第三版）
著 作 者	中国交通建设监理协会
责任编辑	韩亚楠　赵瑞琴
出版发行	人民交通出版社
地　　址	(100011)北京市朝阳区安定门外外馆斜街3号
网　　址	http://www.ccpcl.com.cn
销售电话	(010)85285857
总 经 销	人民交通出版社发行部
经　　销	各地新华书店
印　　刷	北京虎彩文化传播有限公司
开　　本	787×1092　1/16
印　　张	14
字　　数	323千
版　　次	2013年5月　第3版
印　　次	2024年12月　第3次印刷
书　　号	ISBN 978-7-114-10632-3
定　　价	36.00元

(有印刷、装订质量问题的图书由本社负责调换)

《水运工程监理培训用书》编审委员会

主任委员：黄　勇

副主任委员：刘　巍　周元超

编写委员会：(按姓氏笔画排序)

王祖志　邓顺盛　田冬青　刘　文　刘志杰

刘　敏　许镇江　吴　彬　李　静　陈红萍

季永华　赵卫民　黄伦超　游　涛

审定委员会：(按姓氏笔画排序)

左旋峰　刘长健　吕翠玲　汤渭清　李　聪

苏炳坤　周　河　周立杰　唐云清　戴　中

序

交通运输行业是最早开展工程监理制度试点的行业之一,交通建设监理制度与项目法人责任制、招标投标制、合同管理制共同构成我国交通运输基础设施建设的"四项基本制度"。

为了提高公路水运工程监理人员的业务能力与水平,交通运输部工程质量监督局(原交通部基本建设质量监督总站)自1990年开始,组织行业内的有关高校编写了公路水运工程监理培训教材,并开展监理业务培训工作,到目前为止,先后有近20多万人参加培训,近7万人获得交通运输部颁发的公路水运工程监理工程师执业资格证书。作为交通建设监理队伍骨干的监理工程师和专业监理工程师,已经成为交通基础设施建设不可或缺的重要技术管理力量。

为满足公路水运工程建设监理业务教育培训需要,同时为参加交通运输部公路水运工程监理工程师过渡考试人员提供复习参考,中国交通建设监理协会组织相关专家学者对公路、水运工程监理培训教材(第二版)进行了修订完善。修订后的公路工程监理培训用书共分五册,分别是《监理概论》、《工程质量监理》、《工程进度监理》、《工程费用监理》和《合同管理》;水运工程监理培训用书共分六册,分别是《监理概论》、《质量控制》、《进度控制》、《费用控制》、《合同管理》和《机电设备控制》。

本套培训用书以我国公路水运工程建设实际和最新颁布的法规、标准、规范为依据,既注重工程监理基本理论、基本方法的阐述,又充分反映了工程建设管理和监理实践的发展与变化,同时兼顾了公路水运工程监理工程师过渡考试的相关要求,内容系统性与实践指导性并重,可满足广大公路水运工程监理人员学习及提高业务水平需要,同时也作为公路水运工程监理工程师过渡考试主要参考资料。

目前我国交通运输业正处于加快改革发展的重要战略机遇期,交通建设的持续发展,给广大立志从事工程建设监理事业的技术人员提供了更广阔的舞台,让我们不断提升自身业务素质与水平,进一步增强责任感与使命感,为交通基础设施建设的科学发展、安全发展做出新的贡献。

交通运输部工程质量监督局

2013年5月

前　言

为满足水运工程建设需要，提高监理从业人员业务水平和现场工作能力，经交通运输部工程质量监督局同意，中国交通建设监理协会联合人民交通出版社于2012年10月10日在北京召开了《公路水运工程监理培训用书》修订工作会议，确定了编写大纲。在教材的修订过程中，编写人员吸纳教学过程中收集的意见和建议，结合水运工程建设实际和监理工作需要，力争体现国际和国内工程建设管理与工程监理领域的新理念、新方法、新进展，修订后的新教材经专家函审、编者修改、专家会审定后出版。

水运工程合同是工程监理的重要依据，而合同管理又是水运工程监理工作的主要内容之一，也是一项工程管理的基础性工作。其规范性强、原则性高，具有严密的理论性和灵活的实践性特点。本教材在修订中努力做到理论与实践相结合，基本理论与概念清晰、内涵明确，相关法律法规和规定要点准确、表述规范；招标与合同条件适用范围清楚，重在会用；招标组织与合同管理注重理论性与实践性的结合，原则性与灵活性的结合，程序性与操作性的结合。

本次修订照顾统编教材修订的历史沿革和传承，在保持教材风格和成熟内容不变的基础上，着重补充新颁布的法律法规和相关规范性文件的精神与要求，补充一些新的实践成果，同时对教材的内容安排顺序作部分调整。本次修订将原教材的8章内容缩为6章，并调整原教材的内容顺序，按照以下三个方面安排教材内容结构：一是合同知识。包括合同的基本概念、建设工程合同知识和国际工程合同知识；二是水运工程招投标知识；三是合同管理实务。并且按考点要求修改了各章后的复习题。

本教材由大连理工大学刘志杰、李静教授担任主编。具体编写分工如下：刘志杰负责第一章、第二章、第五章部分、第六章的编写；李静负责第三章、第四章、第五章部分的编写。全书由刘志杰统稿。

本教材由交通运输部工程质量监督局组织审定，广西八桂工程监理咨询有限公司周河高级工程师担任主审,对本书的成稿和内容质量的提升提出许多建设性意见,在此向部工程质量监督局领导和主审专家表示衷心感谢!

限于编者的水平和经验,教材中谬误和疏漏之处在所难免,敬请读者批评指正。

编　者
2013 年 5 月

目　　录

第一章　绪论 1
　第一节　水运工程监理与合同管理 1
　第二节　建设工程发承包模式与合同类型 7
　第三节　水运工程项目采购与招标投标 14
　第四节　工程合同管理模式 21
　复习题 22

第二章　合同法律基础 23
　第一节　合同法律基本知识 23
　第二节　《合同法》概述 39
　第三节　《招标投标法》及配套法规概述 45
　第四节　合同概要 48
　复习题 65

第三章　水运工程招标投标 67
　第一节　水运工程招标程序与管理 67
　第二节　水运工程施工招标与投标 76
　第三节　水运工程勘察设计与监理招标 82
　第四节　水运工程材料设备采购招标 90
　复习题 91

第四章　水运工程合同与委托监理合同 93
　第一节　水运工程勘察与设计合同文件 94
　第二节　水运工程施工合同文件 98
　第三节　水运工程委托监理合同文件 122
　复习题 133

第五章　监理工程师的合同管理 134
　第一节　工程分包管理 134
　第二节　工程变更管理 140
　第三节　工程延期管理 145
　第四节　质量控制与费用控制中的合同管理 150
　第五节　索赔管理 158
　第六节　合同争端的协调与处理 170
　第七节　案例分析 174
　复习题 180

第六章　国际工程合同管理 ··· 181
第一节　国际工程合同 ··· 181
第二节　FIDIC《施工合同条件》 ··· 184
第三节　FIDIC 其他合同条件 ··· 201
第四节　ICE 新工程合同条件(NEC)概述 ··· 204
复习题 ··· 210

参考文献 ··· 211

第一章 绪 论

[**自学提要**] 本章是教材的总纲。通过学习,应了解监理工程师合同管理的概念、性质、任务和作用;了解工程项目发承包模式、合同管理模式;了解工程项目采购与招标的基本概念;熟悉合同管理的主要内容和监理工程师的主要职责与权限。

第一节 水运工程监理与合同管理

一、水运工程监理的特点

水运工程是港口工程、航道工程、航标工程、通航建筑物工程、修造船水工建筑物工程、安装工程和支持系统及其辅助与附属工程等的统称,属于建设工程的一种。其除具备建造技术复杂、工期长、投资额高、风险性大等一般建设工程的特点以外,尚具有水运工程专业的特殊性,如受地质、气象、水文等自然环境影响大,水下施工存在诸多不确定性,具有本行业专门的建设规范与标准,对从业人员与企业有专门的资格或资质要求等。在市场经济条件下,水运工程作为一种"商品"具有市场属性,并具有"先交易、后生产、再交付"这种特殊的"商品"交易过程,不能做到"即时清结",必须订立详尽的工程承包合同,以约束发承包双方的交易行为,保证交易之初确立的标的(项目范围)能够完整实现。为了使承包人能够严格按照合同、图纸、规范要求承建水运工程,满足发包人的预定目标要求,发包人必须对承包人施工活动和建造过程进行监督管理。如果发包人自己有能力可自行管理,否则就需要委托社会化和专业化的监理公司或管理公司实施工程监督管理,提供技术与管理服务。由此可以看出,按照市场经济的内在要求,鉴于水运工程的交易特点,发承包双方必须订立施工合同并严格履行合同,作为投资者的发包人需要对承包人是否全面履行合同实施监管,必要时委托专业管理公司管理。这就使得合同管理成为建设项目管理的核心,同时形成了监理人受发包人委托、以承包合同为主要依据、以监督当事人履行合同约定的义务为主要内容、以实现合同标的为主要目标的工程项目管理模式——建设工程监理。因此,工程监理的委托性、公正性、科学性、服务性等特点均是由于开展合同管理的需要而产生的,这是工程监理的特点之一。其二是在我国工程建设的法律环境下,鉴于建设工程尤其是像水运建设工程这样大型基础设施项目和其他关系社会公共利益的项目关乎国家、社会和公众的安全和利益,其质量和安全关系重大,为此,国家在工程建设领域实行工程监理制,要求凡符合法律规定范围要求的建设项目,其发包人必须委托监理人实施工程监理。因此,工程监理人具有技术服务和依法依规监督双重身份。

现行合同法和标准合同文本对参与工程建设当事人的规范称谓是发包人、承包人和监理人。其中监理人是受发包人委托并与之签订委托监理合同并实施工程监理工作的法人,有的法律法规或规范性文件又称为监理单位、监理企业或监理机构。为突出工程监理行业的职业特点,本书在不特指的情况下对具体实施工程监理主体泛称为监理工程师,相对应有时将发包人称为业主。

二、合同管理的性质、任务与作用

1. 合同管理的概念与性质

监理工程师受发包人委托对承包人的行为和工程建设的过程进行监理,其主要依据是建设工程合同。承包人与工程建设有关的施工活动,应符合建设工程合同的约定;与此同时,发包人也应承担合同约定的责任并履行其义务,即当事人双方均应按合同办事。因此广义来说,监理工程师在施工阶段的监理工作,都属于合同管理的范畴。

虽然建设工程合同是发包人与承包人为完成某项工程建设任务而订立的、规定当事人双方权利和义务关系的协议,似乎合同的订立与履行只是当事人双方的事情,但在合同的订立、履行和管理过程中,还要涉及其他几个方面,尤其是合同管理机关。因此一般意义上的合同管理是指两个层次的管理:一个是管理合同的政府有关部门,如工商行政管理部门和交通运输等建设行政主管部门,主要体现在规范签约行为和实行合同备案方面;另一个是签订并履行合同的当事人双方对合同的管理,如发包人的合同管理和承包人的合同管理。

本书所讲的合同管理是属于第二个层次的管理,且主要是指发包人的合同管理。而监理工程师受发包人委托,代行发包人部分或全部的合同管理职责,显然是属于发包人合同管理性质,故本书除另有所指外,所讲到的合同管理均指监理工程师的合同管理。

所谓监理工程师的合同管理是指监理工程师受发包人委托,根据监理委托合同的要求和所赋予的权限,为实现监理目标,通过行使管理职能和运用管理手段,对工程承包合同订立和履行进行全过程的管理活动,如规划、组织、协调、检查、监督及问题处理等。这里所要指出的是监理工程师在进行合同管理时,对当事人双方的所有合同行为都要进行管理,不只是对承包人的管理,履行合同是当事人双方的义务。但其管理的方式有所不同,对发包人的合同管理主要体现在咨询、建议和规劝;对承包人的合同管理则是明示、协商、确定和纠正。

监理工程师的合同管理既不同于政府有关部门的监督管理,也不同于合同当事人的管理,具有其特点和属性:①合同管理属于合同内部的、横向的管理,而政府有关部门的管理是外部的、纵向的管理;②合同管理具有微观性,是针对合同履行过程中的具体问题进行的管理,例如工程延期问题、工程质量问题、工程分包问题、工程变更问题、计量支付问题、中间验收和竣工验收问题以及索赔问题等;③合同管理具有监理行业特性,即:首先,具有委托性,其合同管理需要发包人的委托和授权,应在委托范围内从事合同管理并行使权力;第二,具有服务性,合同管理是在监理工程师为发包人提供技术和管理服务中进行的,寓合同管理于技术服务之中;第三,具有公正性,监理工程师在合同管理过程中要坚持"双维护"原则,既要维护发包人的合法利益,同时也要维护承包人的正当权益。应站在客观的立场上,努力当好公正的"第三方";第四,具有相对独立性,即监理工程师在合同管理中应站在第三方的立场上,独立行使发包人所赋予的合同管理权限,依据合同和事实,提出自己的意见,自主地进行合同管理;第五,具有科学性,监理工程师在进行合同管理时,是以科学的监理手段、监理方法、监理程序对工程进行管理的。以合同条款为准绳,以事实为依据,以技术为依托,坚持以数据说话,用文字档案作凭证,容易分清责任,更能有效地进行合同管理,减少合同纠纷;④合同管理具有目的性,监理工程师的合同管理是为了实现发包人的工期、质量和投资目标而采取的一种管理手段,其工作具有明确的目的性。此外,在FIDIC合同条件下,监理工程师的合同管理还具有权威性,表现为:一是监理工程师下达的指令是承包人施工的依据之一;二是在对合同条款有歧义时,应以监理工程师的解释为准。

2. 合同管理的主要任务

监理工程师对水运工程合同管理的主要任务是为了实现监理目标,保证合同能够依法订立、顺利履行。监理工程师通过对合同条款的拟定或选择、合同谈判、合同签订进行咨询和组织;通过加强合同分析和合同文件及档案管理;通过采取组织措施、经济措施、信息管理手段以及其他管理方法,进行认真、公正的监理;通过对合同的履行、变更等进行组织、指导、督促、检查、协调、控制以及对合同纠纷进行调解和处理,充分保证当事人双方的合法权益,防止和制止违约行为的发生等而进行的一系列管理工作,以促进工程建设顺利进行和合同标的完整的实现。现实中,水运工程监理大多为承包人中标后方介入合同管理,因此,监理工程师合同管理的主要任务是对合同履行的管理。

为完成上述任务,监理工程师应做好以下几个方面的工作:

(1)对于大型水运工程建设项目,现场监理机构中要设有专门的合同管理人员;要建立健全合同管理制度、程序和工作流程;为发包人及时提供合同及其管理方面的咨询意见和信息;代表发包人对合同条款进行解释,并做好合同档案的管理和合同分析工作。

(2)依据承包合同对工程建设的过程和参建者的行为进行有效的控制,督促和监督承包人严格执行和全面履行合同,督促和协调发包人全面履行合同规定的义务,保障当事人双方的合法权益。

(3)严格控制和正确处理合同变更,尽量防止合同争执的出现;若此种情况一旦发生,应及时协调和处理,减少损失,并做好有关索赔的管理工作。

(4)定期向发包人提供合同实施报告,为发包人提供可靠的、及时的信息、资料、建议和意见,做好咨询服务,以便使发包人做出正确的决策。

3. 合同管理的作用

在水运工程建设中,发承包双方为了顺利完成建设任务,依法签订了规定当事人双方权利义务关系的协议——合同,因此当事人双方在工程建设过程中,都应严格按合同规定的权利来履行各自的义务。由于水运工程建设的特点,合同履行的周期比较长且环境经常发生变化,加之当事人双方主观意识不同、各自利益的驱动以及管理不善等因素作用,使得合同在履行中经常遇到障碍而发生变更,甚至引起争议和纠纷,故此需要加强对合同的控制和管理。除了当事人双方应增强诚信意识、合同意识并加强合同管理、保障履约的可靠性外,作为独立执业的监理工程师,在合同管理方面更有着不可替代的作用。

(1)监理工程师加强合同管理有助于监理目标的实现。监理工程师的工作目的是实现发包人所要达到的项目建设目标,即费用目标、时间目标和质量目标。而这三个目标的实现均与建设工程合同有关。合同既是设定建设目标的规定性文件,也是实现目标的约束条件,更是监理工程师进行目标控制的法律依据和强有力的手段。监理工程师通过加强合同管理,就可以有效地控制影响因素,及时纠正违约行为,保障工程建设的顺利进行,有助于监理目标的实现。

(2)监理工程师加强合同管理,有助于充分维护发包人的经济利益,也有利于保障承包人的正当权益。工程承包合同规定了当事人双方的经济关系,合同一经签订,当事人双方的经济利益就通过合同联系在一起。发包人的经济利益与承包人的经济利益是有差别的,各自追求的目标有所不同,如承包人可能通过降低成本来获取收益,增加利润收入,但这样做就有可能损害工程的质量;而发包人则期望在有限的费用下能获得高品质的工程建筑物。双方利益不一致,就会出现矛盾,甚至引起合同争执和纠纷,造成合同得不到完全履行。如何调解双方的利益冲突,主要应依据工程承包合同,而监理工程师则是这一调解人的扮演者。监理工程师加强合同管理,有助于减少矛盾,避免冲突,降低损失和防止(或减少)索赔的发生,这样就会更好地维护当事人双方的合法权益。

(3)监理工程师加强合同管理,可以维护合同执行的严肃性和合同的法律地位,提高履约效力。我国实行的是社会主义市场经济,市场经济既是诚信经济,也是契约经济,更是法制经济,各项经济活动都要依法办事。在水运工程建设中,发承包双方所共同依据的基本法律文件就是依法签订的工程承包合同。任何一方不按合同规定的义务履行合同,就是违约,应承担相应的法律和经济责任。如果不加强合同管理,违约行为就会时有发生,而发生违约行为后不进行处理,合同就失去了法律的严肃性,成为一纸空文,合同的标的就无法实现。我国工程建设中的经验和教训足以说明这一点。

(4)监理工程师由于其特殊地位和作用,加强合同管理更有利于合同标的的实现。监理机构是建设市场主体中独立的第三方,具有独立性、公正性、科学性和服务性。尽管监理工程师是受发包人委托进行监理和合同管理,但他是站在公正的立场上,依据合同约定,坚持实事求是的原则,公平对待双方当事人。监理工程师加强合同管理,不但要管理承包人,也要约束发包人,使其合同行为规范化,最终做到使双方都能守约,全面履行合同。在实践中,监理工程师对承包人的合同管理,似乎争议不大。但对发包人进行合同管理,往往使监理工程师处于尴尬境地,发包人可能不理解,不支持。如果索赔制度能得到实际的贯彻和执行,监理工程师对发包人的合同管理,防止其违约,实质上是维护了发包人的利益,使其不因违约引起承包人索赔而造成损失。

(5)监理工程师加强合同管理,有利于监理工作的规范化、科学化、标准化和程序化,有利于提升监理工程师的地位和作用。

三、合同管理的主要内容

1. 合同管理的种类

根据合同管理的阶段和内容,可将合同管理分为以下几类。

(1)按合同存在的过程,分为合同签订管理和合同执行管理。

合同签订管理包括合同签订前管理和合同谈判与签订管理两个方面。合同签订前的管理,对监理工程师来说,主要是受发包人委托对投标人的资格、资信和履约能力进行预审,替发包人或协助发包人草拟合同条款或选择适用的标准合同文本;在合同谈判签订中的管理工作,主要是帮助发包人准备谈判所用的资料和文件、主要合同条款的分析、有关投标人的意图及可能讨价还价的内容预判等,并为发包人应采取的策略提供咨询意见;在合同谈判过程中进行磋商、协调,充分维护发包人的权益,使得合同条款能最大限度地满足双方当事人的要求,通过谈判使各方意见趋于一致。这个阶段监理工程师的工作主要应保证两条:一是在条款上应维护发包人的正当权益;二是使合同成为有效合同。此外还要对合同成立的条件加以管理,如鉴证或公证、承包人的履约担保等。更确切地说,此阶段的管理工作主要方式是咨询和服务工作。对于委托招标代理的项目,监理工程师还需要与之分工和协调,代表发包人为招标代理机构提供意见和资料。

合同执行中的管理主要是合同控制,处理有关合同变更、纠纷及索赔事宜等,是监理工程师的合同管理的主要阶段。

(2)按管理内容,分为合同履约管理和合同文档管理。

合同履约管理也称合同控制,就是根据合同条款的规定,在工程施工过程中,对当事人双方的建设行为和工程建设的过程进行有效的控制和监督,保证合同顺利执行。其实质就是在合同条件下的全部监理工作。

合同文档管理也称合同档案管理,属监理档案管理的一部分,是对包括合同在内的,以及与合同有关的文件、信函、电报、电传、传真、电子数据交换和电子邮件,各种记录、证明、录像、照片、纪要、报告、图纸以及说明等进行的归类、编码、整理、存放、保管、检索、分析和使用等系统管理工作。合同档案是工程监理档案的组成部分,是合同履行的真实记录和有效的法律证据,因此,合同档案管理非常重要。

2. 施工阶段合同管理的主要内容

对水运工程来说,监理工程师的合同管理工作主要是在施工阶段。在此阶段中,合同管理的主要工作如下:①工程分包管理;②工程变更管理;③工程延期管理;④质量控制与费用控制中的合同管理;⑤合同索赔管理;⑥合同纠纷的调解;⑦合同分析与合同档案管理。

具体内容详见第五章。

四、监理工程师合同管理的主要职责与权限

监理工程师在工程监理中的基本职责与权限,一般应在工程监理委托合同和建设工程合同中给出明确的规定。这在《水运工程监理规范》和《水运工程监理概论》等教材中都作过详细的介绍。正如前面述及的那样,监理工程师在施工阶段的监理工作都是与合同管理密切相关的。因此,监理工程师在质量控制、进度控制与费用控制方面的权限与职责是合同管理所必备的。但就狭义的合同管理方面的权限与职责来说,主要体现在以下几个方面:

(1)监理工程师合同管理的主要权限(须经发包人授权):

①批准工程分包内容及分包人。

②批准工程延期和费用索赔。

③发布工程变更令。

④签发付款证书,批准施工组织设计或方案、下达停工令、复工令,接收或拒收报验工程。

⑤签证交(竣)工文件及工程保修证明文件(FIDIC 为颁发移交证书与缺陷责任证书)。
⑥解释合同中有关文件及合同条款。
(2)监理工程师合同管理的主要职责：
①熟悉、理解和掌握工程承包合同条款及有关合同文件的内容，认真履行委托监理合同。
②监督承包人和发包人按合同规定的内容履行各自的义务。
③加强合同控制，促进工程顺利开展，维护发包人的合法利益。
④加强合同档案管理，做好合同分析工作，及时、准确地为发包人提供合同履行的信息。

五、合同管理与项目目标控制

对监理工程师来说，其主要工作是通过采取经济、技术、组织和合同的措施或使用此类手段，对承包人的建设行为和工程施工过程实施监理，最终实现工程项目建设目标。因此，讲监理必讲目标控制，似乎监理的主要工作就是目标控制。这主要是受项目管理理论的影响。但就施工阶段监理工作的本质而言，其主要的或基本的工作是合同控制及合同管理，而衡量合同标的实现或完成好坏的标准是建设目标。工程项目建设三大目标既产生于合同的约定又受合同执行的制约，所以，监理的目标控制除了采取科学的和有效的方法和手段外，主要是取决于合同控制或管理的好坏。满足合同要求的行为和过程是可行的，既满足合同要求又达到目标要求的建设行为及施工过程是令监理工程师满意的，达到这样要求的监理工程师的工作又是令发包人满意的，因此是理想的。所以合同管理与目标控制相互联系，相互制约，相互依赖，相互作用，相辅相成，统一于工程建设和监理工作的全过程。合同管理与建设目标控制关系图，如图 1-1 所示。

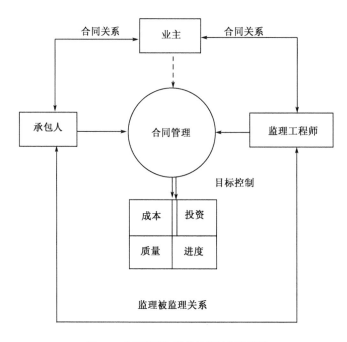

图 1-1　合同管理与建设目标控制关系图

第二节 建设工程发承包模式与合同类型

一、建设工程发承包模式

建设工程是包括水运工程在内的以完成固定资产投资为目的,为人类生活、生产提供物质技术基础的各类建筑物和工程设施的一大类工程的统称。所谓建设工程发承包模式是发包人根据自身条件和建设投资管理的需要,将投资项目的建设任务按项目组成或建设阶段划分标段,通过招标或其他委托方式选择承包人,与其签订承包合同并由其实施的一种工程项目采购与建设的方式。

工程建设发承包的模式有以下几种:

(1)平行发承包模式

平行发承包模式也称设计或施工分别承包模式,即发包人根据工程特点和管理需要,将设计项目或施工项目按单位工程或专业工程划分成独立的几个标段;然后编制相应的招标文件,通过招标选择若干个承包人;每个承包人单独承包一个设计或施工项目。发包人分别与这些承包人签订承包合同(设计或施工合同),并依据承包合同分别进行项目管理包括合同管理。同时发包人需要担负总协调人的角色,对各个发包合同以及承包人进行监督管理和总体协调。合同与管理关系如图1-2所示。

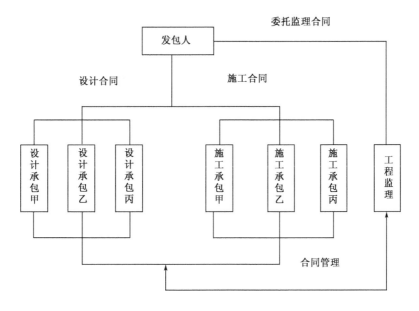

图1-2 平行发承包模式

(2)设计或施工总承包模式

设计或施工总承包模式是发包人将整个设计项目或施工项目作为一个标段,通过招标方式选择一个总承包人进行工程承包,并与之签订设计/施工总承包合同,并以此进行项目管理的方式。这种方式是阶段总成包。承包人负责履行承包合同,完成合同规定的设计/施工任务。必要时可以进行分包,承包人对分包人依据分包合同实施主、分包管理。发包人仅对总包合同负责,不再充当总协调人角色。其模式如图1-3所示。

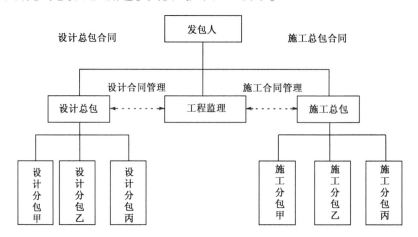

图1-3　设计/施工总承包模式

(3)总承包模式

总承包模式根据承包人地位和内容不同可分为工程总承包和项目总承包。工程总承包模式一般是指设计施工总承包模式(D-B模式),即发包人在可行性研究报告和招标设计文件的条件下,通过招标将工程项目的设计与施工全过程发包给具有工程总承包资质的承包人并与之签订工程总承包合同的一种建设组织方式。这种模式下对承包人的组织管理能力要求高,发包人的项目管理职能相对减弱。设计阶段可以聘请监理工程师或咨询工程师进行管理咨询和总体协调,但施工阶段应依法实施监理。其模式如图1-4所示。

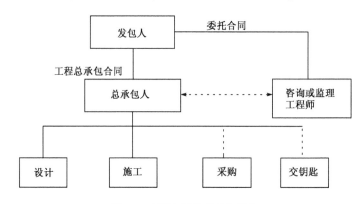

图1-4　工程(项目)总承包模式

项目总承包模式是工程项目建设全过程承包。按照FIDIC模式和建设部发布的《关于培育发展工程总承包和工程项目管理企业的指导意见》(建市[2003]30号)的定义,工程项目总承包主要有两种形式:设计采购施工总承包(Engineering Procurement Construction,简称EPC模式)和交钥匙(Turnkey)方式总承包。EPC模式是项目决策立项后,由发包人通过招标选择EPC总承包人,由总承包人负责项目的设计、工艺设备采购、安装调试和试运行并移交。交钥匙工程(Turnkey Projects)承包是完整的全过程总承包。顾名思义是发包人希望得到一个完整配套的工程项目,"转动钥匙"即可使得项目投入使用或生产。因此,这种模式除了EPC的承包范围内的工作外,还包括向前延伸到项目的可行性研究、工程勘察;中期的动迁与移民及建设用地准备;后期的生产运营准备、试生产以及相关的各种综合服务工作等。

二、建设工程合同种类

1. 建设工程合同的概念与特征

建设工程合同是《中华人民共和国合同法》(以下简称《合同法》)中的一类有名合同,也称建设工程承包合同,是发包人为了实现投资目的,与承包人(勘察、设计人、施工承包人或总承包人)依法订立的、以完成建设工程为内容的、明确双方权利义务关系的协议。

水运工程项目实施是一个十分复杂的生产过程,从设计准备开始到项目建成运行,需要经过总体规划和总图设计以及水工结构、土建、水电、机械设备等多个阶段的专业设计和施工活动,并且还需要各种材料、设备、资金和劳动力的供应。一个规模稍大一点的工程,其参加单位就可能有十几个、几十个甚至上百个,他们之间形成各式各样的经济关系,而维系这种关系的纽带就是合同。在工程建设过程中,除了前面所提到的建设工程合同以外,还会涉及许多其他合同,如设备、材料的买卖合同,货物运输合同,工程建设资金的借贷合同,机械设备的租赁合同,保险合同,以及工程监理的委托合同等。这些合同同样也是十分重要的,它们分属于不同的合同种类,分别由《合同法》和相关法规进行调整。

水运建设工程合同除了具有一般合同共有的特征之外,还具有以下几个特征:

(1) 合同标的的特殊性

水运建设工程合同的标的是涉及建设工程的建设工作,而建设工程本身又具有以下几个特点:

①产品(建筑物)的固定性和生产的流动性是区别于社会其他产品的根本特点。

②产品(建筑物)的个体性和生产的单件性。建筑产品由于其使用功能、技术要求、建筑物性质、等级标准的不同,以及受地形地貌、水文地质、气候条件等自然条件和原材料、能源等资源条件的影响,都要单独设计和施工。即使重复利用标准设计,重复使用图纸,也要根据当地的地质、水文、朝向等条件重新计算,采取必要的修改设计,才能施工。

③产品(建筑物)体积庞大,消耗的人力、物力、财力多,一次性投资数额巨大。建筑产品的体积都是相对庞大的,在建造中要消耗大量的原材料,建设项目造价很大,占用资金很多,因此在进行工程建设前,必须落实资金来源。此外,建设周期较长。

以上这些都决定了水运建设工程合同的特殊性和重要性,也使得水运建设工程合同具有一些有别于一般合同的法律特征。

(2) 合同主体的特殊性

水运工程建设技术含量较高,社会影响很大,所以,法律对水运建设工程合同主体的资格有严格的限制,只有经国家主管部门审查,具有相应资质等级,并经登记注册,领有营业执照的单位,才具有签约承包的民事权利能力和民事行为能力。任何个人及其他单位都不得承包工程,也不具有签约资格。

(3) 合同形式的特殊性

水运工程建设过程周期长,涉及因素多,专业技术强。当事人之间的权利、义务关系十分复杂,不是简单的口头约定就能解决问题的,所以,我国法律规定,建设工程合同必须采用书面形式。另外,为使合同内容更为严谨周密,双方当事人的权利、义务更为平等合理,相关国际组织及各国政府或行业协会都组织专家进行研究,制定出了一批标准合同文件或示范文本。如国际上的 FIDIC 合同条件;国内如早期建设部和国家工商行政管理局先后制定了《建设工程勘察合同示范文本》、《建设工程设计合同示范文本》、《建设工程施工合同示范文本》,近期如交通运输部制定的《水运工程标准勘察设计招标文件》、《水运工程标准施工招标文件》、《水运工程标准施工监理招标文件》等给出的标准合同条件等。这些标准文本或合同条件对节省当事人的时间和精力,为保证当事人权利、义务的平衡提供了极大的便利。

(4) 合同监督管理的特殊性

由于建设工程合同本身的特殊性,国家对建设工程合同的监督管理也十分严格。如工程发承包双方的资质要接受有关部门的审查;建设工程合同签订以后,必须报有关建设行政主管部门备案后才能生效;合同履行的过程,也要接受有关部门的监督检查,实施全过程审计的项目,还要接受审计部门的监控;建设工程的拨款、贷款、结算要接受相应银行的监督等。

2. 建设工程合同的基本要求

建设工程合同经历了一个比较漫长的发展过程。以前,建设工程合同一般都比较简单,常常仅一两页纸。但由于现代的建设工程越来越大,合同关系越来越复杂,以及建设工程本身的特点,人们对合同提出了许多新的要求:

(1) 完备性。要求合同条款内容齐全、完整,不能漏项。虽然合同是在工程施工前起草和签订的,但应该对工程实施过程中的各种情况都要作出预测、说明和规定,以防止在实施过程中发生扯皮和争执。合同内容必须具体、详细。

(2) 定义清楚、准确,合同双方责任的界限要明确,不能含混不清。合同条款应该是肯定型的,具体的,可执行的。对具体问题,各方应该做什么,不该做什么,谁负责,谁承担责任,谁承担费用都应该十分明确,而且双方对合同条款的解释应该统一。

(3) 公平性。过去人们过多地强调合同双方利益的不一致性,常常导致许多非理性的行为,如过于苛刻的单方面约束性条款,不合理的单方面免责条款,责权利不平衡条款等。许多工程实践证明,这样的合同容易导致工程失败。现在人们对合同的策划、招标投标、合同的实施控制和索赔处理越来越显示出理性,越来越显示出双方的合作和利益的一致性,强调诚实信用,互相信任,强调发挥各方积极性、创造性,保护双方利益,合理分配风险,公平分担工作和责任,工程和报酬之间应平衡。这一切有助于项目总目标的实现。

3. 建设工程合同类型

建设工程合同是合同法中记名合同的一种。按建设工程承包的项目建设内容,分为工程勘察合同、工程设计合同、工程施工或安装合同;按承包的范围,分为总承包合同和单项承包合同;按承包的合同的连带关系,分为主包合同和分包合同;按承包的合同的计价方式,分为总价合同、单价合同和成本加酬金合同。一般情况下所说的建设工程合同指的是工程勘察、设计、施工合同。由于建设工程委托监理合同与建设工程的实施与管理密切相关,尽管监理合同属于委托合同类,一般情况下,也将其归为建设工程合同一并介绍,具体内容详见第四章。下面重点介绍总价合同与单价合同。

(1)固定价格合同

根据风险范围的不同,固定价格合同又可以分为固定总价合同和固定单价合同。

①固定总价合同

固定总价合同即不可调值的不变总价合同。是指承包人以约定的固定合同金额,完成设计、规范规定的工作的合同。这种合同的价格计算是以招标文件中的有关规定和图纸资料、规范为基础,合同总价不能变更。承包人在报价时对一切费用的上升因素都已作了估计并已包含在合同总价之中。合同总价一经双方同意确定之后,承包人就一定要完成合同规定的全部工作,承担一切不可预见的风险责任,而不能因工程量、设备、材料价格、工资等变化而提出调整合同价格。对于发包人,则必须按合同总价付给承包人款项而不问实际工程量和成本的多少。

但是,如果委托项目内容、设计、规范发生变更时,相应的合同金额也会发生变更。采用固定总价合同的方式,要求工程的设计、规范在招标时就非常明确,明确到足以能准确估算其合同金额,如果有不明确的部分,投标人因为存在风险而不得不提高不可预见费,从而增加报价,或在工程实施中提出变更或索赔。这在航道工程和其他水工项目的水下施工部分比较多见。

固定总价合同对于承包人来说风险相对较大,如果承包人误解了发包人招标时设计、规范的要求,遗漏了部分承包范围,则有亏损的风险。但如果承包人能够合理组织施工,有效降低成本则有可能盈利。这种合同对于发包人来说,由于工程造价一次包死,简单省事,使发包人对工程总开支的计划更准确,在施工过程中也可以更有效地控制资金的使用。但前提是必须在招标时就明确工程的设计、规范,需要有充足的准备时间。

此类合同的招标文件具有以下特点:

a.各部分表述清晰、关联严密,对可预见的或应预见的索赔事件均应意思明确地表达,消除合同履行时该类索赔事件的发生;对于不可预见的,也将工程量和单价计价规则确定,一旦发生,可按事先约定的方式计价,防止承包人漫天要价。投标人在投标报价时应仔细研究招标文件的各部分,考虑周详后报价。

b.工程范围、图纸、规范表述详尽,特别是对发包的工程范围的边界限定必须严密,发包工程与另行发包的相关工程或发包人提供材料与承包人采购材料应分界明显,合同的责权利表达清晰、完整。

c.可提供有子目名的工程量清单表,也可只提供工程量清单表格式,而子目名由投标人根据图纸、定额子目或工程量清单说明子目按施工顺序填写。

d.工程量清单表的工程量和单价均由投标人按工程量清单格式填写和计算,最后汇出总价,作为开标评标的依据,任何中间报价清单和计算过程仅作为分析投标文件时的参考,投标人应为任何中间过程的漏项,计算失误负责,在中标后合同履行中不得以此作为索赔依据。

鉴于水运工程的特殊性,尤其是航道工程以及港口工程中的水下部分,如挖泥、爆夯挤淤、抛填等,在涉及水下地质、地形资料和水文资料不是十分完备的情况下应慎用此种计价合同。

②固定单价合同

这种方式是把工程细分为分项工程子目,发包人在招标前估算出每个分项工程子目的数量,即工程量清单,投标人只需要估算出每个分项工程子目的价格,实际支付是在每月(或每阶段)工程结算时,根据实际完成的工程量结算,在工程全部完成时以竣工图的工程量最终结算工程总价款。

固定单价合同的各项单价在工程实施期间不因价格变化而调整,因此对于发包人来说,招标时不像固定总价合同那样必须提供详细地设计、规范,从而可以缩短招标准备时间。但需要提供足够的技术资料给投标人,以推断工程的性质和技术难度,一般国际工程中大多为以相当于初步设计深度的文件进行招标的工程采用。随着工程量清单计价规范的推行,将会有更多的水运工程采用此类合同。

采用这种合同形式时由于工程量是按实际完成的数量结算,所以,通常情况下要求实际完成的工程量与原估计的工程量不能相差太大,否则,会造成原定单价的不合理。因此,一般在订立合同时规定,当实际工程量比招标文件所列的工程量相差量超过一定百分比(如10%)时,双方可以讨论调整单价。单价的调整比例最好在订立合同时明确约定,以免以后发生纠纷。该类工程招标文件的工程量清单必须有工程量清单表。采用此类合同形式的招标文件有以下特点:

a. 工程量清单中应有按施工顺序、依据图纸列出的无漏、错项的分部分项工程子目名和预估的工程数量及报价格式的工程量清单表和汇总表。

b. 有对各子目工作内容进行详细完整描述的工程量计算规则和计量说明,这类工作的漏缺项是导致合同履行中索赔的主要因素,因此必须完整、清晰、严密,特别是辅助用工、料、机应表达完全。

c. 明确规定合同单价为固定单价,不得申请变更单价调整的幅度范围以及新增子目的单价确定方法。

d. 投标人报价必须按工程量清单格式和先后顺序报价,其所报总价仅为评标依据,而合同履行中总价供参考,单价固定不变,工程量则依据计算规则按实计算,最后由实际工程量与相应单价乘积的累计作为合同价款的结算价,并以此进行工程款支付和结算。

采用这种这种方式能鼓励承包人通过提高工效等手段从成本节约中提高利润,发包人只按工程量清单的项目开支,可减少意外开支,仅需对少量遗漏的项目在执行合同过程中再报价,结算比较简单。

(2)可调价格合同

可调价格合同包括可调总价合同和可调单价合同,是指在约定的合同价格基础上,如果在合同执行过程中,由于通货膨胀而使所使用的工料成本增加,可根据合同约定的调价方法对合同的总价或单价进行相应的调整。在此类合同当中发包人须承担因通货膨胀引起的不可预见费用增加的风险。需注意的是,在可调价格合同中,必须列有调价条款才可进行调值(一般在专用条款中规定)。可调价格合同一般适用于工程内容和技术经济指标规定明确且工期较长的工程项目。

我国的大部分省市确定合同价格的依据是当地的定额,与定额相配套有各种各样的调价方式;月或季度的调价系数、竣工期调价系数、材料信息价或市场价与招标文件规定的基期价的差额等。当物价处于比较平稳时,一般来说调价系数也比较小,可以在合同价格中预计风险系数的方式,把可调价格合同转变为固定价格合同。这种计价合同方式对承包人更为有利,相应风险较少。如典型的 FIDIC 施工合同为单价合同,为了更好地平衡发承包双方的利益和风险,该施工合同把固定单价与可调单价在合同条款中做了很好的结合,值得借鉴。

三、建设工程合同标准文本

1. 合同书面形式

根据合同法的规定,建设工程合同的订立应采用书面形式。书面形式按照法律性质分为普通书面形式和特殊书面形式两类。普通书面形式又有自拟式、专业式(格式条款)和规范式三种类型。由于规范式合同是由合同管理机关单独制定的,并以行政规章的方式公布,其目的是规范当事人合同订立行为,因此,具有一定的约束力。如果对合同文本格式进行规范化,此类合同文本就成为示范文本或标准文件。特殊书面形式是根据合同法及相关法规的规定,当事人应当采用并具有形式约束力的书面形式,包括鉴证、公证、登记和备案。

2. 合同标准文本的概念与特点

在工程建设合同管理的实践中,把大量的、相同种类的合同文书加以归纳、提炼,从中选出每一种合同文书都必须具备的项目和内容,制定出适合于该类工程发承包需要的、具备比较固定的合同条款项目和内容,并且可以为当事人根据工程实际情况填写一些具体的数字、方式和具体要求等内容。这种依照合同法和相关法规、规章的要求,就某一类建设工程合同制定的具备必要合同条款项目和标准内容,以备当事人在签订该类建设工程合同时作为依据并加以使用的标准合同文书样式,称为建设工程标准合同条件或示范文本。国外一般称为合同条件。如著名的国际咨询工程师联合会(FIDIC)编制发行的,并被大多数国家或国际组织认可的各类合同条件。我国合同法提倡使用示范文本签订合同,《合同法》第十二条规定:当事人可以参照各类合同的示范文本订立合同。

建设工程标准合同条件或示范文本具有完备性、概括性、规范性和可靠性等特点,同时又经过国家建设管理部门和工商行政管理部门颁布,具有一定示范性、指导性和约束力。

3. 标准合同文件的种类

目前,我国的合同示范文本按适用范围分为三类:第一类是由国务院建设主管部门和工商行政管理局联合制定发布的统一示范文本;第二类是由国务院行业管理部门(如交通运输部、水利部等)制定发布的行业合同示范文本;第三类是由省(市、自治区)制定发布的区域性示范文本。如建设部、国家工商行政管理局已发布了建设工程施工、监理、勘察、设计等合同示范文本;由水利部、国家电力公司、国家工商行政管理局颁发的《水利水电土建工程施工合同(通用合同条款)》,由水利部、国家工商行政管理局颁发的《水利工程建设监理合同书》等。目前,各行业主管部门正在把示范文本变成具有一定约束力的行业标准,如交通运输部水运工程标准施工、监理、勘察、设计等招标文件,其中给出了的标准合同条件,供签订水运建设工程合同使用。

第三节 水运工程项目采购与招标投标

一、水运工程项目采购

1. 项目采购的概念

水运工程项目的发承包属于市场交易行为。从发包人角度而言,属于项目采购性质。按照我国项目管理知识体系(C-PMBOK)的定义,项目采购(Procurement)的含义是"为达到项目范围,从组织外部获取货物或服务所需的过程。"而根据《中华人民共和国政府采购法》(以下简称《政府采购法》)的定义,采购是"以合同方式有偿取得货物、工程和服务的行为,包括购买、租赁、委托、雇佣等。"这里明确了合同方式是采购的前提。

从上述定义可以看出,项目采购的含义有广义和狭义之分。广义的采购包括工程、货物、服务的采购;狭义的采购主要是指货物(材料、燃料、设备、物品)的采购。因此水运工程的发承包、工程监理的委托等行为均属于项目采购范畴。

2. 项目采购方式

项目采购的方式是合同方式。根据合同成立的形式不同,分为招标采购与非招标采购。招标采购是采购人通过公开招标或邀请招标方式选择供应人并与之订立合同而获得工程、货物或服务的交易行为。而非招标采购则是采购人通过询价、竞争性谈判、单一货源订购等方式选择供应人并与之订立合同而获得工程、货物或服务的一种交易行为。在我国,采用何种方式实施项目采购,需遵循《中华人民共和国招标投标法》(以下简称《招标投标法》)和《政府采购法》以及相关配套法规的规定。

根据上述,水运工程的发承包属于项目采购范畴,而招标投标只是项目采购的一种方式,这种市场交易行为都是以订立合同方式为前提的。

二、水运工程招标与投标

招标与投标是在市场经济条件下所进行的一种有组织的大宗商品特殊的交易行为,是一种通过充分竞争获得工程、货物和服务的采购方式。

水运工程招标与投标是市场经济条件下进行水运工程项目的发包与承包过程中所采用的一种交易方式,是发包人通过招标以合同方式获得工程、货物和服务,投标人通过投标以合同方式获得报酬的交易行为,是建设市场中一对相互依存的活动。招标投标的过程其实质也是合同成立的过程,是要约邀请(招标)、要约(投标)、承诺(定标)这一合同成立过程的一种特殊方式的体现。

1. 招标与投标的概念

(1)标的概念

所谓标,一方面是指标价,也就是采用比价方式承包工程时,各竞争者所标出的价格;另一方面也是指标的物(包括工作,提供技术和服务),即工程承包人出售的"商品"。

(2)招标的概念

水运工程招标就是招标人即发包人(买方)根据拟建工程项目的有关内容和要求,通过发布招标公告或邀请书等形式,招引或邀请有承包能力的投标人即承包人(如设计、施工、安装或制造和服务等卖方)报价,利用标价这一经济手段从中优选承包者的一种委托方式。水运工程建设项目的招标人一般是指提出招标项目并进行招标的水运工程建设项目法人。

对于发包人来说,招标就是择优。通过招标,来选择他认为的最优秀的承包人。由于工程的性质和评价标准的不同,因此择优的标准也可能有不同的侧重,优的标准可以是最优技术、最佳质量、最低价格或最短工期。以上四个方面都得到满足是比较难的,因此发包人应综合比较,通过评审有所侧重地选择其满意的承包人。

为了能顺利地完成工程建设任务,在选择承包人后,发承包双方必须签订建设工程合同,以规定当事人之间的权利与义务关系。建设工程合同是招标投标制的必然要求,是实现标的的法律凭证。招标是一种要约邀请,其实质是为签订承包合同做铺垫和规范。

(3)投标的概念

水运工程建设的投标是承包人作为投标人为争取获得工程建设任务而进行的竞争活动,也是承包人获取建设任务的主要方式。

水运工程投标是投标人在认真研究招标文件的基础上,根据招标人的要求和条件,通过调查研究,权衡价格、工期、质量、物质技术条件、对手及风险等关键因素,在规定的期限内向招标人递交投标文件、提出报价,通过竞争获取承包工程的过程和方法。

既然是竞争,参加投标的企业就不止一家,因此,不应把投标只看成是工程造价的竞争,实际上也是企业之间比实力、比信誉、比管理水平、比技术和技巧的竞争。通过竞争可以促进承包者提高经营管理水平,提高技术进步和实力,提高信誉和竞争能力,最终达到降低工程造价、确保工程质量、缩短建设工期、提高投资效益的工程建设总目标。

承包人中标后,应与发包人(招标人)签订工程承包合同。通过在建设中全面履行合同的规定和要求,最后实现标的。相对招标而言,投标是一种要约行为,是向发出要约邀请的招标人(即受要约人)表达与之订立合同的意愿。按合同的法律特征,一经招标人承诺(即中标),合同就告成立。

2. 招标与投标的目的和特点

采用招标投标方式进行水运工程项目的交易既是国际上通用的一种工程发承包方式,也是我国市场经济条件下建设工程项目采购的主要方式,同时也是我国投资项目管理所实行的一种制度,即用法律形式固化下来的一种约束机制,被称为招标投标制。

为了规范招标投标的行为,我国制定了《招标投标法》等专门的法律和一系列法规和规章,把招标投标活动纳入法制化轨道,做到有法可依,有章可循。

招标投标的目的就是通过在工程建设中引进竞争机制,为招标人择优选定中标人(勘察、设计、设备安装、施工、材料设备供应、监理或工程总承包等单位),按照合同约定完成规定的建设任务,以保证缩短工期、提高工程质量和节约建设投资等建设目标得以顺利实现。

作为一种交易方式,招标投标具有以下特点:采用竞争机制,实现交易公开;鼓励竞争、防止垄断、优胜劣汰,可较好地实现投资效益;通过科学合理和规范化的监管制度与运作程序,可有效地杜绝不正之风,预防腐败,保证交易的公正和公平。

作为水运工程的主要交易方式,除去一般项目招标投标的特点外,还具有水运工程项目本身特点,如体现在先交易后生产、特定的合同与计价方式(如固定价格、可调价合同,采用工程量清单计价方式等)和结算方式(如预付、期中支付、最终支付等)以及水运工程项目涉水而带来的特殊性与复杂性(如风、浪、潮、涌等气象与水文条件的随机性;水下地质、地形的不确定性以及施工技术和机械设备的专门性)等对投标人主体资质和业绩的特殊要求以及对招标投标活动的策划、组织、管理带来的特殊要求上。

3. 招标投标活动应遵循的原则

我国《招标投标法》第五条规定:"招标投标活动应当遵循公开、公平、公正和诚实信用的原则。"

(1) 公开原则

公开是指招标投标活动应当有较高的透明度,招标投标活动中所遵循的公开原则要求招标活动信息公开,开标活动公开,评标标准公开,定标结果公开。公开性原则是保证招标投标活动依法守规的前提条件。

(2) 公平原则

招标投标属于民事法律行为,公平是指民事主体的平等。招标人要给所有的投标人以平等的竞争机会,这包括给所有投标人同等的信息量、同等的投标资格要求,不设倾向性的评标条件。如不能以某一投标人的产品技术指标作为标的要求,否则就有明显的授标倾向,而使其他投标人处于竞争的劣势。另外还应当杜绝一方把自己的意志强加于对方,招标压价或订立合同前无理压价以及投标人恶意串通、提高标价损害对方利益等违反平等原则的行为。公平性原则是保证招标投标活动的结果有效的必要条件。

(3) 公正原则

公正原则是指招标人在执行开标程序、评标委员会在执行评标标准时都要严格照章办事,尺度相同不能厚此薄彼,尤其是处理迟到标、判定废标、无效标以及质疑过程中更要体现公正,要实事求是地进行评标和决策,不偏袒任何一方。公正性原则是保证招标投标活动的结果有效的充分条件。

(4) 诚实信用原则

诚实信用是民事活动的基本原则,诚实是指真实和合法,不可用歪曲或隐瞒真实情况去欺骗对方。信用是指遵守承诺,履行合约,不见利忘义,弄虚作假甚至损害他人、国家和集体的利益。招标投标的双方都要诚实守信,不得有欺骗、背信的行为。招标人不得搞内定承包人的虚假招标,也不能在招标中设圈套损害承包人的利益。投标人不能用虚假资质、虚假标书投标,投标文件中所有各项都要真实。合同签订后,任何一方都要严格、认真地履行。诚实信用性原则是保证招标投标形成的合同能够全面履行的支撑条件。

三、我国工程建设项目招标的范围、类别及条件

1. 招标的范围

(1) 必须招标的工程建设项目

依照我国招标投标法及有关规定,目前在我国境内建设的以下项目必须通过招标投标选

择承包人：

①关系社会公共利益、公众安全的大型基础设施项目，主要包括：

a. 煤炭、石油、天然气、电力、新能源项目；

b. 铁路、公路、管道、水运、航空以及其他交通运输业等交通运输项目；

c. 邮政、电信枢纽、通信、信息网络等邮电通讯项目；

d. 防洪、灌溉、排涝、引(供)水、滩涂治理、水土保持、水利枢纽等水利项目；

e. 道路、桥梁、地铁和轻轨交通、污水排放及处理、垃圾处理、地下管道、公共停车场等城市设施项目；

f. 生态环境保护项目；

g. 其他基础设施项目。

②关系社会公共利益、公众安全的公用事业项目。主要有：

a. 供水、供电、供气、供热等市政工程项目；

b. 科技、教育、文化等项目；

c. 体育、旅游等项目；

d. 卫生、社会福利等项目；

e. 商品住宅，包括经济适用房；

f. 其余公用事业项目。

③全部或部分使用国有资金投资的项目。主要有：

a. 使用各级财政预算资金的项目；

b. 使用纳入财政管理的各种政府性专项建设基金的项目；

c. 使用国有企业事业单位自有资金，并且国有资产投资者实际拥有投资权的项目。

④全部或部分使用国家融资的项目。主要有：

a. 使用国家发行债券所筹资金的项目；

b. 使用国家对外借款或者担保所筹资金的项目；

c. 使用国家政策性贷款的项目；

d. 国家授权投资主体融资的项目；

e. 国家特许的融资项目。

⑤使用国际组织或者外国政府贷款的项目。主要有：

a. 使用世界银行、亚洲开发银行等国际组织贷款资金的项目；

b. 使用外国政府及其机构贷款资金项目；

c. 使用国际组织或者外国政府援助资金项目。

以上范围内总投资超过3 000万元人民币的各类工程建设项目，包括项目的勘察、设计、施工、监理以及与工程建设有关的重要设备、材料等采购必须进行招标。另外，投资虽然低于3 000万元人民币，但合同估算价达到下列标准之一的也必须进行招标：

①施工单项合同估算价在200万元人民币以上的；

②重要设备、材料等货物的采购，单项合同估算价在100万元人民币以上的；

③勘察、设计、监理等服务的采购，单项合同估算价在50万元人民币以上的。

(2)可以不进行招标的项目

依照我国《招标投标法》及有关规定,在我国境内建设的以下项目可以不通过招标投标来确定承包人:

①涉及国家安全、国家机密、抢险救灾或者属于利用扶贫资金实行以工代赈、需要使用农民工等特殊情况,不适宜进行招标的项目。

②建设项目的勘察设计,采用特定专利或者专有技术的、或者其建筑艺术造型有特殊要求的,经项目主管部门批准,可以不进行招标。

2. 招标的分类

工程建设招标,按标的的内容可分建设工程总承包招标,工程勘察设计招标,工程建设施工招标,建设工程材料、设备招标和建设监理招标,并与工程发承包模式的确定相一致。

(1)建设工程总承包招标

建设工程总承包招标依据发承包模式分为设计施工招标和项目总承包招标。后者是指在建设项目立项之后,对包括勘察设计、设备材料采购、工程施工、生产准备、投料试车,直至竣工投产、交付使用的建设全过程进行的招标。国际上称为 EPC(设计、采购、施工)或"交钥匙"工程招标。承包人提出的实施方案应是从勘察设计开始到工程项目交付使用的全过程的方案,提出的报价也应是包括勘察、设计服务费和实施费在内的全部费用的报价。总承包招标对投标人来说利润高,但风险也大,因此要求投标人要有很强的技术力量和相当高的管理水平,并有可靠的信誉。

(2)工程勘察设计招标

工程勘察设计招标是招标人就拟建的工程项目勘察和(或)设计任务发出招标信息或投标邀请,由投标人根据招标文件要求,在规定期限内向招标人提交包括勘察和(或)设计方案及报价等内容的投标书,经开标、评标,从中择优选定勘察和(或)设计人(即中标人)的活动。

在我国有的设计单位或企业并无勘察能力,所以勘察和设计分别招标也是常见的。在这种情况下,一般是设计招标之后,根据设计单位提出的勘察要求再进行勘察招标,或由设计单位承包后,分包给勘察单位,或者设计、勘察单位联合承包。

(3)工程建设施工招标

工程建设施工招标是招标人就建设项目的施工任务发出招标信息或投标邀请,由投标人根据招标文件要求,在规定的期限内提交包括施工方案和报价、工期、质量等内容的投标书,经开标、评标、决标等程序,从中择优选定施工承包人的活动。

根据承担施工任务的范围大小及内容的不同,施工招标又可分为总承包招标、单项工程施工招标、单位工程施工招标及专业工程施工招标等。

(4)设备、材料招标

工程建设项目的设备、材料招标,是招标人就设备、材料的采购发布信息或发出投标邀请,由投标人投标竞争获得采购合同的活动。但适用招标采购的设备、材料一般都是用量大、价值高,对工程的造价、质量影响大。我国法律规定:凡单项合同额超过 100 万元的建设工程中的设备、材料采购,均应采用招标方式进行采购。

(5)工程建设监理招标

工程建设监理招标是建设项目的招标人为了加强对设计、施工阶段的管理,委托有经验有能力的建设监理人,对建设项目的设计、施工进行监督管理而发布监理招标信息或发出投标邀请,由监理人竞争承接此建设项目的监理任务的过程。

3. 招标的条件

建设项目招标应具备以下基本条件:

①建设项目按现行规定已履行审批或核准、备案手续;项目概算已经批准。

②招标范围内所需资金已经落实。

③已经向招标投标管理机构办理报建登记。

对不同性质的工程招标条件除基本条件外,还有其他条件,具体见表1-1。

工程招标条件　　　　　　　　　　表1-1

招标类型	招标条件中宜侧重的事项
勘察设计招标	(1)按照国家有关规定需要履行项目审批、核准或者备案手续的,已经审批、核准或者备案; (2)勘察设计有相应资金或者资金来源已经落实; (3)所必需的勘察设计基础资料已经收集完成
施工招标	(1)建设工程已列入年度投资计划 (2)建设资金已落实 (3)施工前期工作已基本完成 (4)有正式设计院设计的施工图纸和设计文件
建设监理招标	(1)设计任务书或初步设计已经批准 (2)建设项目的主要技术工艺要求已经确定
材料设备供应招标	(1)建设项目已列入年度投资计划 (2)建设资金已按规定存入银行 (3)已有批准的初步设计或施工图设计所附的设备清单
工程总承包招标	(1)设计任务书已批准 (2)建设资金和场地已落实

四、建设工程招标方式

招标方式是采购的基本方式,决定着招标的竞争程度,也是防止不正当交易的重要手段。依照我国《招标投标法》第十条规定,招标分为公开招标和邀请招标两种方式。

1. 公开招标

公开招标又称竞争性招标,是指招标人以招标公告的方式邀请不特定的法人或者其他组织投标。招标的公告必须在国家指定的报刊、信息网络或其他媒介发布。招标公告应当载明招标人的名称、地址、招标项目的性质、数量、实施地点和时间,以及获得招标文件的办法等事项。如果要进行投标资格预审的,则在招标公告中还应载明资格预审的主要内容及申请投标资格预审的办法。

公开招标的最大特点是凡具有资格的承包人或供应人均可参加投标竞争,都有同等的机会。公开招标的优点是招标人有较大的选择范围,可在众多的投标人中选到报价合理、工期较短、技术可靠、资信良好的中标人。但是公开招标资格审查及评标的工作量大、耗时长、费用高,且有可能因资格审查不严导致鱼目混珠的现象发生,这是需要特别警惕的。

招标人选用了公开招标方式,就不得以不合理的条件限制或者排斥潜在的投标人,例如,不得限制或者排斥本地区、本系统以外的法人或者其他组织参加投标。

2. 邀请招标

邀请招标也称有限竞争性招标或选择性招标,是指招标人以投标邀请书的方式邀请特定的法人或者其他组织投标。我国《招标投标法》规定:"国务院发展计划部门确定的国家重点项目和省(自治区、直辖市)人民政府确定的地方重点项目不适宜公开招标的,经国务院发展计划部门或者省(自治区、直辖市)人民政府批准,可以进行邀请招标。"投标邀请书上同样应载明招标人的名称、地址,招标项目性质、数量、实施地点和时间以及获取招标文件的办法等内容。招标人采取邀请招标方式的,应邀请3个以上具备承担招标项目的能力且资信良好的潜在投标人投标,一般以3~10个参加者较为适宜。邀请招标虽然能保证投标人具有可靠的资信和完成任务的能力,能保证合同的履行,但由于受招标人自身的条件所限,不可能对所有的潜在投标人都了解,可能会失去技术上、报价上有竞争力的投标人。

邀请招标一般邀请的都是招标人所熟悉的或在本地区、本系统拥有良好业绩、建立了良好形象的投标人,所以较之公开招标的投标人资格审查,工作量就要少得多,招标周期就可缩短,招标费用也可以减少,同时还可减少合同履行过程中承包人违约的风险。

我国招标投标法提倡公开招标,限制邀请招标。

五、工程建设招标投标制

招标投标是招标发包和投标承包的总称。国家为加强对招标投标活动的管理制定了专门的法律,使其成为一种依法存在的管理体制,也称为招标投标制。工程建设招标投标制与项目法人责任制、工程监理制和合同管理制一同构成我国工程建设中的4项基本管理制度。

在计划经济时期,我国水运工程建设都是使用行政手段,采用指令性计划分配建设任务,以行政方式指定施工单位。这种办法存在着缺乏竞争,施工企业无压力、无动力,往往造成工程造价增高、工期拖延、工程质量得不到保证的弊端。随着改革开放的不断深入,商品经济的发展和市场机制的作用,以往计划经济体制下的建设任务分配方式,已严重阻碍了生产力的发展,必须进行改革,要按商品生产和市场经济的规律来组织生产和工程建设。招标投标制是市场经济中一种大宗商品的交换方式,具有较强的竞争性。它是依据价值规律、市场需求规律和竞争机制来管理社会化生产的一种经营管理制度,是建设市场运行中的基本要求。其特点是由唯一的买主(或卖主)设定标的,招请若干个卖(买)主通过秘密投标进行竞争,从中选择中标者与之达成交易协议(即签订合同),随后按协议(合同)要求来实现标的。这种方式符合国际惯例,是国际上工程建设领域中普遍运用的发承包方式。

招标投标制的基本原则是公开、公平、公正和诚实信用,鼓励竞争,防止垄断,等价有偿,优胜劣汰,并遵守《招标投标法》和《反不正当竞争法》,其目的是缩短工程建设工期,确保工程质量,控制工程造价,提高投资效益,防止地方保护、暗箱操作和腐败现象的发生。我国自1983年试行和推行招标投标制以来,已取得了良好的效果,对促进建设行业和企业提高工程质量,缩短工期,降低造价,改善经营管理,提高竞争能力起到了推动作用。《招标投标法》及其配套法规的颁布实施和有形建设市场的运行,对进一步规范建设市场秩序和招标投标活动,起到促进和保障作用。

水运工程,特别是港口和航道枢纽工程,一般都具有投资大、工期长、质量要求高、建设技术复杂等特点,属于基础设施工程,是"大宗"商品,因此,工程建设任务(包括勘察、设计、监理、施工安装、设备采购供应等)应采用招标投标方式来完成。

第四节　工程合同管理模式

合同管理的直接依据是建设工程合同。不同的合同类型就会有不同的合同管理的要求,其管理的内容、方式和流程就会不同,而选用什么样的合同类别是与工程项目的发承包模式有关的。不同的发承包模式,采用不同的合同模式,从而带来不同的项目管理模式。从前述的发承包模式中可以看出其模式的实施是用两个文件表述并固定下来的,即工程招标文件和合同文件。在招标文件和合同文件中明确阐述了不同的发承包模式下进行工程管理的原则、方式、流程、各方职责和要求,这就构成了合同管理模式。因此可以说,有什么样的发承包模式就会需要相应的合同条件,从而就会带来相应的合同管理模式。

一、施工合同管理模式

施工合同是为完成特定的施工项目或任务订立的关于发包人与施工承包人双方权利义务关系的协议。它可以是总价合同也可以是单价合同。该种合同约定由发包人提供设计图纸,承包人依照图纸施工,发包人委托监理机构进行工程监理。发包人与监理人协同对承包人的履行合同的过程和行为进行监督、评价,按约定支付合同款项,监督承包人按合同约定的合同价格、质量标准和工期要求完成施工任务,完整实现合同约定的标的。这种合同一般是双方平衡分担建设风险。

二、设计—施工总承包合同管理模式

设计—施工总承包合同即工程总承包合同,是由发包人与总承包人订立的为完成特定工程项目的设计与施工任务而明确双方权利与义务关系的协议。这种合同一般为总价合同,由发包人提供设计要求和资料,由承包人负责设计与施工并竣工交付使用;发包人可以聘请咨询或监理工程师进行设计和管理咨询,聘请监理工程师负责施工监理,并对承包人的履约过程和行为进行监督、评价,验收图纸和工程,按合同约定支付合同款项;监督承包人按约定的工期、质量标准和合同价格完成建设任务,完整实现合同标的。这种合同主要建设风险由承包人负担。

三、项目总承包合同管理模式

项目总承包合同模式或交钥匙项目,是由发包人与项目总承包人为全面完成项目的建设任务,对项目的策划、设计、采购、施工、验收、调试实行全过程、总体价格、建设风险进行承包并签订项目总承包协议的一种合同模式。这种合同管理由发包人或其代表直接管理,不再委托

咨询工程师或监理工程师进行合同管理,且不直接介入工程管理,只专注合同总价和最终完工期限的管理并对设计成果、竣工后试验进行评价。当然,这种合同管理模式是属于目标合同管理模式,工程项目管理的重心在总承包人(相当于建设单位)。目前,实施这种模式中的工程监理的方式还没有明确的规定。按照现行法律法规规定,施工阶段必须实施监理的,委托人可能是发包人。如总承包为代建制模式,代建单位为委托人。

复 习 题

1. 简述监理工程师进行合同管理的特点、任务、意义和作用。
2. 简述一般合同管理的种类和内容。
3. 简述合同管理与目标控制的相互关系。
4. 简述工程发承包与招标、合同类型选择的关系。
5. 简述三种发承包模式与合同管理模式的异同。
6. 总价合同和单价合同的内涵分别是什么?
7. 招标与投标的基本概念、基本原则、范围和基本条件是什么?
8. 简述公开招标和邀请招标的特点,以及通常情况下应采用公开招标的理由。

第二章 合同法律基础

[**自学提要**] 通过学习,应了解民事法律关系、建设法律的概念与特点;熟悉《建筑法》和《招标投标法》的基本要求;了解《仲裁法》与《民事诉讼法》的基本规定;了解《担保法》与《保险法》的基本规定;熟悉合同的概念,《合同法》的调整范围,《合同法》的基本原则及特点;掌握合同的基本内容与条款,合同的订立与效力,合同的履行,合同的变更、转让、终止与违约责任。

第一节 合同法律基本知识

一、民事法律关系

从广义上来说,合同是民法调整的范围。合同本身是一种民事法律行为,是设立、变更、终止民事权利义务关系的协议,而民事权利义务关系可以分为财产关系和人身关系。我国民法的调整对象,是平等主体之间的财产关系和人身关系。关于合同的法律是民法的重要组成部分,因此,学习合同法律知识应首先了解民法的基本内容。

1. 民事法律关系的基本概念、基本特征及构成要素

(1) 民事法律关系的概念

民事法律关系是民事主体之间发生的、具有民事权利义务内容的社会关系,是民法调整的平等民事主体之间财产关系和人身关系在法律上的具体表现。

人与人(包括自然人、法人)在现实生活中必须交往,存在着各种联系。这些交往、联系有着具体实在的内容,主要表现在财产关系和人身关系两大方面。这是客观存在的,是"物质"形态,即物质社会关系。人们在交往过程中,往往要按一定的习惯、道德和行为准则进行,以保证这种社会关系正常和维持,而当物质社会关系被注入人的意志,提炼出基本的行为规范和准则,并由国家强制力来约束和协调这种关系时,物质关系就转化为"精神"层面的社会关系,形成了法律关系——即民事法律关系。

(2) 民事法律关系的基本特征

①民事法律关系具有法律强制力,其内容的实现为法律所保障。如债权债务关系,到期必须还债,否则就要受到法律的制约。

②民事法律关系根据民法的规定而产生,适用民法的调整方法和基本原则。在民事法律关系中,双方当事人地位平等,其法律保障措施具有补偿性的特点。这不同于诸如行政法律关系,存在着上下级关系以及对违法现象给予惩罚等。

(3) 民事法律关系的构成要素

民事法律关系由主体、内容以及客体三个基本要素构成。

①主体。民事法律关系的主体是指参加民事法律关系、享受权利、承担义务的当事人（自然人、法人及其他组织）。

②内容。民事法律关系的内容是指民事主体在民事法律关系中所享有的权利和应承担的义务，即民事权利和民事义务。民事权利是民事主体实现其利益的意志获得法律上的效力；而民事义务是指义务主体为满足权利主体法律上的利益，依法应为一定行为或不为一定行为的约束。

③客体。民事法律关系的客体是指民事主体享有的民事权利和承担民事义务所共同指向的对象。民事法律关系的客体主要包括物、行为、智力成果、人身利益。

(4) 民事权利的分类

民事权利主要有：财产权与人身权；绝对权与相对权；支配权、请求权、形成权、抗辩权；主权利与从权利；专属权与非专属权；即得权与期待权等。

2. 自然人与法人

(1) 自然人

自然人是基于自然规律而生出并生存的人。凡具有一国国籍的自然人，称为该国的公民。我国民法上的自然人，除中国公民以外，也包括外国公民和无国籍人。自然人是最重要的民事主体之一。自然人作为民事主体，必须具有民事权利能力，这样才拥有民法上的地位，同时也必须具有相应的民事行为能力。

自然人的民事权利能力是自然人成为民事主体、享受民事权利和承担民事义务的资格，是法律赋予自然人的资格。其民事权利能力的特点体现为：法律地位的平等性、民事权利能力内容的广泛性和实现民事权利的现实性。《中华人民共和国民法通则》（以下简称《民法通则》）规定："公民从出生时起到死亡为止，具有民事权利能力，依法享有民事权利，承担民事义务"。

自然人的民事行为能力是自然人以自己的行为设定民事权利义务的资格，即自然人依法独立进行民事活动的资格。如签订合同的资格。尽管民法赋予一切自然人以民事权利能力，但在承认每个自然人都可以享有权利和承担义务的同时，也要确认具备一定的心理条件的自然人才具有民事行为能力，可以独立参加民事活动。因此，自然人民事行为能力是法律赋予的一种资格，即包括自然人为合法行为的资格，也包括自然人对自己已实施的违法行为承担民事责任的资格。

我国《民法通则》将自然人的民事行为分为以下三类：

①完全行为能力。具有完全民事行为能力的自然人，可以独立地实施法律规定的自然人有权实施的一切民事行为。如签订合同。《民法通则》规定18周岁以上的自然人具有完全民事行为能力；16周岁以上不满18周岁的自然人，以自己的劳动收入为主要生活来源的，也视为完全行为能力人。

②限制民事行为能力。限制民事行为能力是指当事人的民事行为不完全，在法定范围内，当事人具有民事行为能力，可以独立地实施民事行为；但在法律范围之外，是不能独立地实施民事行为的。在我国，10周岁以上但不满18周岁的自然人和不能完全辨认自己行为的精神病人是限制民事行为能力人。

③无民事行为能力。无民事行为能力是指完全不具备民事行为能力,原则上不能参加任何民事活动。如若需要其实施民事行为,只能由他们的法律代理人代理。我国规定不满10周岁的未成年人,不能辨认自己行为的精神病人是无民事行为能力人。

(2)法人

①法人的概念。法人是具有民事权利能力和民事行为能力,依法独立享有民事权利和承担民事义务的组织。法人是相对于自然人的另一种民事主体。各种组织体以其团体的名义进行各种活动,尤其是社会经济活动,构成了社会经济运行的最为重要的部分。民法上的法人制度,是对参加民事活动的社会组织的法律地位的确认。

②法人应具备的条件。对于社会组织,若要具有法人资格,成为民事主体,则必须具备以下条件:

a.依法成立。即成立社会组织的目的、活动的宗旨必须符合法律的规定,符合社会公共利益;其次社会组织必须按法律程序而设立,即必须经过审批和核准登记。

b.有必要的财产或者经费。如果社会组织没有独立的财产,就缺乏参加民事活动的物质基础,无法履行财产义务和承担财产责任。同时其财产必须具备一定的数额,这样才能从事与其相当的民事活动。否则就不具备一定的民事行为能力。

c.有自己的名称、组织机构和场所。这是法人组织表现其存在的形式和基本条件。法人是以自己的名称参与民事活动的,没有名称,就无法加以区分、登记和辨别,也就无法承担民事权利和义务。法人既是组织,是组织必须有人员,有分工,有规章,有制度,有组织形式,即形成机构。法人组织的场所是其从事生产经营活动或其他活动的固定地点,以便于生产、经营、联系、办公及从事其他活动。法人的主要办事机构所在地为法人的住所。尽管信息时代的发展,有些法人组织弱化办公地点,实行网上经营和电子商务,但也是要有确定的住所和网址。

d.能够独立承担民事责任。法人不仅要独立存在,具有独立财产,而且能够以自己的财产对自己的行为独立承担民事责任。法人承担民事责任分法人的独立责任和有限责任。独立责任是指法人必须用自己的全部财产独立承担民事责任(如国有、集体所有制的全资公司);而有限责任是指法人的投资者对于法人的债务,仅以其投资额为限清偿责任,承担相应风险(如有限责任公司)。

③法人的分类。我国将法人区分为企业法人和非企业法人两大类。企业法人是指从事商品生产经营活动,以获取利润、创造社会财富、扩大社会积累为目的,实行经济核算制的法人。按投资者的身份、国籍和方式又分为:全民所有制企业法人;集体所有制企业法人;私营企业法人;联营企业法人;中外合资经营企业法人;中外合作经营企业法人;外资企业法人等。非企业法人是指依法设立,从事生产经营活动以外的其他社会活动的法人。即:机关法人,如国家各级政府部门和机关;事业单位法人,如学校、医院、科研院所、文艺团体;社会团体法人,如工会、妇联、各种学会、协会等。

④法人的民事权利能力和民事行为能力。法人的民事权利能力是指法人享有民事权利和承担民事义务的资格。法人的民事权利能力与自然人的民事权利能力的区别在于:一是开始和终止时间不同。法人的民事权利能力从法人成立时开始至法人撤销终止;二是限制不同。自然人的民事权利能力不受其自身条件的限制,而法人的民事权利的能力受其目的和业务范

围限制,不同性质的法人,其民事权利能力的内容不同;三是内容范围不同。有些权利自然人可以享有,但法人不能享有(如生命健康权,财产继承权)。有些权利法人可以享有,而自然人确不能享有(如对国有财产经营管理权)。

法人的民事行为能力是法人以自己行为取得民事权利和承担民事义务的资格。与自然人的民事行为能力的区别包括:一是自然人的民事行为能力具备一定年龄和精神状态才能取得,而法人自成立时即可取得,到撤销时才能终止;二是自然人民事行为能力的范围可能与其民事权利能力一致(如完全民事行为能力人),也可能不一致(如限制民事行为能力和无民事行为能力人),而法人民事行为能力与其权利能力范围总是一致的;三是自然人民事行为能力一般通过自然人自身的行为实现,而法人是一种组织体,其自身在客观上不能实施民事行为。法人的民事行为能力是通过其法定代表人或代理人的活动来实现的。

法人的民事责任能力是指法人作为民事主体独立承担民事责任的资格。即民事主体对自己的违法行为承担民事后果的能力。民事责任能力包括在民事行为能力之中。

⑤法人的法定代表人和代理人。法人的法定代表人是依据法律或法人章程规定,代表法人行使职权的负责人,如公司的董事长、企业的经理、工厂的厂长、学校的校长等。法人代理人是受法人委托以法人名义实施民事法律行为的人。能够作为法人代理人的人包括:法人自己组织中除法定代表人以外的其他成员,其他法人组织和其他自然人(如某种状态下委托的律师)。

法人的法定代表人在法律上具有十分重要的地位。这表现为法人的法定代表人以法人名义实施的行为,被视为法人自身行为。法定代表人执行法人的对外业务时,以法人名义订立合同,不需要法人另行授权。法定代表人所实施的行为的法律后果,由法人承担,而法人的代理人必须经过法人授权,才能以法人名义进行民事活动。

3. 代理

(1)代理的概念和特性

①代理的概念。代理是指代理人在代理权限内,以被代理人的名义实施民事活动,从而对被代理人直接发生权利义务关系,被代理人对代理人的行为承担民事责任的法律行为。由于代理行为的存在,则构成了代理关系,即通过代理的活动而在被代理人、代理人及第三人间发生的相互关系。表现为:代理人与被代理人之间的关系是代理与被代理关系,属代理权关系,为代理的内部关系;代理人与第三人之间的关系是间接的民事法律关系,属代理行为关系,为代理的外部关系;第三人与被代理人之间的关系是直接的民事法律关系,为代理行为效果关系,是代理的外部关系。

②代理的法律特征。代理在民法意义上的法律特征为:一是代理人必须以被代理人的名义进行代理活动,而不能以自己的名义进行活动。这不同于行纪行为,行纪人受委托人的委托,以自己的名义为委托人从事活动;二是代理人的行为必须是民事行为,是专指代理民事主体为意思表示的法律现象。只有设立、变更或终止被代理人与第三人之间的民事权利义务关系的行为,才是民法上的代理行为。而诸如事务行为的代理,民事诉讼中的代理,行政、财政及其他法律活动中的代理等不属于民事代理;三是代理人在代理权限范围内独立进行意思表示。其含义为:代理人在进行代理活动时,必须在被代理人所授权限内进行,不得超越权限进行活动;代理人在授权范围内独立思考、独立做出判断和选择。就代理的外部关系而言,独立行使

代理权,开展代理行为,但代理人活动的后果归属于被代理人。就代理的内部关系而言,代理人作为独立于被代理人的民事主体,要为自己的行为后果负责;四是代理人活动的法律效果直接归属于被代理人,即一方面代理活动所获得"利益"应归属于被代理人,另一方面活动所产生的"责任"也应归属于被代理人。

(2)代理的种类

①根据代理权产生的方式不同,分为法定代理、指定代理和委托代理。法定代理是指代理人的代理权直接根据法律规定产生的代理方式。如我国《民法通则》规定"无民事行为能力人,限制民事行为能力人的监护人是他的法定代理人。"产生法定代理的原因一般为监护关系、法定财产代理关系以及法律的其他规定。指定代理是指代理人的代理权是根据人民法院或其他机关的指定而产生的代理方式。如根据《民法通则》的有关规定,人民法院及村民委员会等有权为未成年人或精神病人指定监护人,亦即指定代理人。委托代理是指代理人的代理权限根据被代理人的委托授权行为而产生的代理方式。委托授权行为是一种单方法律行为,即只要被代理人做出授权的意思表示(一般书面形式),代理人就享有代理权。如果代理人不愿意接受代理权,可辞去委托。而被代理人也可以随时撤回其授权。委托代理的法律关系基础是被代理人与代理人之间存在的诸如合伙合同关系、委托合同关系、劳动合同或雇佣合同关系等以及行政职务关系等民事关系。

委托代理的形式可以采用书面形式,也可以口头形式,但法律规定用书面形式的,应当用书面形式。代理授权的方式有两种:一种是明式授权,如用口头或书面形式委托代理;另一种是默示授权,这种授权方式基于某些公认的准则而推定其为授权的意思表示。如职务授权、当事人之间的特殊关系(如夫妻关系)或其他法律关系(如合伙合同关系)即产生了这种默示授权。

委托代理的授权内容,根据《民法通则》规定:"书面委托代理的授权委托书,应当载明代理人姓名或者名称、代理事项、权限和期间,并由委托人签名或者盖章。"

对于委托代理,法律要求为:代理活动不得超越代理权范围;代理人必须亲自进行代理活动,不得擅自转委托;代理人应认真履行职责,不得损害被代理人的利益,也不得损害国家、集体或其他公民的合法利益。委托代理在下列情况下可以终止:作为被代理人的公民死亡或法人终止;代理人死亡;代理人或被代理人丧失民事行为能力;被代理人撤回代理权或代理人辞去代理权(应有凭据);代理期限届满或代理事物完成。

②依据代理行为的不同方式,分为主动代理与被动代理。主动代理是代理人以被代理人的名义向第三人为意思表示的代理,也称积极代理;而被动代理是代理人以被代理人的名义接受第三人的意思表示代理,也称消极代理。

③根据代理人的代理权是否有效,分为有权代理与无权代理。无权代理的情况主要有:没有代理权的代理;越权代理;代理权终止后又进行代理。若代理人进行的活动属于无权代理,则在原则上是不发生法律效力的。因无权代理为第三人造成的损失,应由代理人承担赔偿责任。

④其他种类。如根据代理权的不同,分为一般代理和特别代理;根据享有同一代理权的人数,分为单独代理与共同代理;根据代理权是否为直接由被代理人授权而产生,分为本代理与再代理等。

(3) 代理中的连带责任

民事连带责任是数个当事人对债务所分别承担的全部清偿的责任。在代理关系中,由于被代理人、代理人及第三人之间因某一方或某两方的原因造成侵权损害事实,往往有可能产生某种原因上的直接牵连。如代理人与第三人恶意串通,损害被代理人的利益,则产生连带赔偿责任。产生连带责任的法定事由可能是:

①因委托书授权不明所产生的连带责任。如《民法通则》规定:"委托书授权不明的,被代理人应当向第三人承担民事责任,代理人负连带责任。"

②因委托代理人转托不明所产生的连带责任。委托代理人将代理事项转委托再代理人办理时,未明确规定再代理人的代理权限,由此给第三人造成的损害,第三人可以直接要求被代理人赔偿损失,被代理人承担民事责任后,可以要求委托代理人赔偿损失,转托代理人有过错的,应当负连带责任。

③因代理行为违法所产生的连带责任。这主要体现三个方面:一是代理行为违法,并因此损害国家、集体或其他公民的合法利益,或者造成第三人的经济损失;二是被委托代理的事项违法而为代理人明知,或被代理人明知代理人的行为违法而不表示反对;三是代理活动的相对人为善意,与代理人共同进行了违法活动,损害了社会公众利益或他人的合法利益,则相对人应与代理人、被代理人共同对此承担连带责任。

二、建设法律

1. 建设法律概述

(1) 建设法的基本概念

建设法是经济法的重要组成部分。建设法的概念有广义和狭义之分。广义的建设法是指调整国家管理机关、法人以及公民在建设活动中所发生的社会关系的法律规范的总称。这里的建设活动是广义的,包括城市建设、乡村建设、工程建设等活动以及与此有关的各个行业、各个部门、各类企事业单位的各类活动。而狭义的建设活动是指所有土木建筑工程、线路管道工程和设备安装工程(以下称建设工程)的新建、改建、扩建等活动(以下称工程建设活动)。因此,狭义的建设法的概念是指调整国家管理机关、法人以及公民在工程建设活动中所发生的社会关系的法律关系的总称。

建设法作为调整建设活动所发生的社会关系的法律规范,除具备一般法律的特征外,还具有其自身的特征。主要的特征为:①行政隶属性。这是建设法的主要特征,这种特征决定了以行政指令为主的方法调整建设活动的法律关系。调整的方式主要有:授权,命令,禁止,许可,免除,确认,计划,撤销等手段;②经济性。建设活动直接为社会创造财富,建设业是国民经济的支柱产业。其经济性体现在建设活动成果的财富性(固定资产)和交换性(商品);③政策性。建设法律规范与国家的建设政策关系密切,一方面它是推行国家建设政策的强制性手段,另一方面又把国家在某一阶段的建设政策规范化,把政策纳入法律的轨道。由于政策总是依据形势的变化而进行调整,因此,建设法律也要相对的变化,其政策性强;④技术性。建设活动具有较强的技术性,其产品必须安全、可靠,其质量必须达到规定的技术标准。所有的建设活动都必须遵循技术规范,并且具有法律的约束力,因此,建设法律规定具有技术性。

(2)建设法律关系

建设法律是指由法律规范调整的一定社会关系而形成的权利与义务关系。其构成要素如下：

①主体。建设法律关系的主体是指参加建设活动,受建设法律规范调整,在法律上享有权利、承担义务的人。该主体有：一是国家机关,包括国家权力机关和国家行政机关(如国家计划机关、建设主管机关、各行业建设主管机关和监督机关)；二是法人,包括项目法人单位(建设单位)、勘察设计单位、建设监理单位、施工安装单位和物资设备供应单位；三是参与建设活动的其他社会组织,如咨询、招投标代理、预决算编制与审计、工程实验与检测以及银行、保险等金融机构；四是公民个人。

②客体。建设法律关系的客体是指法律关系的主体的权利义务关系所共同指向的对象。该客体形式主要有财、物、行为和非物质财富如技术成果和知识产权等。

③内容。建设法律关系的内容即建设权利和建设义务。其建设权利是指法律关系的主体在法律规定的范围内,根据国家的要求和自己的需要有权进行建设活动并获得合法利益,权利主体可要求其他主体为一定行为或不为一定行为,以实现自己的权利。建设义务是指法律关系的主体必须按法律规定或约定承担应负的责任。

(3)建设法的形式与构成

建设法的表现形式主要有以下几个方面：

①宪法。宪法是国家的根本大法,一切建设活动必须遵守宪法,建设法律的制定必须符合宪法的规定。

②法律。是指由国家立法机关人民代表大会及其常务委员会制定并颁布的规范性文件。其效力仅次于宪法,在全国范围内具有普遍的约束力。如《中华人民共和国建筑法》(以下简称《建筑法》)、《招标投标法》、《合同法》等。

③行政法规。是指由国务院以及国务院的建设主管部门和其他部委制定颁布的规范性文件,其效力低于法律,在全国范围内有效。行政法规的名称有"条例"、"规定"、"办法"等。如国务院的《建设工程质量管理条例》、《建设工程勘察设计合同条例》、《建设工程安全生产管理条例》、《招标投标法实施条例》；国家计委、交通运输部等七部委的《评标委员会和评标方法暂行规定》,交通运输部《水运工程建设项目招标投标管理办法》等。

④地方性法规与规章。地方法规是指由地方人大常委会制定的规范性文件。地方规章是指由地方政府制定颁布的规范性文件。地方性法规与规章的效力低于法律和行政法规,只能在本地区域有效。水运工程建设除了遵守国家法律和行政法规外,还要执行项目所在地区的法规与规章。

⑤技术法规。它是由国家制定或认可的,在全国范围内有效的技术规范、标准、规程等规定性文件。技术法规有强制性和推荐性两种。工程建设的各方必须遵守国家颁布的强制性规范和标准。

⑥国际公约、国际惯例、国际标准。凡参加国际工程建设,应当遵守我国承认的国际公约以及国际惯例和国际标准。当然在国际工程建设中还应遵守工程项目所在国的法律法规和有关规范及标准。尤其是我国加入世界贸易组织(WTO)以后,这方面遇到的问题将会更多。

建设法的构成有三个方面：一是建设行政法律,目前典型的建设行政法律就是《建筑法》、

《招标投标法》;二是建设民事法律,除了《民法通则》外,典型的法律就是《合同法》。其他的法律还有《中华人民共和国担保法》、《中华人民共和国保险法》、《中华人民共和国仲裁法》(以下分别简称《担保法》、《保险法》、《仲裁法》)等;三是建设技术法规,如有关水运工程方面的规划设计规范、施工安装与验收规范、工程技术标准和质量评定标准等。

2.《建筑法》概述

(1)《建筑法》是新中国成立以来我国颁布的第一部规范建筑活动的大法。它的颁布结束了我国长达半个世纪从事建筑活动无法可依的局面,是我国建筑业和工程建设领域中的一件大事。《建筑法》的颁布和执行,对进一步规范建设市场和建设行为与活动,确保建设工程的质量和安全,促进建筑业的健康发展,为完善我国社会主义法制,建设社会主义市场经济起到推动和保证作用。尽管该法律的名称为建筑法,但其中关于施工许可、建筑施工企业资质审查和建筑工程发包、承包、禁止转包,以及建筑工程监理、建筑工程安全和质量管理等规定,适用于其他专业建筑工程的建筑活动。因此,水运工程的建设活动也适用于《建筑法》。

(2)《建筑法》的基本内容是以建筑市场、安全、质量三方面构成的,是以市场管理为中心,以建筑工程质量和安全为重点,以加强对建筑活动的监督管理为主线而设立法律框架的。《建筑法》共分八章八十五条,分为总则、建筑许可、建筑工程发包与承包、建筑工程监理、建筑安全生产管理、建筑工程质量管理、法律责任和附则 8 部分内容。

(3)《建筑法》适用的范围是:从法律关系的主体范围看,从事建筑活动的建设单位、勘察设计单位、工程监理单位、工程承包与施工单位、个人执业、建筑行政管理部门等都应遵守本法;从法律关系的客体范围看,建筑活动和建筑市场、对建筑活动的监督和管理、其他专业工程的建设活动都是法律调整的对象。《建筑法》适用的地域为中华人民共和国境内(不包括港、澳、台)。

(4)《建筑法》中的一些重要规定如下:

①从事建筑活动应当遵守法律、法规,不得损害社会公共利益和他人的合法权益。任何单位和个人都不得妨碍和阻挠依法进行的建筑活动。

②建筑工程施工实行施工许可制度。在工程开工前,建设单位应申领施工许可证或申请开工报告,否则不得擅自施工。

从事建筑活动的建筑施工企业、勘察单位、设计单位和工程监理单位应具备相应的资质条件,经资质审查合格,取得相应等级的资质证书,方可在其资质等级许可的范围内从事建筑活动。

从事建筑活动的专业技术人员,应当依法取得相应的执业资格证书,并在执业资格证书许可的范围内从事建筑活动。

③工程依法实行招标发包,发包单位应当将建筑工程发包给依法中标的承包单位,并依法订立书面合同,明确双方的权利和义务。政府及所属部门不得滥用行政权力,限定发包单位将招标发包的建筑工程发包给指定的承包单位。

提倡对建筑工程实行总承包,禁止将建筑工程肢解发包。按照合同约定,建筑材料、建筑构配件和设备由工程承包单位采购的,发包单位不得指定承包单位购入用于工程的建筑材料、建筑构配件和设备或者指定生产厂、供应商。

承包单位应在其资质等级许可的业务范围内承揽工程。几个单位联合共同承包建筑工程时,应当按照资质等级低的单位的业务许可范围承揽工程。禁止承包单位将其承包的全部建筑工程转包他人,禁止承包单位将其承包的全部建筑工程肢解以后以分包的名义分别转包给他人。建筑工程总承包单位可以将承包工程中的部分工程进行分包,但必须经建设单位认可。若为施工总承包的,建筑工程的主体结构的施工必须自行完成。禁止总承包单位将工程分包给不具备相应资质条件的单位,禁止分包单位将其承包的工程再分包。总承包单位按照总承包合同的约定对建设单位负责,分包单位按照分包合同的约定对总承包单位负责,总承包单位和分包单位就分包工程对建设单位承担连带责任。

④国家推行建筑工程监理制度。实行监理的建筑工程,由建设单位委托具有相应资质条件的工程监理单位进行监理并应订立书面委托监理合同。工程监理单位不得转让监理业务。工程监理单位不按照委托监理合同的约定履行监理义务,对应当监督检查的项目不检查或者不按照规定检查,给建设单位造成损失的,应当承担相应的赔偿责任。工程监理单位与承包单位串通,为承包单位谋取非法利益,给建设单位造成损失的,应当与承包单位承担连带责任。

⑤施工现场安全由建筑施工企业负责。实行施工总承包的,由总承包单位负责。分包单位向总承包单位负责,服从总承包单位对施工现场的安全生产管理。施工中发生事故时,建筑施工企业应当采取紧急措施减少人员伤亡和事故损失,并按照国家有关规定及时向有关部门报告。

⑥建设单位不得以任何理由,要求建筑设计单位或者建筑施工企业在工程设计或者施工作业中,违反法律、行政法规和建筑工程质量、安全标准,降低工程质量。建筑工程实行总承包的,工程质量由工程总承包单位负责,总承包单位将建筑工程分包给其他单位的,应当对分包工程的质量与分包单位承担连带责任。分包单位应当接受总承包单位的质量管理。

建筑工程的勘察、设计单位必须对其勘察、设计的质量负责。设计单位对设计文件选用的建筑材料、建筑构配件和设备,不得指定生产厂、供应商。

建筑施工企业对工程的施工质量负责,必须按照工程设计图纸和施工技术标准施工,使用合格的建筑材料、建筑构配件和设备,不得偷工减料,不得擅自修改工程设计。

建筑工程经验收合格后,方可交付使用;未经验收或者验收不合格的不得交付使用。建筑工程实行质量保修制度。在建筑物合理使用期限内,必须确保地基基础工程和主体的质量。

(5)为了更好地执行《建筑法》,国务院制定和颁布了配套行政法规《建设工程质量管理条例》,并于2000年1月30日起实施。本条例共9章82条,分别对建设单位、勘察、设计单位、施工单位和工程监理单位的质量责任和义务做了明确规定,并对质量保修、监督管理以及违反本条例的处罚作了规定。本条例明确规定适用于各类建设工程(第八十、八十一条规定的除外)。建设工程的定义为土木工程、建筑工程、线路管道和设备安装工程本及装修工程,因此水运工程的合同管理也必须遵循此条例。本条例与合同管理有关的方面主要有以下三点:

①在合同条款中有关质量的条款必须符合本条例的有关规定,有关的标准合同条件(或范本)的相应条款应修改。

②本条例对肢解发包、违法分包和转包作了界定:

肢解发包是指建设单位将应当由一个承包单位完成的建设工程分成若干部分发包给不同的承包单位的行为。这里什么是发包的最小单位没有明确界定,一般应指单位工程。

违法分包是指：总承包单位将建设工程分包给不具备相应资质条件的单位；或建设工程总承包合同中没有约定，又未经建设单位认可，承包单位将其承包的部分建设工程交由其他单位完成的；或施工总承包单位将建设工程主体结构的施工分包给其他单位的；或分包单位将其承包的建设工程再分包。

转包是指承包单位承包建设工程后，不履行合同约定的责任和义务，将其承包的全部建设工程转给他人或者将其承包的全部建设工程肢解以后以分包的名义分别转给其他单位承包的行为。

③本条例对监理单位的处罚比监理合同有关条款的规定更为严厉。如以下几种情况除了诸如没收非法所得、降低资质等级或者吊销资质证书等处罚外还给予罚款：越级承揽监理工程的处以合同约定的监理酬金的1倍以上2倍以下的罚款；监理单位允许其他单位或个人以本单位名义承揽工程的，对监理单位处以合同约定的监理酬金1倍以上2倍以下的罚款；转让监理业务的处以合同约定的监理酬金的25%以上50%以下的罚款；与建设单位或施工单位串通、弄虚作假、降低工程质量的，或，将不合格的建设工程、建筑材料、建筑构配件和设备按照合格签字的，处监理单位50万元以上100万元以下的罚款；监理单位与被监理的承建商有隶属关系或其他利害关系而承担该项建设工程的监理业务的，处以5万元以上10万元以下的罚款等。

三、《仲裁法》与《民事诉讼法》

1. 仲裁法律概述

（1）仲裁的概念

仲裁也称公断，是指当事人之间的纠纷，由仲裁机构居中调解、裁决的活动。仲裁制度是国际上通行的解决纠纷的重要法律制度。随着社会主义市场经济体制的建立和完善，采取仲裁的方式解决合同纠纷的已越来越多，我国加入WTO后，采用仲裁的方式解决纠纷将会更为普遍。为了保证公正、及时地仲裁经济纠纷，保护当事人的合法权益，保障社会主义市场经济健康发展，1995年9月1日开始实施了《仲裁法》，该法分8章80条。

我国实行或裁或诉制度，即当事人选择解决合同纠纷的方式只能在仲裁和诉讼两种方式中选择一种。当事人达成仲裁协议，一方向人民法院起诉的，人民法院不予受理；裁决做出后，当事人就同一纠纷向人民法院起诉的，人民法院也不予受理。

（2）《仲裁法》的适用范围

对于《仲裁法》的适用范围，我国是采用"概括规定＋排除规定"的立法方式。所谓"概括规定"是将《仲裁法》的适用范围概括规定为"平等主体的公民、法人和其他组织之间发生的合同纠纷和其他财产权益纠纷"。所谓"排除规定"是指将几类具体的纠纷列举出来并排除于适用范围之外(如第三条、第七十七条的规定)。

（3）仲裁的原则

①自愿仲裁原则。自愿是贯穿仲裁程序全过程的基本原则。根据这一原则，当事人采用仲裁方式解决合同纠纷的，应当由当事人双方自愿达成仲裁协议，没有仲裁协议，一方申请仲裁的，仲裁组织不予受理；仲裁委员会应当由当事人协议选定，仲裁员由当事人各指定一名，首

席仲裁员由双方共同选定或者共同委托仲裁委员会主任指定;当事人可以自行和解,达成和解协议后,可以请求仲裁庭根据和解协议做出仲裁裁决书;当事人也可以撤回仲裁申请。这些均需当事人双方自愿。

②以事实为依据,以法律为准绳,公平合理地解决纠纷原则。仲裁庭做出仲裁裁决须以客观事实为依据,以民事实体法和程序法作为处理案件的标准。为了准确地认定事实,仲裁庭必须充分听取双方当事人的陈述、证人的证词和鉴定人的鉴定意见,必要时自行收集证据,防止偏听偏信和主观臆断,公平合理做出裁决。

③独立仲裁的原则。仲裁依法独立进行,不受行政机关、社会团体和个人的干涉。

④一裁终局原则。"一裁终局"是指仲裁裁决做出后,当事人不得就同一纠纷再行申请仲裁或者向人民法院起诉。但当事人确有证据时,可以向仲裁委员会所在地的中级人民法院申请撤销裁决。裁决被人民法院裁定撤销或不予执行的,当事人可就该纠纷重新达成仲裁协议申请仲裁或向人民法院起诉。当事人应当履行裁决。当事人一方不履行的,另一方当事人可以依照民事诉讼法的有关规定向人民法院申请执行。受申请的人民法院应当执行。

(4)仲裁程序

①仲裁申请和受理。当事人根据仲裁协议和具体的事实、理由,向合同约定的仲裁委员会递交仲裁申请书。仲裁委员会在收到仲裁申请书后,经审查认为符合仲裁条件的,应当在5日内受理并通知当事人。

②组织仲裁庭。仲裁庭可以由3名仲裁员或者1名仲裁员组成。其中至少有1名仲裁员应是双方共同选定或共同委托仲裁委员会主任指定。另2名可由当事人各选1名。对仲裁员实行回避制度。

③开庭和裁决。仲裁以开庭和不公开为原则,有协定的可以例外。到期当事人不到庭或中途退庭,对申请人可视为撤回仲裁申请,对被申请人可以做出缺席裁决。有正当理由的,当事人可申请延期开庭。当事人应当对自己的主张提供证据。当事人在仲裁过程中有权进行辩论,其辩论意见记入仲裁笔录。当事人在申请仲裁后可以自行和解,达成和解协议的可以请求仲裁庭根据和解协议做出裁决书;也可以撤回仲裁申请,之后反悔的可以根据仲裁协议再申请仲裁。仲裁庭在做出裁决之前,可以进行调解,调解不成应及时做出裁决。裁决按照多数仲裁员的意见做出,裁决书应当写明仲裁请求、争议事实、裁决理由、裁决结果、仲裁费和裁决日期。裁决书自做出之日起发生法律效力。

2.民事诉讼法律制度

(1)民事诉讼法概述

民事诉讼是指人民法院与诉讼当事人,在审理民事案件过程中所进行的各种诉讼活动以及由此产生的各种关系的总和。而民事诉讼法则是关于民事案件的诉讼活动和各种诉讼关系的法律规范的总称。

《中华人民共和国民事诉讼法》(以下简称《民事诉讼法》)是以宪法为依据,结合我国的民事审判工作的经验和实际情况制定的。其适用范围是人民法院受理公民之间、法人之间、其他组织之间以及他们相互之间因财产关系和人身关系提起的民事诉讼。凡在中华人民共和国领域内进行民事诉讼,必须遵守本法。人民法院依法对民事案件独立进行审判,不受行政机关、社会团体和个人的干涉。人民法院审理案件的原则是以事实为依据,以法律为准绳。在案件审理时应当根据自愿和合法的原则首先进行调解,调解不成时再及时判决。人民法院审理民事案件依照法律规定实行合议、回避、公开审判和两审终审制度。民事诉讼当事人有平等的诉讼权利,人民法院审理民事案件时应当保障和便利当事人行使诉讼权利,对当事人在适用法律上一律平等。在案件审理时当事人有权进行辩论。

(2) 经济审判法律制度

经济审判是指人民法院对民事案件中的经济纠纷案件进行审理判决的活动。经济审判的概念有广义和狭义之分。广义的概念中的经济审判包括海事审判在内;而狭义的概念中则不包括海事审判。水运工程涉及的经济纠纷涉及海事海商案件,所以本书使用广义经济审判概念。目前我国还没有制定专门的经济审判法律制度,法院对此类案件的审理主要是依据《民事诉讼法》和最高人民法院的有关规定、意见、通知、批复等。

① 经济审判机构的设置和受理案件的范围

我国目前的经济审判机构有人民法院经济审判庭、铁路运输法院经济审判庭和海事法院三种。各级人民法院普遍设立了经济审判庭,专责审理经济纠纷案件。经济审判庭受理案件的范围主要有以下几类:经济合同纠纷案件;农村承包合同经济纠纷案件;企业承包、租赁经营合同纠纷案件;联营合同经济纠纷案件;企业破产案件;股票、债券、票据经济纠纷案件;经济损害赔偿经济纠纷案件;技术合同纠纷案件;工业产权纠纷案件;涉外和涉港、澳、台经济纠纷案件。

我国目前在每个铁路分局所在地设立铁路运输基层法院,在每个铁路局所在地设立铁路运输中级法院。铁路运输法院设置经济审判庭和其他审判庭。经济审判庭专责受理与铁路运输有关的经济合同纠纷案件、侵权纠纷案件和其他经济纠纷案件。

我国目前在广州、上海、青岛、天津、大连、武汉、海口、厦门、宁波9个港口城市设立了海事法院。海事法院是国家审判机关的组成部分,它与普通的中级法院同级,受理国内和涉外的第一审海事案件和海商案件。其第二审法院为一审海事法院所在地的高级法院。海事法院受理我国法人、公民之间,我国的法人、公民同外国或地区法人、公民之间,外国或者地区法人、公民之间的下列5类案件:海事侵权纠纷案件;海商合同纠纷案件;其他海事、海商案件;海事执行案件和海事请求保全案件。这里海事一词是指一切有关海上活动的事物,如航海、造船、验船、海运权利、海运法规、国际海上公约、海损事故处理以及信号标准等。而海商一词主要是指海上运输中船舶及所有人与他人之间所进行的各种商务活动。

② 经济案件的管辖

根据《民事诉讼法》的规定,经济案件的管辖方式为:

a. 地域管辖。地域管辖又分为一般地域管辖,对公民的民事诉讼采用"原告就被告"原则,由被告住所地法院管辖;协议地域管辖,即由合同的双方当事人在合同中约定的人民法院管辖,可以是被告所在地、合同履行地、合同签订地、原告住所地、标的物所在地,但应符合法律规定;专属地域管辖,即按照诉讼标的的特殊性与管辖的排他性而确定的案件管辖,如不动产纠纷的诉讼由不动产所在地法院管辖,因港口作业中发生的纠纷由港口所在地法院管辖;共同地域管辖,即同一诉讼的几个被告住所地在两个人民法院辖区的,各区人民法院都有管辖权,原告可以向其中一个人民法院起诉,若向两个以上管辖法院起诉的,由最先立案的人民法院管辖。

b.级别管辖。级别管辖是指按照人民法院组织系统划分的上下级法院之间受理第一审民事案件的分工和权限。普通人民法院经济审判庭管辖除另有规定外的所有第一审经济案件;中级法院经济审判庭管辖三类第一审经济纠纷案件:一是重大涉外经济纠纷案件;二是在本辖区有重大影响的经济纠纷案件;三是最高人民法院确定由中级人民法院管辖的经济纠纷案件。而海事、海商案件应由与普通中级人民法院同级的海事法院管辖;高级人民法院经济审判庭管辖在本区有重大影响的第一审经济纠纷案件;最高人民法院管辖在全国有重大影响的第一审经济纠纷案件以及最高人民法院认为应当由该院经济审判庭审理的第一审经济纠纷案件。在全国有重大影响的交通运输方面的第一审案件,则由最高人民法院交通运输审判庭管辖。

c.移送管辖和指定管辖。人民法院发现已经受理的经济纠纷案件不属于本院管辖的,应当移送有关管辖权的人民法院,受移送的人民法院应当受理,若其认为此移送的案件依照规定不属于本院管辖的,应当报送上级人民法院指定管辖,不得再自行移送。

有管辖权的人民法院由于特殊原因不能行使管辖权的,由上级人民法院指定管辖。人民法院之间因管辖权发生争议,由争议双方协商解决;协商解决不了的,报请它们的共同上级人民法院指定管辖。

③经济审判程序

第一审普通程序:a.起诉和受理。经济纠纷案件的起诉必须同时具备4个法定条件:一是原告是与本案有直接利害关系的公民、法人和其他组织;二是有明确的被告;三是有具体的起诉请求和事实、理由;四是属于人民法院受理经济纠纷案件的范围和受诉人民法院管辖。人民法院收到起诉状经审查后认为符合起诉条件或不符合起诉条件的都应当在7日内立案受理或裁定不受理并通知当事人。b.审理前的准备。人民法院应当在经济纠纷案件立案之日起5日内将起诉状副本发送被告,被告在收到诉状副本之日起15日内提出答辩状,被告不提出答辩状的,不影响法院审理。法院组成合议庭,审判人员审核诉讼材料,调查收集必要的证据。c.开庭审理和判决。人民法院审理经济纠纷案件除另有规定外,应公开审理。法院审理案件首先核对当事人,宣布案由和有关要求,然后进行法庭调查,再进行法庭辩论,之后先进行调解,调解不成再依法宣判并应制作判决书。

第二审程序:当事人不服地方人民法院第一审判决的,有权在判决书送达之日起15日内向上一级人民法院提起上诉。上诉应递交上诉状,并通过原审人民法院提出,该法院在收到上诉状后应当在5日内将上诉状的副本送达对方当事人,对方当事人在收到之日起15日内提出答辩状。对方当事人不提出答辩状的,不影响人民法院审理。原审人民法院收到上诉状、答辩状,应当在5日内连同全部案卷和证据报送第二审人民法院。第二审人民法院对当事人上诉请求的有关事实和适用法律进行调查,并组成合议庭开庭审理。第二审人民法院审理上诉案件时,还可以进行调解。调解达成协议的,应当制作调解书,加盖人民法院印章。调解书送达后,原法院的一审判决即视为撤销。调解不成的,经过审理,按照不同情形分别处理。其判决或裁定为终审的判决、裁定。

四、《担保法》与《保险法》

在水运工程招投标、合同签订和合同管理过程中,还要涉及担保和保险的概念、与此有关的合同要求和有关法律规定。下面分别介绍担保法律和保险法律的基本概念和规定。

1. 担保法律

(1) 担保和担保法的概念

①担保是指合同的当事人在合同履行中为了保证权利人的权利得以实现而依法采取的具有法律约束力的保护措施。

②担保法是指用以调整债务人、担保人与债权人之间因担保而发生的民事和经济关系的法律规范的总称。其中《担保法》就是我们国家为促进资金融通和商品流通、保障债权的实现、发展社会主义市场经济制定的专门法律。该法共有9章96条,从1995年10月1日起执行。

③在民法理论上担保分为一般担保和特别担保。一般担保是指以债务人的财产对所有债权人的债权平等地给予担保的制度。其特点是此担保不是针对某一特定债权的,债权人没有优先受偿权,其债权实际上可能得不到保障;特别担保是相对于一般担保而言的,是指用债务人或第三人的特定财产或者特定人的一般财产保证特定债权人的债权的实现。由于此担保是针对于特定人的,故具有可靠性。通常所指的担保都是指后者。在水运工程建设的招标投标和合同履行过程中,为了保证合同得以完全履行,保证权利人的权利得以实现,因此需要对合同进行担保,这种担保称为合同担保。合同担保都是特别担保。

④合同的担保具有以下特征:a. 合同担保的从属性。担保合同是主合同的从合同,被担保的合同是主合同。担保合同的成立是以主合同的成立为前提的,主合同无效,担保合同也随之无效。b. 合同担保设立的自愿性。除留置等法律有特别规定的担保方式外,担保是由当事人以合同方式自愿设立的。《担保法》规定担保活动应当遵循平等、自愿、公平、诚实信用的原则。是否担保、采用什么形式担保、担保范围多大,应由当事人依照法律规定协商,政府和所属部门不得干涉。c. 合同担保履行的条件性。合同担保并不一定都要实际履行,只有当被担保的合同不履行或不完全履行时,担保合同才发生法律效力。

⑤合同担保的方式有保证、抵押、质押、留置和定金5种。

(2) 保证

①保证的概念和特征。保证是指保证人和债权人约定,当债务人不履行债务时,保证人按照约定来履行债务或者承担责任的行为。保证的特征有:a. 保证是一种人的担保,这种方式不是以保证人的特定财产提供担保,而是以保证人的信誉和不特定财产进行担保,债权人不能直接处分保证人的财产。b. 保证必须是由债权人和债务人以外的第三人提供的。c. 保证人应当具有代为清偿债务的能力。d. 保证设立的手续简便。

②保证人的条件。具有代为清偿债务能力(有足以承担保证责任的财产)的法人、其他组织或者公民可以作为保证人。国家机关,学校、幼儿园、医院等以公益为目的的事业单位、社会团体以及企业法人的分支机构、职能部门等不得为保证人。

③保证的方式和责任。保证人与债权人以书面形式订立保证合同。保证有一般保证和连带责任保证两种方式。当事人在合同中约定债务人不能履行债务时由保证人代为履行债务或者承担责任的为一般保证;当事人在保证合同中约定保证人与债务人对债务人的债务承担连带责任的为连带责任保证。一般保证的特点是只有当债务人(第一顺序人)被依法强制执行其财产清偿债务仍不能履行债务时,保证人(第二顺序人)才对债务承担保证责任。而连带责

任保证的特点是只要债务人在债务期届满没有履行债务,债权人就可以要求保证人承担保证责任。

保证责任是保证人在债务人不履行债务时按约定应承担的义务。其范围包括主债权及利息、违约金、损害赔偿金和实现债权的费用。具体由当事人协商约定,但不得超过主债务。

(3) 抵押

①抵押的概念和特征。抵押是指债务人或者第三人(抵押人)不转移财产的占有,将该财产(抵押物)作为债权的担保,当债务人(抵押人)不履行债务时,债权人(抵押权人)有权依照法律规定对以该财产折价或者以拍卖、变卖该财产的价款优先受偿的担保方式。其特点是:a.它是一种担保物权,抵押人可以直接处分抵押物;b.具有不可分性,抵押物的分割和部分让与、灭失,抵押权的分割或部分让与、清偿,都不影响抵押权的效力;c.具有特定性,抵押物是现存的、特定的,被担保的债权也是特定的;d.担保中不转移抵押物的占有,而是由担保人继续占有、使用和收益。

②抵押物范围。确定抵押物的范围是抵押担保的关键。作为抵押物应具备的条件是:a.必须是抵押人享有所有权和处分权的财产;b.必须是法律允许流通的可让与物;c.应该是便于管理和实施的财产;d.抵押人所担保的债权不得超出抵押物的价值。《担保法》规定了6种可作为抵押物的财产范围和6种禁止抵押的财产范围。

抵押担保的范围包括主债权及利息、违约金、损害赔偿金和实现抵押权的费用。

③抵押的设立。设立抵押应以书面形式订立抵押合同,并依法办理抵押物登记。一般情况下,只有办理了抵押物的登记,抵押合同才能生效。

④抵押权的实现。债务履行期届满抵押权人未受清偿的,可以与抵押人协议以抵押物折价或者以拍卖、变卖该抵押物所得的价款受偿;协议不成的,抵押权人可以向人民法院提起诉讼。抵押物折价或者拍卖、变卖后的价款超过债权数额的部分归抵押人所有,而不足部分则由债务人清偿。同一财产向两个以上债权人抵押的,抵押物已登记的按登记的先后顺序清偿,顺序相同的按债权比例清偿。

(4) 质押

①质押的概念和形式。质押是指债务人或者第三人(出质人)将财产或权利(质物)移交给债权人(质权人)占有,当债务人不履行债务时,债权人有权(质权)依法以该财产折价或者以拍卖、变卖该财产的价款优先受偿。质押作为合同担保的一种形式,属于物权担保。质押与抵押的不同之处:一是要将质物移交给债权人占有;二是质物的范围与抵押物的范围不同,质物为动产或者财产权利,不动产不能质押。

质押的形式有动产质押和权利质押两种。动产质押是指债务人或者第三人将其动产移交债权人占有,将该动产作为债权的担保,在债务人不履行债务时,债权人有权依法以对其处置所得的价款优先受偿。这种担保方式对债权的实现最为可靠。权利质押是指以可让与的财产权作为债权的担保方式。根据《担保法》规定,可以质押的权利为:汇票、本票、债券、存货单、仓单、提单;依法可以转让的股份、股票;依法可以转让的商标专用权、专利权、著作权中的财产权;以及依法可以质押的其他权利。

②质押担保的设立。a.对于动产质押的设立,首先应该以书面形式订立质押合同;其次,应将质物交给债权人占有,之后质押合同生效。b.权利质押的设立亦应先订立书面质押合

同;其次按《担保法》的规定移交权利凭证(如汇票、本票、债券、存货单、仓单、提单)或办理登记手续(其他质押方式),然后质押合同开始生效。

(5)留置

①留置的概念。留置是指因保管合同、运输合同、加工承揽合同和法律规定的其他合同发生的债权,债权人按照合同约定占有债务人的动产,债务人不按照合同约定的期限履行债务的,债权人有权依法保留该财产,以该财产折价或者以拍卖、变卖该财产的价款优先受偿的担保方式。

②留置的设立。设立留置必须具备以下条件:a. 必须是依据法律规定的合同合法占有债务人的动产,如为委托人运输某货物,到达目的地交货时委托人没按约定付款,承运人可实施留置;b. 留置的财产与债权人的债权有牵连关系,即留置的财产与债权人的债权是因同一合同关系产生的;c. 必须是债务已届清偿期;d. 留置的财产必须是动产。

(6)定金

①定金的概念和特征。定金是指当事人一方为了担保合同的履行,预先支付给另一方的一笔资金。其特点是:a. 定金具有象征性。如到期债务人不履行债务时,债权人不能从定金中得到充分的清偿;b. 定金具有双向担保作用。给付定金的一方不履行约定的债务的,无权要求返还定金;而收受定金的一方不履行约定债务的,应当双倍返还定金;c. 定金具有预付款的性质。当债务人履行债务时,定金可以抵作价款,相当于预付款;d. 定金具有惩罚性。如违约时的定金不予返还或双倍返还。

②定金的设立和效力。定金应当以书面形式约定。定金自实际交付之日起生效。定金的数额不得超过主合同标的额的20%。

以上关于担保的具体规定,读者可查阅《担保法》。

2. 保险法

(1)风险与保险

工程建设中会遇到各种意外事件,一旦这些意外事件发生,就会给有关方面造成损失,这种意外事件称为风险。就风险的来源和性质而言,有政治的、经济的、社会的、自然的、技术的。就风险的依据而言,有合同划定的,有非合同划定的,有法律规定的,也有商业惯例的。对于与工程建设有直接关系的三方(发包人、监理、承包人)应对各种风险因素及其后果有所认识,并设法预防和避免。但在有些情况下,意外事件一旦发生则损失在所难免。因此,对于发包人和承包人为了转移其所承担的风险责任都要向保险公司投保,以弥补风险损失。这种行为就是保险。

所谓保险是指投保人根据合同约定,向保险人支付保险费,保险人对于合同约定的可能发生的事故因其发生所造成的财产损失承担赔偿保险金责任,或者当被保险人死亡、伤亡、伤残、疾病或者达到合同约定的年龄、期限时承担给付保险金责任的商业行为。保险是商品社会的产物,它是利用保险费对投保人因不能完全防止的自然灾害和意外事故等造成的损失或约定的起因给以经济补偿的一种手段。

保险可分为财产保险和人身保险。财产保险是以财产及其有关利益作为保险标的的保险。人身保险则是以人的寿命、健康和劳动能力为标的的保险。

保险的构成要素有:①必须以特定的风险为对象,这种风险是否发生、什么时候发生、发生后导致的后果是不能事先确定的;②保险必须以多数人的互助共济为基础,集合风险,分散损失。即需要大多数人参保,少数人因风险损失获补偿。③必须以对风险事件所致的损失进行补偿为目的。

(2)保险法律的概念

保险法律是以保险关系为调整对象的一切法律规范的总称。这里的保险关系是指当事人之间依保险合同发生的权利义务关系和国家对保险业进行监督管理过程中发生的各种社会关系。广义的保险法律包括保险合同法、保险业法、保险特别法和社会保险法等。狭义的保险法律就是指《保险法》。《保险法》已从1995年10月1日起施行,共有8章152条。立法的目的是为了规范保险活动,保护保险活动当事人的合法权益,加强对保险业的监督管理,促进保险业的健康发展。《保险法》中对保险合同作了明确的法律规定。

第二节 《合同法》概述

为了适应我国社会主义市场经济发展的需要,保护合同当事人的合法权益,维护社会经济秩序,促进社会主义现代化建设,1999年3月15日,全国人大九届二次会议审议通过了《中华人民共和国合同法》(以下简称《合同法》)。新的《合同法》将在此之前我国制定的《经济合同法》、《涉外经济合同法》和《技术合同法》三部专项合同法律归而为一,作了调整,增加了不少新的内容,成为我国第一部统一的、比较完备的合同法。它的公布施行,是我国社会主义市场经济法律体系建设中的一件大事,对我国依法治国,促进社会主义市场经济健康发展,与国际经济接轨,都具有重要和深远的意义。

一、合同的概念与种类

1. 合同的概念和特征

合同的概念有广义和狭义之分。广义的合同泛指当事人设立、变更和终止相互权利和义务关系的协议。狭义的合同是指民事合同。《合同法》把合同行为纳入民法范畴,并援引《民法通则》关于合同的定义。《合同法》对合同的定义为:"合同是平等主体的自然人、法人、其他经济组织之间设立、变更、终止民事权利义务关系的协议。"其特征是:

(1)合同是一种民事法律行为,是当事人之间以设立、变更、终止民事权利义务关系为目的。

(2)合同是双方或多方的法律行为,需由两个及其以上的民事主体意思表示一致才能成立。

(3)合同关系是当事人在地位平等的基础上产生的,是独立民事主体在自愿基础上所订立的互利互惠性协议。

(4)依法订立的合同对当事人具有法律约束力,当事人应当按照合同的约定履行自己的义务,不得擅自变更或者解除合同。依法成立的合同受法律保护。

2. 合同的种类

经济关系和流转关系的不同,决定了合同具有不同的种类。依照不同的标准划分,合同可有以下几种。

（1）有名合同和无名合同。根据法律、行政法规是否规定了合同的名称和相应的调整规范，可以将合同分为有名合同和无名合同。有名合同即典型合同，是指法律、行政法规规定了具体名称和调整规范的合同。《合同法》规定的有名合同有15种，如买卖合同；供用电、水、气、热力合同；赠与合同；借款合同；租赁合同；融资租赁合同；承揽合同；建设工程合同；运输合同；技术合同；保管合同；仓储合同；委托合同；行纪合同；居间合同。无名合同即非典型合同，是指法律、行政法规尚未规定其名称的合同。有名合同和无名合同适用于不同的法律规范。有名合同应直接适用于关于该类合同的法律规定，无名合同则适用于《合同法》总则的规定，并可以参照《合同法》分则或者其他法律最相类似的规定。

（2）双务合同和单务合同。这是根据当事人对权利义务的分担方式来划分的。双务合同是当事人双方都享有权利并承担义务的合同，如买卖合同、租赁合同、承揽合同、建设工程合同等。单务合同是指一方只享有权利而不承担义务，另一方只承担义务而不享有权利的合同，如赠与合同等。

（3）有偿合同和无偿合同。这是根据当事人取得权利有无代价来划分的。有偿合同是必须偿付代价才能享有权利的合同。如买卖合同、租赁合同、承揽合同、建设工程合同等。无偿合同是不必偿付代价而享有权利的合同。如赠与合同、借用合同等。有些合同如委托合同、保管合同、借款合同等是否为有偿合同，需取决于当事人是否约定了代价。有偿合同和无偿合同在法律上有不同的意义：一是有偿合同的当事人一般应具有相应的民事行为能力，而限制民事行为能力人不经法定代理人同意，原则上不能订立合同。而单纯获得利益的无偿合同，限制民事能力人也可以订立；二是通过有偿合同转让无权处分的财物，受让人又为善意，原财物所有人一般不能请求受让人返还原物，而若为无偿合同转让的，原财物所有人可以请求受让人返还原物；三是有偿合同的债务人责任较重，而无偿合同的债务人的责任较轻。如有偿保管合同要对保管期间保管物的毁损、灭失等，保管人应对此承担赔偿责任，而无偿保管合同，只要保管人没有重大过失的，不承担赔偿责任。

（4）诺成合同和实践合同。这是根据合同的成立是否以交付标的物为要件来划分的。诺成合同也称不要物合同，是指当事人意思表示一致即告成立的合同，如买卖合同、承揽合同、租赁合同、建设工程合同等。而实践合同又称要物合同，是以交付标的物为成立要件的合同，如赠与合同、保管、定金合同、运输合同等。

（5）要式合同和不要式合同。这是根据合同是否需要经过特定的形式才能成立划分的。要式合同是必须采取特定形式才能成立的合同，又分法定要式合同和约定要式合同。前者是法律规定采用特定形式才能成立的合同，后者是当事人约定采用特定形式的合同。

（6）为自己利益订立的合同和为第三人利益订立的合同。这是基于合同所产生的权利和利益由谁享有来划分的。为自己利益的合同是指只能由订约当事人自己享有的权利和直接取得利益的合同。而为第三人利益的合同是指当事人一方为第三人设定权利、使其获得利益订立的合同。如保险合同中的第三方保险。

（7）主合同和从合同。这是以合同是否独立存在为标准进行分类的。凡是该种合同的成立和存续必须以它种合同的存在为前提并为之服务，而其自身不能独立存在的合同为从合同。不以它种合同的存在为前提而可以单独成立和存在的合同为主合同。如普通债权债务合同是主合同,而为担保该合同的履行所订立的保证合同、抵押合同等则是从合同。

二、合同法的概念与调整范围

1. 合同法的概念

合同法是调整合同关系的法律规范的总称。形式上的合同法是指合同法典,实质上的合同法泛指调整合同关系的一切法律规范,包括合同法典、民法有关合同的规定、有关合同的单行法、立法与司法解释、有约束力的判例、行政规章以及有关国际公约、国际条例等调整合同的法律规范。

《合同法》是我国关于调整合同关系的一部专门的法律。它是依据《宪法》和《民法通则》的有关规定制定的,它是调整平等主体的自然人、法人、其他组织之间设立、变更、终止民事权利义务关系的法律规范,是民法的重要组成部分,是市场经济的基本法律制度。

我国自改革开放以来,为了适应当时的形势及发展需要,陆续制定施行了三部合同的单行法:1981年12月13日制定了《经济合同法》,1985年3月21日制定了《涉外经济合同法》,1987年6月23日制定了《技术合同法》,1993年9月2日又对《经济合同法》进行了修改。这三部法律的制定和施行,对保护合同当事人的合法权益,维护社会经济秩序,促进国内经济、技术和对外经济贸易的发展,保护社会主义建设事业的顺利进行,发挥了重要作用。但是,随着改革开放的不断深入和扩大,经济贸易的不断发展,尤其是社会主义市场经济制度的建立和运行,三部法律在不同程度上存在着不适应,主要问题为:一是国内经济合同、涉外经济合同和技术合同分别适用于不同的合同法,有些共性的问题不统一,某些规定较为原则,有的规定不尽一致;二是近年来利用合同形式搞欺诈,损害国家、集体和他人利益的情况较为突出,因此需要在防范合同欺诈和维护社会经济秩序方面作出补充规定;三是调整的范围不适应变化的需要,近几年出现的诸如融资租赁等新的合同种类,委托、行纪、居间等合同也日益增多,需要在法律方面作出规定。基于此,需要制定一部统一的《合同法》。制定合同法的原则是:①制定一部统一的、较为完备的合同法;②以三部合同法为基础,总结经验,加以补充完善;③从我国实际情况出发,充分借鉴国外合同法律的经验。《合同法》颁布施行后,《经济合同法》、《涉外经济合同法》和《技术合同法》同时废止。并以此制定相应的配套的行政法规、地方性法规和规章。

2. 合同法的调整范围

合同法的调整范围是指合同法调整的民事关系的范围。我国《合同法》调整的范围是平等主体的自然人、法人、其他组织之间的民事权利义务关系。

(1)《合同法》调整的合同法律关系的主体是:自然人、法人、其他组织。这些人或组织之间可以依法签订合同。他们作为合同的当事人的法律地位是平等的,意思表示是自愿的,不得将自己的意志强加于人,非经双方自愿协商一直不能缔结协议;当事人之间的权利义务是等价有偿的。政府对经济活动的管理行为属于行政关系,不属于平等主体民事关系;还有企业等单位内部的管理关系,也不属于平等主体之间的关系,这两方面关系均不属于《合同法》的调整范围。

(2)《合同法》调整的是设立、变更、终止民事权利义务关系的协议。民事权利义务关系分财产关系和人身关系,《合同法》调整的是财产关系。财产关系又分为物权关系和债权债务关系,《合同法》调整的是债权债务关系。《合同法》调整的范围并不是所有的债权债务关系,它只调整由各方当事人协商一致产生的债权债务关系。因单方民事法律行为、侵权行为、不当得利、无因管理等产生的债权债务关系不属于《合同法》调整的范围。有关婚姻、收养、监护等有关身份关系的协议不属于《合同法》的调整范围,适用于其他法律的规定。

(3)《合同法》主要调整企业之间的经济贸易关系,同时也调整自然人之间因买卖、租赁、借贷、赠与等产生的合同关系。不仅调整国内的合同关系,还调整具有涉外因素的合同关系。

三、合同法的基本原则

合同法的基本原则是指合同活动中应当遵守的基本准则。它不仅是合同当事人在订立、变更和终止合同中要遵守的基本准则,同时也是人民法院和仲裁机构在审理或仲裁合同争议时应当遵守的基本准则。《合同法》规定的合同活动基本原则为:平等、自愿、公平、诚实信用和遵守法律 5 项基本原则。

1. 平等原则

《合同法》明确规定:合同当事人的法律地位平等,一方不得将自己的意志强加给另一方。平等原则是指地位平等的合同当事人,在权利义务对等的基础上,经充分协商达成一致,以实现互惠互利的经济目的的原则。这一原则体现于以下 3 个方面:

(1)合同当事人的法律地位一律平等。在法律上,合同当事人是平等主体,没有高低、从属之分,不存在命令者和被命令者、管理者和被管理者。不论企业的所有制性质、规模大小、经济实力强弱,其地位都是平等的。

(2)合同中的权利义务对等。所谓"对等",是指享有权利,同时就应承担义务,且彼此的权利、义务是相应的。这要求当事人在取得财产、劳务或工作成果时要与履行的义务大体相当;一方不得无偿占有另一方的财产、劳务或工作成果,侵犯他人权益;禁止平调和无偿调拨。

(3)合同当事人必须就合同条款充分协商,取得一致,合同才能成立。合同是双方当事人意思表示一致的结果,任何一方不得凌驾于另一方之上,不得把自己的意志强加给另一方,更不得以强迫命令、胁迫等手段签订合同。同时还意味着凡协商一致的过程、结果,任何单位和个人不得干涉。法律地位平等原则是一个根本性原则,是其他原则的基础或前提。

2. 自愿原则

《合同法》规定:当事人依法享有自愿订立合同的权利,任何单位和个人不得非法干预。自愿原则是合同法的重要基本原则,是合同当事人通过协商,自愿决定和调整相互权利义务关系的原则。自愿原则体现了民事活动的基本特征,是区别民事关系与行政法律关系、刑事法律关系的特有的原则。自愿原则也是发展社会主义市场经济的要求。自愿原则意味着合同当事人即市场主体自主自愿地进行交易活动,让合同当事人根据自己的知识、认识和判断,以及自己所处的相关环境去自主选择自己所需的合同,去追求自己最大的利益。自愿原则贯彻合同活动的全过程,包括:当事人以自己意愿自主决定是否签订合同;有权选择对方当事人;合同内容由当事人在不违法的情况下自愿约定;在合同履行过程中,当事人可以协议补充、协议变更有关合同内容;双方也可以协议解除合同;可以约定违约责任,在发生争议时,当事人可以自愿选择解决争议的方式等。当然,自愿原则也不是绝对的,至少有两个方面的约束:一是合同活动应当在法律法规允许的范围内进行,应当遵守社会公德,不得扰乱社会经济秩序,不得损害社会公众利益;二是合同一经协商一致成立,就对当事人产生法律约束力,必须认真全面履行,绝不是愿意履行就履行,不愿意履行就可以不履行。此外,当事人依法自愿订立合同不受其他人或单位非法干预,即自愿原则不仅体现在当事人之间,也体现于当事人与其他人的关系上。

3. 公平原则

《合同法》规定:当事人应当遵循公平原则确定各方的权利和义务。公平原则要求合同双方当事人之间的权利义务要公平合理,要大体上平衡,强调一方给付与对方给付之间的等值性,合同上的负担和风险的合理分配。具体包括:

(1)在订立合同时,要根据公平原则确定双方的权利和义务,不得滥用权利,不得欺诈,不得假借订立合同恶意进行磋商。

(2)根据公平原则确定风险的合理分配。

(3)根据公平原则确定违约责任。

公平原则作为合同法的基本原则,其意义和作用是:公平原则是社会公德的体现,符合商业道德的要求。将公平原则作为合同当事人的行为准则,可以防止当事人滥用权力,有利于保护当事人的合法权益,维护和平衡当事人之间的利益。

4. 诚实信用原则

《合同法》规定:当事人行使权利、履行义务应当遵循诚实信用原则。诚实信用原则要求当事人在订立、履行合同,以及合同终止后的全过程中,要诚实、讲信用,相互协作。这条原则更注重对履行合同的约束。按此原则:①在订立合同时,不得有欺诈或其他违背诚实信用的行为,否则可能导致合同无效;②在履行合同义务时,当事人应当遵循诚实信用的原则,根据合同的性质、目的、交易习惯来履行及时通知、协助、提供必要的条件、防止损失扩大、保密等义务;③合同终止后,当事人也应当遵循诚实信用的原则,根据交易习惯履行通知、协助、保密等义务。有人称其为后契约义务。

5. 遵守法律原则

《合同法》规定:当事人订立、履行合同,应当遵守法律、行政法规,遵守社会公德,不得扰乱社会经济秩序,损害社会公共利益。遵守法律原则是合同法的一项重要的基本原则。这项基本原则要求,当事人在订立合同和履行合同过程中,都要遵守此项原则。具体包括以下4个方面:①当事人订立合同和履行合同必须符合法律和行政法规规定。如当事人必须在经营范围内签订合同、合同标的物不是法律限制或者禁止流通物品、订立合同目的和合同内容合法、履行合同要符合法律规定等,否则,合同无效。这里所说的法律不仅指《合同法》,而是包括所有相关法律;②当事人订立合同和履行合同,必须遵守社会公德。在我国,合同活动不仅受法律规范,还在一定程度上受到社会公共道德的约束,对于那些严重违背社会公共道德的合同,法律不予保护;③当事人订立合同和履行合同不得扰乱社会经济秩序。社会主义市场经济要想得到持续稳定和协调发展,就必须有良好的经济秩序。因此当事人在订立和履行合同中,必须遵守社会经济秩序;④当事人订立合同和履行合同不得损害社会公共利益。社会上有的当事人为了自己的私利而损害社会公共利益的现象时有发生,如销售伪劣产品、环境污染等,这些行为不仅不受法律保护,而且还要惩治这些行为,如果合同包含这些内容,合同无效。

四、《合同法》的结构与特点

1.《合同法》的结构与主要内容

《合同法》从结构上分成3个部分:总则、分则和附则,共23章428条。总则部分设8章,规定了《合同法》的原则、合同的订立、合同的效力、合同的履行、合同的变更和转让、合同权利义务的终止、违约责任和《合同法》的适用等;分则部分设15章,对买卖合同,供用电、水、气、热力合同,赠与合同,借款合同,租赁合同,融资租赁合同,承揽合同,建设工程合同,运输合同,技术合同,保管合同,仓储合同,委托合同,行纪合同,居间合同等15类有名合同作了具体规定;附则部分规定了《合同法》的实施时间和原三部合同法的废止时间。

需要说明的是:①现实生活中的合同多种多样,还会有一些新类型的合同出现,不可能都在分则中作出规定。有些《合同法》没有规定的合同待成熟后,可以在《合同法》分则中增加规定。《合同法》分则或者其他法律没有明文规定的合同,适用《合同法》总则的规定,并且可以参照本法分则或者其他法律最相类似的规定,其他法律对合同另有规定的,依照其他规定,如海上运输、保险、担保、著作权许可使用等合同应遵照《海商法》、《保险法》、《担保法》、《著作权法》等;②建设工程监理合同属于特殊的委托合同。《合同法》在第276条规定:发包人应与监理人采用书面形式订立委托监理合同。发包人与监理人的权利和义务以及法律责任,应当依照本法委托合同以及其他有关法律、行政法规的规定;③三种新的合同概念是:融资租赁合同是指出租人根据承租人对出卖人、租赁物的选择,将从出卖人购买的租赁物提供给承租人使用,承租人支付租金的合同;行纪合同又称信托合同,是行纪人以自己的名义为委托人从事贸易活动,委托人支付报酬的合同;居间合同是居间人向委托人报告订立合同的机会或者提供订立合同的媒介服务,委托人支付报酬的合同。

2.《合同法》的特点

《合同法》与原有的三部合同法相比,有以下特点:

(1)适用范围扩大。一是扩大了主体的范围,《合同法》不仅适用于法人、其他组织之间订立合同,还适用于自然人与法人、其他组织之间订立合同;二是扩大了合同种类的范围,《合同法》不仅适用于经济合同、技术合同,而且还适用于其他民事合同;三是《合同法》不仅适用于国内合同,还适用于涉外合同。

(2)在合同订立方面,调整和增加了一些内容。一是调整了对合同形式的规定,《合同法》没有强调采用书面形式,而是规定合同的形式有书面形式、口头形式和其他形式;二是调整了对合同的要求,《合同法》对合同内容的要求较为宽松,由"应当具备"改为"一般包括";三是增加了对合同订立方式的规定,《合同法》对要约、承诺这一合同订立的基本方式作了具体规定;四是增加了对参照和利用合同示范文本和格式条款的规定;五是增加了对缔约过失责任的规定。

(3)在合同的效力方面的特点,一是调整了无效合同的具体情形;二是单列了可撤销合同的规定;三是明确了效力待定合同。以往单项合同法中对此不加区分,均作为无效合同处理。

(4)在合同的履行方面,一是增加了有关合同内容没有约定或者约定不明确的处理办法的规定;二是增加了合同履行中抗辩权的规定;三是增加了合同履行中采取保全措施的规定。

(5) 对合同的转让作出了具体规定,而原三部《合同法》对此没有具体规定。

(6) 明确规定了合同终止的 7 种情形和补充完善了合同解除的法定条件。

(7) 在违约责任方面,一是统一了违反合同民事责任的构成要件;二是对违约责任方式采取由当事人选择的原则;三是承担违约责任的原则具有一定的惩罚性。

(8) 原有三部《合同法》对合同解释没有作出明确规定,现行《合同法》对此作了明确规定。

第三节 《招标投标法》及配套法规概述

一、《招标投标法》概述

1. 招标投标法律的概念

招标投标法律是国家用来规范招标投标活动,调整在招标投标过程中产生的各种关系的法律规范的总称。《招标投标法》于 1999 年 8 月 30 日经九届人大常委会第十一次会议通过,并从 2000 年 1 月 1 日起实施。这部法律是我国社会主义市场经济法律体系中的一部重要法律,是规范各类招标投标行为的基本法。一切有关招标投标的法规、规章和规范性文件都必须与《招标投标法》相一致。水运工程的招标投标活动也必须根据《招标投标法》进行组织和管理。《招标投标法》的实施对于规范招标投标活动,保护国家利益、社会公众利益和招标投标活动当事人的合法权益,提高投资效益,保证项目质量等都具有重要的意义。为更好的贯彻实施《招标投标法》,规范招标投标活动,国务院于 2011 年出台了《招标投标法实施条例》,并于 2012 年 2 月 1 日起施行。

2. 《招标投标法》的结构和体例

《招标投标法》共有 6 章,68 条。第一章为总则,规定了《招标投标法》的立法宗旨、适用范围,强制招标的范围,以及招标投标活动中应遵循的基本原则;第二至第四章根据招标投标活动的具体程序和步骤,规定了招标、投标、开标、评标和中标各阶段的行为规则;第五章规定了违反上述规则应承担的法律责任;上述 5 章构成了本法的实体内容。第六章为附则,规定了法律的例外适用情形以及生效日期。

3. 《招标投标法》的适用范围

从总的方面来说,《招标投标法》的调整范围,限于中华人民共和国境内发生的招标投标活动。具体地说,《招标投标法》适用的范围为:①从《招标投标法》的空间效力看,一是除港、澳、台外,中华人民共和国境内的招标投标项目都适用;二是国内企业到境外投标不适用本法,而适用于投标项目所在地国的法律;三是《招标投标法》作为招标投标活动的基本法,在招标投标立法体系中居于最高的地位,部门性和地方性的法规、规章不得与其相抵触;②从管辖的范围看,不仅适用于本法中列出的必须进行招标的活动,而且也适用于除此之外的其他招标投标活动;③从主体上看,包括了政府机构、国有企事业单位、集体单位、私人企业、外商投资企业以及其他非法人组织等的招标;从客体上看,包括货物(设备、材料、产品、电力等)、工程(新建、改建、扩建、拆除、修缮或翻新以及管线敷设、装饰装修等)、服务(咨询、勘察、设计、监理、维修、保险等)的招标采购;从项目资金来源上说,包括利用国有资金、国际组织或外国政府贷款及援助资金、企业自有资金、商业性政策性贷款、政府机关或事业单位列入财政预算的消费性资金进行的招标;④《招标投标法》规定了必须进行招标的工程建设项目。国家发展计划委员会依据《招标投标法》制定了《工程建设项目招标范围和规模标准规定》,于 2000 年 4 月 4 日经国务院批准,2000 年 5 月 1 日由国家发展计划委员会发布实施。该规定对必须进行招标的工程建设项目的范围作了细划,对规模标准作了明确的规定,为确定招标范围提供了依据;⑤《招标投标法》适用的对象既包括招标、投标、开标、评标、定标等各个环节的活动,也包括政府部门对招标投标活动的行政监督、规范。此外,国家发展计划委员会会同建设部、交通部等 7 部委制定了《评标委员会和评标方法暂行规定》,交通部制定了《水运工程建设项目招标投标管理办法》等配套法规性文件,以保证《招标投标法》有效实施。

二、《招标投标法实施条例》简介

1. 关于招标方面的有关规定

(1)可以邀请招标的情况:①技术复杂、有特殊要求或者受自然环境限制,只有少量潜在投标人可供选择;②采用公开招标方式的费用占项目合同金额的比例过大,此种情形应由项目审批、核准部门在审批、核准项目时做出认定,不实行审批、核准的项目由招标人申请有关行政监督部门作出认定。

(2)可以不进行招标的情况:①需要采用不可替代的专利或者专有技术;②采购人依法能够自行建设、生产或者提供;③已通过招标方式选定的特许经营项目投资人依法能够自行建设、生产或者提供;④需要向原中标人采购工程、货物或者服务,否则将影响施工或者功能配套要求;⑤国家规定的其他特殊情形。

(3)招标公告与编制招标文件。公开招标的项目,应当依照招标投标法和本条例的规定发布招标公告、编制招标文件。招标人采用资格预审办法对潜在投标人进行资格审查的,应当发布资格预审公告、编制资格预审文件。依法必须进行招标项目的资格预审公告和招标公告,应当在国务院发展改革部门依法指定的媒介发布。在不同媒介发布的同一招标项目的资格预审公告或者招标公告的内容应当一致。指定媒介发布依法必须进行招标的项目的境内资格预审公告、招标公告,不得收取费用。编制依法必须进行招标的项目的资格预审文件和招标文件,应当使用国务院发展改革部门会同有关行政监督部门制定的标准文本。

(4)资格预审。招标人应当按照资格预审公告、招标公告或者投标邀请书规定的时间、地点发售资格预审文件或者招标文件。资格预审文件或者招标文件的发售期不得少于 5 日。招标人应当合理确定提交资格预审申请文件的时间。依法必须进行招标的项目提交资格预审申请文件的时间,自资格预审文件停止发售之日起不得少于 5 日。资格预审应当按照资格预审文件载明的标准和方法进行。国有资金占控股或者主导地位的依法必须进行招标的项目,招标人应当组建资格审查委员会审查资格预审申请文件。资格审查委员会及其成员应当遵守招标投标法和本条例有关评标委员会及其成员的规定。资格预审结束后,招标人应当及时向资格预审申请人发出资格预审结果通知书。未通过资格预审的申请人不具有投标资格。通过资格预审的申请人少于3个的,应当重新招标。

(5)标段划分。招标人对招标项目划分标段的,应当遵守《招标投标法》的有关规定,不得利用划分标段限制或者排斥潜在投标人。依法必须进行招标的项目的招标人不得利用划分标段规避招标。

(6)投标保证金。招标人在招标文件中要求投标人提交投标保证金的,投标保证金不得超过招标项目估算价的2%。投标保证金有效期应当与投标有效期一致。依法必须进行招标项目的境内投标单位,以现金或者支票形式提交的投标保证金应当从其基本账户转出。招标人不得挪用投标保证金。

(7)标底编制。招标人可以自行决定是否编制标底。一个招标项目只能有一个标底。标底必须保密。接受委托编制标底的中介机构不得参加受托编制标底项目的投标,也不得为该项目的投标人编制投标文件或者提供咨询。招标人设有最高投标限价的,应当在招标文件中明确最高投标限价或者最高投标限价的计算方法。招标人不得规定最低投标限价。

(8)总承包招标。招标人可以依法对工程以及与工程建设有关的货物、服务全部或者部分实行总承包招标。以暂估价形式包括在总承包范围内的工程、货物、服务属于依法必须进行招标的项目范围且达到国家规定规模标准的,应当依法进行招标。前款所称暂估价,是指总承包招标时不能确定价格而由招标人在招标文件中暂时估定的工程、货物、服务的金额。

(9)两阶段招标。对技术复杂或者无法精确拟定技术规格的项目,招标人可以分两阶段进行招标。第一阶段,投标人按照招标公告或者投标邀请书的要求提交不带报价的技术建议,招标人根据投标人提交的技术建议确定技术标准和要求,编制招标文件;第二阶段,招标人向在第一阶段提交技术建议的投标人提供招标文件,投标人按照招标文件的要求提交包括最终技术方案和投标报价的投标文件;招标人要求投标人提交投标保证金的,应当在第二阶段提出。

(10)不得排斥潜在投标人。招标人不得以不合理的条件限制、排斥潜在投标人或者投标人。招标人有下列行为之一的,属于以不合理条件限制、排斥潜在投标人或者投标人:①就同一招标项目向潜在投标人或者投标人提供有差别的项目信息;②设定的资格、技术、商务条件与招标项目的具体特点和实际需要不相适应或者与合同履行无关;③依法必须进行招标的项目以特定行政区域或者特定行业的业绩、奖项作为加分条件或者中标条件;④对潜在投标人或者投标人采取不同的资格审查或者评标标准;⑤限定或者指定特定的专利、商标、品牌、原产地或者供应商;⑥依法必须进行招标的项目非法限定潜在投标人或者投标人的所有制形式或者组织形式;⑦以其他不合理条件限制、排斥潜在投标人或者投标人。

2.关于投标方面的有关规定

(1)有下列情形之一的,属于投标人相互串通投标:①投标人之间协商投标报价等投标文件的实质性内容;②投标人之间约定中标人;③投标人之间约定部分投标人放弃投标或者中标;④属于同一集团、协会、商会等组织成员的投标人按照该组织要求协同投标;⑤投标人之间为谋取中标或者排斥特定投标人而采取的其他联合行动。

(2)有下列情形之一的,视为投标人相互串通投标:①不同投标人的投标文件由同一单位或者个人编制;②不同投标人委托同一单位或者个人办理投标事宜;③不同投标人的投标文件载明的项目管理成员为同一人;④不同投标人的投标文件异常一致或者投标报价呈规律性差异;⑤不同投标人的投标文件相互混装;⑥不同投标人的投标保证金从同一单位或者个人的账户转出。

（3）有下列情形之一的,属于招标人与投标人串通投标:①招标人在开标前开启投标文件并将有关信息泄露给其他投标人;②招标人直接或者间接向投标人泄露标底、评标委员会成员等信息;③招标人明示或者暗示投标人压低或者抬高投标报价;④招标人授意投标人撤换、修改投标文件;⑤招标人明示或者暗示投标人为特定投标人中标提供方便;⑥招标人与投标人为谋求特定投标人中标而采取的其他串通行为。

（4）投标人有下列情形之一的,属于《招标投标法》第三十三条规定的以其他方式弄虚作假的行为:①使用伪造、变造的许可证件;②提供虚假的财务状况或者业绩;③提供虚假的项目负责人或者主要技术人员简历、劳动关系证明;④提供虚假的信用状况;⑤其他弄虚作假的行为。

3. 关于评标定标方面的有关规定

（1）评标委员会应当否决投标人投标的情况:①投标文件未经投标单位盖章和单位负责人签字;②投标联合体没有提交共同投标协议;③投标人不符合国家或者招标文件规定的资格条件;④同一投标人提交两个以上不同的投标文件或者投标报价,但招标文件要求提交备选投标的除外;⑤投标报价低于成本或者高于招标文件设定的最高投标限价;⑥投标文件没有对招标文件的实质性要求和条件做出响应;⑦投标人有串通投标、弄虚作假、行贿等违法行为。

（2）定标。国有资金占控股或者主导地位的依法必须进行招标的项目,招标人应当确定排名第一的中标候选人为中标人。排名第一的中标候选人放弃中标、因不可抗力不能履行合同、不按照招标文件要求提交履约保证金,或者被查实存在影响中标结果的违法行为等情形,不符合中标条件的,招标人可以按照评标委员会提出的中标候选人名单排序依次确定其他中标候选人为中标人,也可以重新招标。

（3）合同签署与履约。招标人和中标人应当依照招标投标法和本条例的规定签订书面合同,合同的标的、价款、质量、履行期限等主要条款应当与招标文件和中标人的投标文件的内容一致。招标人和中标人不得再行订立背离合同实质性内容的其他协议。招标人最迟应当在书面合同签订后5日内向中标人和未中标的投标人退还投标保证金及银行同期存款利息。招标文件要求中标人提交履约保证金的,中标人应当按照招标文件的要求提交。履约保证金不得超过中标合同金额的10%。中标人应当按照合同约定履行义务,完成中标项目。中标人不得向他人转让中标项目,也不得将中标项目肢解后分别向他人转让。中标人按照合同约定或者经招标人同意,可以将中标项目的部分非主体、非关键性工作分包给他人完成。接受分包的人应当具备相应的资格条件,并不得再次分包。中标人应当就分包项目向招标人负责,接受分包的人就分包项目承担连带责任。

第四节 合同概要

一、合同的基本内容与条款

1. 合同的构成要素

合同的构成要素是任何合同法律关系所不能或缺的组成部分,它包括主体、客体、内容三部分,也称合同三要素。

合同的主体是指参加合同法律关系,享受权利、承担义务的人。《合同法》调整的合同主体是平等的自然人、法人、其他组织。法人的概念如前述。这里的自然人包括我国公民和外国自然人,这里的其他组织应做广义理解,如非法人经济组织、个体工商户、农村承包经营户等。

合同的客体是指合同当事人权利义务所共同指向的对象,也称为标的。合同客体的种类主要有物、行为和智力成果。

合同的内容是指合同主体间的权利和义务。合同当事人之间的权利和义务,构成了合同法律关系的内容。

2. 合同的内容

合同的内容从广义上讲是合同当事人间权利义务关系,而狭义的合同内容就是指合同的条款。合同作为一种法律文书,它的内容就是合同的所有条款。因为合同当事人设定的权利义务是通过合同条款确定并反映的,合同条款是合同内容的具体化和条理化。《合同法》规定,合同的内容由当事人约定,当事人可以参照各类合同示范文本订立合同。如 FIDIC 的《施工合同条件》,我国的《建设工程施工合同(示范文本)》,以及《水运工程标准施工招标文件》中给出的合同条件等。

3. 合同的条款

正如上节论及《合同法》的特点时所述,《合同法》赋予了当事人订立合同时的"意思自治"原则,不再在法律上规定当事人必须在合同中约定哪些内容,而是由当事人自行约定。但作为合同,通常还是具有一些必备的内容需要当事人双方约定。因此《合同法》中列举了作为合同一般所应包括的共同性条款,供当事人在订立合同时借鉴。一般包括以下条款:

①当事人的名称或者姓名和住所;
②标的;
③数量;
④质量;
⑤价款或者报酬;
⑥履行期限、地点和方式;
⑦违约责任;
⑧解决争议的方法。

根据合同条款的性质和作用,合同条款分为一般条款和主要条款。

(1)合同的一般条款。是指合同主要条款以外的条款。也是合同的约首和约尾部分。依照《合同法》的规定和合同书的一般表示方式,合同的一般条款主要有:

①当事人的名称或者姓名和住所。对于订立合同的主体的法人和其他组织,都有自己特定的名称,是经过有关登记机关核准登记或者批准的名称,应用此名称订立合同;每个自然人都有自己特定的姓名,自然人,尤其是公民应使用经户籍主管机关登记的姓名订立合同。住所是指自然人、法人和其他组织生活或进行民事活动的主要场所。对于在合同中所标明的住所,一般来说,自然人应以户籍所在地或经常居住地为住所;法人和其他组织应以经登记机关核准登记或批准的地址为住所。

②订立合同的宗旨和依据。
③合同的生效和期限。
④订立合同的时间和地点。
⑤双方当事人或其委托代理人签字盖章。
⑥法律规定或者当事人约定的其他内容。

对于合同的一般条款可分为两部分：一是由法律规定的，不需要当事人协商就成为合同内容的条款，这在《合同法》分则中做了规定，也包括法律规定当事人不能协商的条款；二是当事人可以在订立合同后继续协商的条款。

(2) 合同的主要条款。是指每个合同必备的条款，也称必要条款，这些条款是合同的核心。它规定了当事人双方的权利和义务，也是当事人全面履行合同和处理合同纠纷的依据，在一般情况下，它是确定合同是否成立的依据。合同的主要条款一般分为三部分：一是法律直接规定的内容。凡是法律直接规定合同必须具备的内容就是合同的主要条款。如《合同法》第二百七十五条规定："施工合同的内容包括工程范围、建设工期、中间交工工程的开工和竣工时间、工程质量、工程造价、技术资料交付时间、材料和设备供应责任、拨款和结算、竣工验收、质量保修范围和质量保证期、双方相互协作等条款。"二是由合同性质决定的内容。不同的合同，具有不同的性质，其主要条款就不一样。它是合同不可缺少的条款，也是合同的主要条款；三是当事人要求必须达成协议的条款，如当事人一方提出必须就工程保修期的时间达成协议。

一般合同应包括以下主要条款：

①标的。合同的标的是指合同当事人各方权利和义务共同所指向的对象。由于合同的种类不同，标的也不同。标的可以是某种实物，也可以是工程项目，劳务活动或智力成果。例如，勘察设计合同的标的是指所提供的勘察设计文件；港口工程施工合同的标的是码头等水工建筑物及其配套设施；劳务分包合同的标的是劳动行为等。合同的标的必须明确、具体、肯定。没有标的或标的不明确，当事人的权利和义务就无所依靠并导致合同无法履行。

②数量。是计算标的的尺度和把标的定量化，以便计算价款或酬金。如果标的没有数量，就无法确定当事人的权利和义务的大小，在合同中必须明确标的数量。数量是以数字和计量单位来衡量的，表示数量大小的数字一定要准确，计量单位应采取国家法定的计量单位。也可以规定合理的误差。有时数量不易一次确定下来，则须规定确定数量的方法，以便按双方商定的方法执行。

③质量。是反映标的物满足明确的和隐含的需要的能力特性之总和。是不同标的之间差异的具体特征。它是标的物价值和使用价值的集中表现，同时体现出其社会利益和公众利益，甚至关系到生产的安全和人身的健康。因此，必须在合同中写明标的的质量要求。订立合同时，标的的质量要求需要规定的具体详细，对标的的技术指标、品种、规格、型号、款式、性能、外观、形态等都要明确、具体和详尽的规定，并要规定质量验收的标准和方式。对于标的的质量标准，有国家标准的按国家标准订立；没有国家标准的，而有部颁或省颁标准的，按部颁或省颁标准订立；没有上述标准而有行业标准或企业出厂标准（如产品说明书、合格证、鉴定书等），在合同中要写明相应的质量标准，但必须由双方协商签订，且不得违背法律和社会公众利益。

④价款或者报酬。价款是指标的物本身价值的货币表现形式，是取得合同标的的一方当事人向对方用货币支付的价金，是有偿合同的主要条款。价款是商品单价乘商品数量或者再

外加其他费用的总额。这里商品单价是价款的决定因素,当事人应根据国家颁布的物价的法律法规和市场价格协商订立合同。报酬则是指合同的一方当事人对提供劳务、服务或完成一定工作量的另一方当事人给付的酬金。

⑤履行的期限、地点和方式。履行的期限是指交付标的和支付价款或报酬的时间,也就是合同当事人实现权利和履行义务的时间界限,是合同的一项重要条款。它直接关系到合同义务完成的时限,涉及当事人的经济利益,也是确定是否违约的依据之一。根据对履行期限要求的不同,履行期限可分为即时履行、定时或定期履行、一定时期内履行和分期履行等几种情况。订立合同时,应针对不同的合同情况,除即时履行外,应具体地、明确地写清楚履行期限,写明年月日,以避免引起歧义或者争议。

履行地点是合同标的结算的具体地址。包括标的物的交付、提取的地点;服务、劳务或工程建设地点;价款结算地点等。它是合同当事人依照合同约定享受权利和履行义务的地方,关系到相关费用的负担,风险的承担,标的物所有权的转移,合同当事人责任的承担,也关系到人民法院受理合同纠纷案件管辖。因此在订立合同时,一定要明确、具体的写明履行地点,以免发生差错。

履行方式时指合同规定当事人双方以什么方式完成自己的义务,即如何转移标的和结算价款或报酬。履行方式要视所订合同的标的的性质而定,一般分时间方式(如一次性履行还是分期履行)和行为方式(如货物是自提还是送货等)。订立合同时要明确合同履行方式。

⑥违约责任,是指由于一方当事人或双方当事人违反合同规定,不履行或不完全履行义务时应承担的法律责任。对于违约责任,法律有规定的按照法律规定执行;法律没有规定的,由当事人双方协商确定。明确规定当事人的违约责任,有利于双方严肃认真地签订和履行合同,有利于追究责任方的违约责任,使得受损失的一方得到补偿。

二、合同的订立与效力

1. 合同的订立

(1)订立合同的主体资格

当事人各方依法就合同的主要条款经过协商一致,合同就告成立。从当事人之间协商到合同成立生效的过程被称为合同的订立。合同成立的有效条件是:订立合同必须有双方的当事人(或代理人)参加;依法订立;就主要条款协商一致。首先要求订立合同的主体资格合法。

《合同法》第9条规定:当事人订立合同,应当具有相应的民事权利能力和民事行为能力。当事人依法可以委托代理人订立合同。

订立合同是当事人设立、变更、终止债权债务关系的民事行为,订立合同的目的是通过履行合同义务,以实现当事人的合同权利。因此,要求合同的当事人,即合同的主体必须具备法律规定的民事权利能力和民事行为能力。只有这样,才能保证合同订立的可靠性和能得到全面的履行。对于合同主体的自然人、法人和其他组织的民事资格要求参见本章第一节。

(2)订立合同的形式

合同的形式是指合同双方当事人之间设立、变更、终止债权债务关系的形式,是当事人意思表示一致的外在表现。有时合同形式将构成合同成立的要件。合同的形式有书面形式、口头形式和其他形式三种。书面形式是指以合同书、信件或者数据电文(包括电报、电传、传真、电子数据交换和电子邮件)等可以有形地表现所载内容的形式。采用书面形式的好处在于有利于督促合同双方当事人全面履行合同;一旦发生合同纠纷,便于分清责任和举证。所以,对不能即时清结的合同和标的的数量较大的合同,宜优先采用书面形式订立合同。按照《合同法》的规定,法律、行政法规规定和当事人约定采用书面形式的,应当采用书面形式。口头形式是指合同当事人以口头协议方式约定合同内容的方式。口头形式的优点是不需要书面文字形式,合同订立快捷、简便易行;缺点是一旦发生合同纠纷,不容易取证和分清责任。一般用于标的数量较小和能即时清结的合同。其他形式是指除书面形式和口头形式以外的其他方式。

(3)合同订立的方式

合同订立的方式是以典型的交易为理论模式的,这个模式就是"讨价还价"的过程。即用合同术语表示为要约和承诺的过程。《合同法》规定了合同订立的方式,即当事人订立合同,采取要约、承诺方式。

(4)要约

①要约的概念和特征

要约是一方当事人向另一方当事人做出的希望和他订立合同的意思表示,该意思表示的内容必须具体确定并含有表示意思人在该意思表示被接受时就受其约束的意旨。某些情况下也称要约为发价,或发盘或出盘。要约含义的要点是:首先,要约是一种进行交易的动议或建议,是订立合同的起点。发出动议的一方当事人被称为要约人,另一方当事人被称之为受要约人或称之为相对人。

要约具有如下法律特征:

a.要约必须以订立合同为目的。因此,要约中必须含有进行交易即订立合同的意图。要约不是开始与对方协商的意思表示,而是要约一经被受要约人接受,合同即告成立。要约有别于后面的要约邀请。

b.要约必须是特定的当事人做出的意思表示,并且是向其希望与之订立合同的人发出。由于发出要约的目的是订立合同,因此,要约人必是合同的一方当事人,这就决定了要约人必须是特定的。否则,相对人就无法订立合同。另一方面,相对人一般应是要约人希望与其订立合同的当事人。相对人是否必须为特定人,《合同法》对此无明确规定,可以是特定人,也可以是非特定人。

c.要约的内容必须是具体的,明确的。也就是说,要约必须含有合同成立的基本要素。从要约的欲设效果看,只要受要约人同意要约,合同即告成立。为了使得成立后的合同能得到全面履行,要约人就必须对当事人的权利和义务进行完整的设计,并使相对人能够了解自己的权利和义务,自测风险,做出决策。这就要求要约要包括合同的最基本的内容,因此,要约的内容应具体确定。

d.要约须表明一经受要约人同意即受其约束的意思。这里有两层意思,其一是要表明要约人放弃最后决定权的旨意。也就是要约人一经向受要约人表示了订立合同的建议,他就应当将是否订立合同的最后决定权留给对方而不是自己。二是要约一旦被受要约人接受,则要约人就必须与其签订合同,而合同一成立,要约人则必须受其约束。只有满足上述法律上的特征,要约才能成立。

②要约邀请

要约邀请是希望他人向自己发出要约的意思表示。要约邀请又称要约引诱,是邀请或者引诱他人向自己发出订立合同的意思表示的意思表示。要约邀请可以是向特定人发出的,也可以是向非特定人发出的。要约邀请与要约的不同之处在于:一是要约与要约邀请的法律性质不同。要约是要约人发出的旨在与他人订立合同的意思表示,其一经发出,要约人在要约有效期内受到约束,只要相对人做出承诺,合同就告成立。如果要约人违反有效要约,就要承担一定的法律责任;而要约邀请只是邀请他人向自己发出要约,自己如果承诺了合同才成立。要约邀请处在合同的准备阶段,因此没有法律的约束力。二是要约和要约邀请的内容不同。一般要约应包括合同的主要条款,而要约邀请仅仅是希望他人向自己发出要约,并不包括合同的主要条款,仅指明合同的类型。三是当事人的主观愿望不同。要约人发出的要约的主观愿望非常明确,就是要与相对人订立合同。而要约邀请的当事人主观上只是希望他人向自己发出订立合同的意思表示,订立合同的愿望并不十分明确。在理论上要约与要约邀请有很大区别,但事实上往往很难区分。通常情况下可按要约的法律构成来区分,也可以按法律规定来区分。《合同法》规定:寄送的价目表、拍卖公告、招标公告、招股说明书、商品广告等为要约邀请。商品广告的内容符合要约规定的,视为要约。下面仅就广告与招标之间做一对比分析。

广告在现代已成为人们经济生活和日常生活中不可或缺的部分。我国《广告法》对广告的定义是商品经营者或者服务者承担费用,通过一定的媒体直接或间接地介绍自己所推销的商品或者提供的服务的商业行为。广告是否为要约,我国与国外大陆法系和英美法系的观点十分相似,即原则上将广告视为要约邀请。这是因为:第一,在广告中涉及交易的商品的数量或其他条件通常是不确定的;第二,卖方对于交易的对象有权进行选择;第三,广告在典型的情况下是对公众发出的。通常情况下,广告是向公众发出的希望其对自己发出要约的意思表示。只有在以下两种情况下广告才能成为要约:一是广告的条件具有确定性,并且明确地使用了"要约"这样含义的措辞,法院可以此解释为要约;二是被邀请的对象不用经过进一步接洽就可采取某一特定的行动,如承诺。也就是说,如果广告中含有合同得以成立的确定内容,又含有广告人希望订立合同的愿望以及愿意承受约束的旨意,就应当视为要约。

招标投标是一种特殊的订立合同的方式。关于招标投标的含义将在后面介绍。关于招标的法律性质,各国合同法均认为招标是要约邀请而非要约。这是因为招标的目的是诱使更多的人提出要约,以便在其中选择最佳的缔约当事人。何况在招标中标底不公开的,故招标书不具备合同成立所要求的内容确定和完整这一特征,因此,招标不是要约,而是要约邀请。但在工程招标中,招标是一种特殊的招标邀请方式,除了没规定价款外,其他合同的基本内容都有所规定,带有把我的"要约的意思"通过你来表示的意味。关于投标的性质,因其直接向招标人发出,以订立合同为目的,并含有合同成立所要求的内容特征,各国一般将其视为要约。

③要约的法律效力

要约的法律效力就是要约生效后发生的法律效果。主要表现在以下几个方面:

a. 要约的时间效力,即从何时起要约对要约人和受要约人产生约束力。《合同法》规定:要约到达受要约人时生效。采用数据电文形式订立合同,收件人指定特定系统接收数据电文的,该数据电文进入该特定系统的时间,视为到达时间;未指定特定系统的,该数据电文进入收件人的任何系统的首次时间,视为到达时间。可以看出,法律规定的要约生效时间采用了"送达原则"。对于以信件方式发出的要约,以信件实际到达时间为要约到达时间,由于确定数据电文方式到达时间较信件方式复杂一些,故法律对此单独作了明确的规定。需要注意的是:要约生效时间不一定是要约真正到达受要约人或其代理人手中的时间,它可以是到达受要约人所能控制的范围的时间。确定要约的生效时间的意义不仅在要约本身,按照合同法的规定,要约一旦生效,不得撤回,要约人应当受要约的约束。

b. 对要约人的效力,就是要约生效后,对要约人产生的法律效力。要约是要约人为了订立合同而向相对人发出的意思表示,在要约的有效期内,受要约人因为接到该要约,可能拒绝其他人向其发出的内容相同的要约,或者不再向他人发出要约。甚至可能为订立合同或者履行合同采取了一些准备措施。如果要约人随意撤回或者更改要约,就会给受要约人造成损失,破坏正常的交易规则和经济秩序。因此,要约人在要约有效期内不能随意撤回或更改要约。要约有效期的确定一是在要约中有规定的从其规定,没有规定的,可按合理期限认定。

c. 对受要约人的效力,就是要约生效后对受要约人产生的法律上的约束力。一方面,与要约人不同,要约生效后只是表示受要约人取得了与要约人订立合同的资格,只有受要约人才享有对要约人做出承诺的权利,受要约人不一定行使承诺权。受要约人是自由的;另一方面,若受要约人想订立合同,其所做的承诺必须与要约一致,就要受要约约束,否则,其承诺就不成立,除非法律另有规定。

④要约的撤回、撤销和失效

要约可以撤回。但撤回要约的通知应当在要约到达受要约人之前或者同时到达受要约人。即要约撤回一定不能在要约生效之后。要约被依法撤回后,该要约不发生效力。一般情况下要约也可以撤销,但撤销要约的通知应当在受要约人发出承诺通知之前到达受要约人。要约被依法撤销后,该要约失效。要约撤销不同于要约撤回,两者的主要区别在于要约是否生效,撤回是在要约生效之前,而撤销是在要约生效之后,承诺之前。另外,即使要约明确是不可撤销的,仍可以撤回。《合同法》规定了有下列情形之一的,要约不得撤销:"(一)要约中确定了承诺期限或者以其他形式明示要约不可撤销;(二)受要约人有理由认为要约是不可撤销的,并已经为履行合同作了准备工作。"这两类规定一是要约中包含了不可撤销的表示;二是受要约人信赖要约不可撤销。受要约人对要约的信赖,可能是基于要约的本身,如受要约人经过大量调查才能做做承诺;也可以是基于要约人做出的某些行为。

有下列情形之一的,要约失去效力:

a. 要约被拒绝,即受要约人明确表示拒绝或直接表示拒绝;或者在要约规定的时间或合理的时间期限内,受要约人不作答复。

b. 要约人依法撤销要约。

c. 要约有效期届满。

d. 变更要约的实质内容。对要约的内容进行实质变更,就形成反要约或新要约,原要约就失效。

此外,要约人死亡,也将致要约失效。

(5) 承诺

①承诺的概念和特点

承诺是受要约人向要约人做出的无条件同意要约的内容,并以此内容与要约人订立合同的意思表示。《合同法》规定:"承诺是受要约人同意要约的意思表示。"

承诺的法律特点如下:

a. 承诺必须是受要约人向要约人做出的。要约是要约人向受要约人发出的,要约使受要约人产生可以承诺的权利,同时也确定了要约人的义务,即他必须接受要约人行使这种权利的结果。这种由承诺而生的合同对要约人和受要约人均产生约束力,因此,承诺必须由受要约人作出。

b. 承诺应在规定的期限内做出。作为对要约同意而构成合同的承诺,不是无限期的,否则对要约人是不公平的。因此,在一般情况下,要约都对承诺规定了期限,受要约人必须在要约规定的期限内做出承诺,否则将被视为无效承诺。故《合同法》规定"承诺应当在要约确定的期限内到达要约人。"如果要约没有确定承诺期限,《合同法》规定了两种确定承诺期限的方式:一种是要约是以对话的方式做出的,除当事人另有约定外,受要约人必须即时做出承诺;另一种是要约是以非对话方式做出的,那么受要约人应当在合理的期限内做出承诺并到达要约人。所谓合理期限是根据具体情况和承诺的方式,考虑在一般情况下做出承诺的时间和送达承诺的时间而确定的。

c. 承诺的内容必须与要约的内容相一致。因为前面在介绍承诺概念时说受要约人要无条件的同意要约的内容,不能附加先决条件,否则,就不是承诺,而构成了新要约。所以《合同法》规定:"承诺的内容应当与要约的内容一致。承诺对要约的内容做出实质性的变更的,为新要约。有关合同标的、数量、质量、价款或者报酬、履行期限、履行地点和方式、违约责任和解决争议方法的变更、是对要约内容的实质性变更。"如果承诺对要约的内容做出实质性的变更,将导致要约的无效。由此可见,承诺的内容与要约的内容一致是指在实质内容方面的一致。

②承诺的方式

承诺应当以通知的方式做出。承诺是受要约人同意要约的意思表示,这种意思表示应当以明示的方式做出。而明示方式就是以"通知"的形式表示的。承诺通知可以是信件也可以是数据电文。如果要约是以对话方式做出的,并应立即做出承诺意思表示的,这种方式也可以是口头的。作为一种原则,承诺应当以明示的通知方式做出,但也要考虑一些例外情况。《合同法》规定:根据交易习惯或者要约表明可以通过行为做出承诺的除外。

③承诺的生效

承诺的生效是指承诺所产生的法律约束力。承诺生效应具备上述三个法律条件。承诺生效就意味着合同成立。从法律角度来说,承诺生效的时间就是合同成立的时间,承诺生效的地点就是合同成立的地点。这是处理合同纠纷的依据。

我国对承诺生效时间的确定采用"到达主义"原则,即以承诺通知到达要约人时承诺生效为原则。根据承诺的方式不同,《合同法》规定了三种承诺生效方式:一是采用通知方式,承诺通知到达要约人时生效;二是不需要通知的承诺,应根据交易习惯或者要约的要求做出承诺的行为时生效。所谓交易习惯是指在长期的交易实践中,逐步形成的,被人们认可并遵守的,并在法律意义上产生约束力的通常做法,有时也称为惯例;三是承诺以数据电文形式作出,其到达时间的确定为:a. 收件人指定特定系统接受数据电文的,该数据电文进入特定系统的时间,视为承诺到达时间;b.收件人没指定特定系统的,该数据电文进入收件人的任何系统的首次时间,视为承诺到达时间。

④承诺的撤回和失效

由于承诺生效时合同就告成立,而合同一旦成立,受要约人就要受到约束而不得撤回其承诺。因此,承诺撤回是有条件的。《合同法》规定承诺可以撤回,但撤回的通知应当在承诺通知到达要约人之前或者与承诺通知同时到达要约人。

承诺的失效是指承诺的法律效力归于消失。根据《合同法》的有关规定,在出现以下情况时,承诺失效:a.承诺被撤回,承诺在生效之前被撤回,则承诺失效;b.承诺逾期到达。受要约人超过承诺期限发出承诺的,除要约人及时通知受要约人该承诺有效外,承诺失效;c.承诺对要约的实质内容作了变更,承诺失效;d.承诺对要约的内容作了某些非实质性变更,遭到要约人的反对,该承诺失效;e.承诺对要约的内容作了某些非实质性变更,但要约中已明确表示对要约的内容不得作任何变更,该承诺失效。

⑤新要约

在某些条件下,受要约人对要约的内容所表示的意思虽构不成承诺,却表示了可以考虑与要约人进一步商签合同的意思并提出了一些附带条件,则这种意思表示则成为新要约,又称为反要约。

《合同法》规定了构成新要约的条件有:a.逾期承诺一般情况下是无效承诺,但逾期承诺的效果可以构成新要约;b.承诺对要约的内容做出实质性变更的,为新要约;出现新要约时,原要约人变为受要约人,而原受要约人则变成新的要约人。角色互换,权利义务互换,进行新的要约——承诺过程。

(6)合同订立的程序

按法律程序规定合同订立的基本程序就是要约—承诺过程。但就一个项目而言,其程序为:要约邀请(若有)—要约—新要约(若有)—再要约(若有)—直至承诺。

2.合同的成立

合同的成立是指当事人双方经过要约和承诺的过程,形成了对当事人双方都具有法律约束力的协议。合同成立标志着当事人双方的权利义务关系已经成立,各自应履行义务,行使权利,承担责任。同时,合同成立也是合同生效的前提。

(1)合同成立的时间

根据《合同法》的规定,当事人采用合同书形式订立合同的,自双方当事人签字或者盖章时合同成立。若当事人签字或者盖章的时间不一致时,尽管法律条文未明确规定,一般是以最后签字或者盖章的时间为合同成立时间。确定合同成立时间在实践中非常重要,是确定合同当事人是否按约履行合同的重要依据。

若当事人采用信件、数据电文形式订立合同的,一方当事人可以在合同成立之前要求签订确认书,签订确认书时合同成立。

若当事人采用口头形式订立合同的,理论上以承诺人做出口头承诺的时间为合同成立时间。但若为实践合同,应以交付标的物时成立。

(2)合同成立的地点

《合同法》规定:承诺生效的地点为合同成立地点。这是对合同成立地点的原则性规定。

但根据合同形式的不同,对合同成立的地点的规定有所不同。

若采用数据电文形式的,分三种情况:一是收件人有主营业地的,主营业地为合同成立地点;二是收件人没有主营业地的,其经常居住地为合同成立地点;三是当事人对合同成立地点另有约定的,按照合同约定的地点或者按照合同约定的确定合同成立地点的方式确定合同成立地点。

若当事人采用合同书形式订立合同的,双方当事人签字或者盖章的地点为合同成立的地点。若双方当事人签字或盖章的地点不一致,实践中一般以最后签字或者盖章的地点为合同成立地点。

(3) 事实合同与未签字的合同

所谓事实合同是按照法律规定或者当事人约定应当采用书面形式的合同,当事人没有采用书面形式,但又已经履行主要义务,双方无疑意,则构成了事实合同。对此,《合同法》规定:法律、行政法规规定或者当事人约定采用书面形式订立合同,当事人未采用书面形式但一方已经履行主要义务,对方接受的,该合同成立。

另一种情况,采用书面形式订立合同的,在签字或者盖章之前,当事人一方已经履行主要义务,对方接受的,该合同也成立。

以上合同成立的时间和地点一般以履行合同主要义务一方开始履行义务的时间和地点来确定。

3. 合同的效力

合同的效力是指合同的法律效力,是依法成立的合同对当事人及第三人所产生的具有法律约束性质的强制力。依法成立的合同受法律保护。

(1) 合同生效的条件

合同生效是指合同具备法律效力。合同是否具备法律效力,应看合同是否符合法律规定的有效条件。《合同法》规定:依法成立的合同,自成立时生效。法律、行政法规规定应办理批准、登记等手续生效的,依照其规定。归纳一下合同生效的条件为:

①合同当事人应具有合法的资格,即如前述的应具有的民事行为能力。

②意思表示要真实。合同从本质上说是当事人之间的一种合意,是双方当事人意思一致的协议。任何一方不得将自己的意思强加于另一方,否则就违背了法律规定的自愿原则,也是违法的。因此,合同也不能成立。

③合同的内容要合法。即合同规定的权利义务关系、合同的标的、价款、履行方式以及违约责任等都必须符合法律的规定。

④订立合同的程序和形式要合法。如订立合同要遵循要约、承诺的方式;法律和法规规定的应采用书面形式的应采用书面形式;法律法规要求办理批准、登记等手续的应办理相应手续等。

(2) 无效合同

①无效合同的概念与特征。无效合同就是由于违反法律的要求,虽然已经成立,但从其订立时起就没有法律效力的合同。无效合同具有如下法律特征:

a. 违法性。这是指合同订立违反了法律和行政法规的强制性规定以及市场经济秩序和社会公共利益。

b. 无效合同履行的无必要性。这是指当事人签订了无效合同,不得依据合同的规定作实际履行,也不承担不履行合同的违约责任。

c. 无效合同自成立起无效。由于无效合同从订立时就不具备或违反了法定条件,因此,无效合同从成立时起就不具备法律效力,也不受法律保护。无论当事人是否主张无效,法院或仲裁机构都可以主动审查确定合同的无效性。

②无效合同的成因。根据《合同法》的规定,以下5种情况的合同为无效合同:

a. 采取欺诈、胁迫的手段订立的合同及损害国家利益的合同无效;

b. 恶意串通,损害国家、集体或者第三人利益的合同无效;

c. 以合法形式掩盖非法目的的合同无效,例如,订立联营合同,目的在于非法拆借资金等;

d. 损害社会公共利益的合同无效,如订立买卖合同以销售黄色音像制品或书刊,买卖失效和低劣的医用药品等;

e. 违反法律、行政法规的强制性规定的合同无效。

③无效免责条款。免责是指当事人没有全部履行义务或者其履行不符合合同约定,在法律规定或者合同约定的情形下,不承担违约责任。例如,外界干扰或不利气候条件的出现,造成工期延误。当事人可以在合同中约定免责条款,但《合同法》规定两种情况下,免责条款无效:一是造成对方人身伤害的;二是一方当事人因故意或者重大过失给对方造成财产损失的。这里所说的是部分条款无效而不是整个合同无效。

(3)可撤销合同和效力待定合同

①可撤销合同。合同因欠缺法律规定的某些有效条件,当事人可以通过行使撤销权,使已经生效的合同归于消灭。可撤销合同与无效合同的区别在于,在内容上,前者主要是意思表示不真实,而后者则通常是内容违反法律、行政法规的规定和社会公共利益;二是在效力上,前者在合同未撤销以前仍然有效,而后者自成立起就无效;三是在时效上,前者撤销权人行使撤销权必须符合规定的时限,超过时限,合同即为有效。而后者不存在时效限制问题,自始至终都是无效的。《合同法》规定:"下列合同,当事人一方有权请求人民法院或者仲裁机构变更或者撤销:(一)因重大误解订立的;(二)在订立合同时显失公平的。一方以欺诈、胁迫的手段或者乘人之危,使对方在违背真实意图的情况下订立的合同,受害方有权请求人民法院或者仲裁机构变更或者撤销。当事人请求变更的,人民法院或者仲裁机构不得撤销。"从中可知可撤销合同的原因为:重大误解,显失公平,欺诈,胁迫,乘人之危5个方面。合同的撤销权通常是由因意思表示不真实而受到损失的一方当事人享有。撤销权人向对方做出撤销合同的表示,而对方未表示异议,合同可以直接撤销;若对方表示异议,则撤销权人必须提起诉讼或仲裁,要求人民法院或者仲裁机构撤销。《合同法》规定当事人行使撤销权的时限为当事人自知道或者应当知道撤销事由之日起一年以内。当然,当事人可以明确表示或者以自己的行为放弃撤销权。可撤销合同一旦撤销,则从合同成立之时起无效。但需注意,合同无效、被撤销或终止的,不影响合同中独立存在的有关解决争议方法的条款的效力。

②效力待定的合同,是指合同虽然已经成立,但不完全符合合同成立的法律条件,其法律效力处于未定状态。效力待定合同的命运取决于当事人对合同采取的补正行为。效力待定合同主要有:

a. 当事人无相应民事行为能力所订立的合同,需要其法定代理人事后确认才能生效。

b. 无权代理合同,其有效与否取决于被代理人的事后追认。

c. 无权处分他人财产的合同,如果经权利人追认或者无处分权的人订立合同后取得处分权的,该合同则有效。

（4）无效合同或被撤销合同的后果

根据《合同法》的有关规定,合同无效或者被撤销后的后果有：

①返还财产。在合同无效或者被撤销后,因该合同取得的财产应当予以返还,不能返还或者没有必要返还的,应当折价补偿。若当事人恶意串通,损害国家、集体或者第三人利益的,因此取得的财产应当收归国家所有或者返还集体、第三人。

②赔偿损失。合同无效或者被撤销后,有过错的一方应当赔偿对方因此所受到的损失,双方都有过错的,应当各自承担相应的责任。

三、合同的履行

1. 合同履行的概念

合同履行是指合同当事人依据合同约定的条款,履行各自应尽的义务,实现各自享有权利的民事法律行为。订立合同不是目的,订立合同的目的是要实现当事人的某种权利。而权利的获得,必须通过履行合同,尽到了自己应尽的义务才能实现。因此,合同的履行是合同法律效力的主要内容,是依法成立的合同所必然产生的法律效果,不履行合同或者不完全履行合同的一方应当承担由此产生的法律后果。《合同法》明确规定:当事人应当按照约定全面履行自己的义务。

2. 合同履行的原则

根据《合同法》的规定,合同履行应当遵循以下原则：

（1）全面履行原则

全面履行是指按照合同约定的全部条款完全履行。全面履行包含全部履行、适当履行和实际履行。全部履行按照合同约定的全部条款履行,包括标的、数量、质量、价款或报酬以及履行的期限、地点、方式等;适当履行是指合同当事人在适当的时间、适当的地点、以适当的方式履行合同;实际履行是指合同当事人应按照合同约定数量和质量提供标的,如果当事人一方不能或不完全履行合同时,即使给付了违约金或者赔偿金,也不能免除继续履行合同的义务。全面履行是合同履行的最主要原则,是市场经济体制运行的必然要求,只有全面履行合同,才能最大限度的实现当事人双方的权利,避免合同纠纷和争议的出现,有利于合同标的快速高效的实现。

（2）遵循诚实信用原则

合同当事人除了按合同约定履行自己的义务外,应当遵循合同法的一项基本原则"诚实信用"原则。这项原则不仅仅表现在当事人要忠诚地履行合同规定的义务,没有欺诈行为,如以次充好等,还要求当事人在合同没有约定的情况下,根据合同的性质、目的和交易习惯等履行及时通知、协助、保密等义务。这些义务虽然在合同中没有明确约定,但按照"诚实信用"原则,当事人有义务去履行。一般称此义务为合同随附义务。

3. 合同欠缺的补救

在合同订立时，由于当事人的疏忽或者没有经验，在合同履行中发现有的问题没有约定或者约定不清，可采取措施，促进合同的全面履行。

(1) 约定欠缺的补救

合同生效后，当事人就质量、价款或者报酬、履行地点等内容没有约定或者约定不明确的，可以协议补充；不能达成补充协议的，可按照合同有关条款或者交易习惯确定。这是《合同法》规定的对合同重要条款约定欠缺的两种补救方式。

(2) 约定欠缺的确定

虽然以上规定了约定欠缺的两项补救措施的原则，但在实践中仍然会发生合同的主要内容不能确定情况。为了保障合同顺利履行，考虑当事人订立合同的预期目的和双方权利得失，《合同法》对合同的主要内容：质量标准、价款或者报酬、履行地点、履行期限、履行方式和履行费用等约定欠缺问题，确定了适用原则。主要有以下6个方面：

①按照国家、行业的质量标准。如果合同质量标准约定欠缺，双方当事人无法确定时，有国家标准的，按照国家标准履行；没有国家标准而有行业标准的，按照行业标准履行；如果行业标准也没有的，按照通常标准或者符合合同目的的特定标准履行。如经过鉴定的企业标准或技术鉴定书。

②价款或者报酬按照合同订立时履行地市场价格或者政府定价标准。如果合同价格或者报酬约定欠缺，可按两种不同情况确定：一是依法由政府定价或者政府指导价的按照政府定价或者政府指导价履行；二是非政府定价或者非政府指导价的，按照合同订立时履行地的市场价格履行。市场价格应理解成为同类货物或者服务的市场通常价格或者报酬。

③履行地点不明的在履行义务一方所在地履行。但有两种例外情况：即给付货币的，在接受货币一方所在地履行；交付不动产的，在不动产所在地履行。

④履行期限不明确的可以随时履行。即：对于债务人一方可以随时履行，对于债权人一方可以随时要求债务人履行。但应当事先通知，给对方必要的时间。

⑤履行方式不明确的，按照有利于实现合同目的的方式原则履行合同。

⑥履行费用的负担不明确的，由履行义务一方负担。这里的履行费用不是合同的价款或者报酬，而是为履行合同所发生的其他费用，如保险、场外运输等。

4. 合同履行中的抗辩权、代位权和撤销权

(1) 抗辩权

所谓抗辩权是指在双务合同中，权利人请求义务人履行义务时，义务人对请求权的存在虽无异议，但可以请求人未履行相应的义务为依据，拒绝履行义务的权利。根据抗辩权提出的时间不同，又分为同时履行抗辩权、后履行抗辩权和不安抗辩权。《合同法》对此作了规定：

①同时履行抗辩权又称不履行抗辩权，是指互负债务且没有先后履行顺序的双务合同当事人一方，在对方未履行之前或者履行合同不符合约定时，享有的不履行或者部分履行的权利。即双方当事人应当同时履行合同，一方当事人只有在自己已开始履行合同的情况下，才能要求对方当事人履行。反之，一方当事人在对方未履行之前有权拒绝其履行的请求。同时抗辩权属延期的抗辩权，非永久抗辩权，待对方完全履行合同义务时，同时履行抗辩权消灭。其

适用条件为:双务合同;同时履行;有证据证明对方未履行或不能适当履行合同。

②后履行抗辩权,是指在双务合同中应当先履行的一方当事人未履行或者不适当履行,到履行期限的对方当事人享有不履行、部分履行的权利。即先履行一方未履行的,后履行一方有权拒绝其履行要求;先履行一方履行的债务不符合约定的,后履行一方有权拒绝其相应履行要求。后履行抗辩权发生的条件是:双务合同;先后履行;应当先履行当事人未履行或不能适当履行。该种抗辩权也属于延期抗辩权。

③不安抗辩权,又称先履行抗辩权,是指在双务合同成立后,应当先履行合同的当事人有证据证明对方不能履行义务,或者有不能履行合同的可能时,在对方没有履行或者提供担保之前,有权中止履行合同义务。不安抗辩权是专为先履行的当事人设立的。其发生的条件为:双务合同;先后履行;有证据证明后履行当事人不能或不能适当履行合同。中止履行的原因情形可能是对方:经营状况严重恶化;转移财产,抽逃资金,以逃避债务;丧失商业信誉;有丧失或者可能丧失履行债务能力的其他情形。不安抗辩权也属于延期抗辩权,只是中止合同,而不是终止合同。只有在一方当事人行使了不安抗辩权后,对方当事人既不能提供担保,又不能证明自己的履行能力时,他才有权解除合同。行使不安抗辩权时一定要慎重,要有证据,否则,当事人行使不安抗辩权错误时,应承担违约责任。

(2)代位权

代位权是指债权人以自己的名义代位行使债务人的债权的权利。即债务人对第三方有到期债权,但其却怠于行使,而又无能力履行自己的到期债务,使得债权人的利益受到损失,则债权人可以向人民法院请求以自己的名义代替债务人来行使他的债权,以保证自己债权的实现。代位权的行使范围以债权人的债权为限,债权人因行使代位权所发生的必要费用,由债务人承担。

(3)撤销权

撤销权又称废罢诉权。是指出因债务人及第三人所为,对债权人造成损害时,债权人有请求人民法院撤销债务人行为的权利。即合同中的债务人放弃到期债权或者不合理转让自己的财产,造成其不能或者无力履行债务,对债权人造成损害,债权人有权请求人民法院撤销债务人的行为。这一权力是通过人民法院的行使而实现的。撤销权的行使范围以债权人的债权为限,因此发生的必要费用由债务人负担。

5.合同的变更、转让和终止

合同依法成立,具有法律约束力,任何一方必须认真履行合同,不得擅自变更和解除合同。但在合同履行过程中,当事人的主观愿望和客观条件是不断发生变化的,因此合同的内容应该随之变化。所以,在一定条件下,法律允许合同的变更、转让甚至解除。

(1)合同的变更

①合同变更的概念。合同变更是指在合同签订以后,在当事人不变的情况下,经双方协商一致对合同的内容进行修改或调整所达成的协议。这里可以看出,合同的变更是合同内容的变更。

②合同变更的主要内容。合同变更的主要内容可包括:a.标的种类的变更;b.标的物品质规格的变更;c.标的数量的变更;d.标的价格的变更;e.合同性质的变更;f.履行地点、期限、方式的变更;g.结算方式的变更;h.附加条件改变;i.其他变更,如违约金和担保金的变更等。

③合同变更的条件。根据《合同法》的规定,合同变更应满足:当事人协商一致;法律、行政法规规定合同变更应当办理批准、登记等手续的,应依其规定办理;或因法定事由由人民法院或仲裁机构要求的法定变更。

④合同变更的效力。经法定程序变更后的合同成立,具有法律效力,对当事人产生约束力。当事人应严格按变更后的合同约定履行,原合同或合同被变更的部分失效。如果当事人对合同变更的内容约定不明确的,法律规定是可推定为未变更,原合同的内容仍然有效,执行变更前的合同。

(2)合同的转让

①合同转让的概念。合同转让是指合同主体的变更,是当事人一方将合同的权利义务转让给第三人。包括合同权利的转让,合同义务的转移和合同权利义务的一并转让。合同转让可分为约定转让,即当事人协商同意;和法定转让,即基于法律规定而产生的合同转让。

②合同转让的条件如下:

a. 对于债权转让。《合同法》规定:债权人可以将合同的权利全部或者部分转让给第三人,但有下列情形之一的除外:根据合同性质不得转让的;按照当事人约定不得转让的;依照法律规定不得转让的。债权人转让权利的,应当通知债务人。未经通知,该转让对债务人不发生效力。债权转让需注意以下几点:债权人转让权利的,其从权利随主权利一并转让;债权人转让权利时,债务人的抗辩权可以向受让人行使;债权人转让权利时,债务人对其享有的到期债权可以向受让人主张抵销。

b. 对于债务转移。经债权人同意,债务人可以将合同义务全部或部分转移给第三人。即债务转移只有在债权人同意的条件下才产生法律效力。债务人脱离合同关系,由新的债务人承担履行债务的责任。债务转移需要注意以下几个问题:债务转移与第三人替债务人履行债务不同,前者是合同义务的转移,债务人全部转移合同义务就退出了合同关系,第三人就成了合同新的债务人。当债务人部分转移合同义务时,第三人加入到原合同中,与债务人共同履行合同义务。而后者是第三人并未加入到合同关系中,第三人不替债务人履行债务时,债权人不能直接要求第三人履行义务,仍然向债务人提出履行要求。债务人转移义务的,其从义务也随主义务的转移而转移,新债务人应当承担与主债务有关的从债务。债务人转移义务的,新债务人可以主张原债务人对债权人的抗辩。

c. 债权和债务一并转移。合同权利和义务的一并转移又称概括转移。是指合同一方当事人将其权利和义务一并转移给第三人,由第三人全部承担这些权利和义务。这种转让的后果,导致原合同关系的消灭,第三人取代了转让方的地位,产生出一种新的合同关系。其特点为:仅适用于双务合同;转让方应取得另一方的同意;应遵守《合同法》有关权利转让和义务转移的其他规定。

③法律、行政法规规定转让权利或者债务人转移义务应当办理批准、登记等手续的,应依照其规定执行。

(3)合同终止

①合同终止的概念。合同终止,即合同的权利义务的终止,是指因合同债务的履行、债务相互抵销等事由,致使合同权利和义务归于消灭。合同终止与合同的变更和合同的转让不同,合同终止后,权利义务关系已不再存在。但合同变更或转让后,合同的权利义务关系依然存

在。另外,合同终止与合同中止的概念是不同的。合同中止是指债务人依法行使抗辩权,拒绝债权人的履行请求,使合同权利义务关系暂时处于停止状态。但合同的权利义务关系仍然存在,在抗辩权消灭后,合同的权利义务关系恢复原来的效力。

②合同终止的原因有以下 7 种:

a. 合同因履行而终止。当合同的债务人按照合同约定全面履行合同债务,债权人的债权得以实现,实现了合同订立的目的,则合同效力得以终止。这就是《合同法》所说的"债务已经按照约定履行"而终止。

b. 合同因解除而终止。合同解除是合同执行中提前消灭合同设立的权利和义务。由于权利义务关系已不存在,合同就告终止。

c. 合同因债务相互抵销而终止。对于互负债务的合同当事人,如果各自互负债务能够抵销,合同各方既履行了债务,又实现了债权。合同的目的业已实现,其权利义务关系归于消灭,合同因债务相互抵消而终止。

d. 合同因标的物提存而终止。提存是指合同债务人在履行合同的到期债务时,由于对方当事人无正当理由拒绝接受履行或者由于对方当事人的原因致使债务人无法履行债务,致使债务人将无法履行的标的物交付第三人,以此代替向债权人履行债务。一旦标的物提存,债务人的义务履行完毕,与债权人的债权债务关系终止,即合同终止。

e. 合同因债权人免除债务而终止。如果债权人放弃债权而免除债务人的债务,合同当事人的权利义务关系终止,合同也就终止。

f. 合同因债权债务混同而终止。合同混同是指合同的债权和债务因某种原因(如兼并、拍卖等)最后归于一人承担,在这种情况下,合同自然终止。

g. 合同因其他情形而终止。

(4) 合同的解除

合同解除是指合同订立后,没有履行或者没有完全履行之前,因法定或者约定情况出现,或者经当事人协商一致,提前终止权利义务关系。

合同解除的方式有两种:合意解除和单方面解除。

合意解除又分两种方式:一种是经当事人协商一致解除合同;另一种是事先在合同中约定合同解除条件,当约定的解除条件成立时合同即可解除。

有下列情形之一时,当事人可以解除合同:

①因不可抗力致使合同目的不能实现。

②在履行合同届满之前,当事人一方明确表示或者以自己的行为表明不履行主要债务。

③当事人一方迟延履行主要债务,经催告后在合理期限内仍未履行。

④当事人一方迟延履行债务或者有其他违法行为致使不能实现合同目的。

⑤法律规定的其他情形。

合同一经解除,合同的权利义务关系消灭,相当于该合同为自始未成立,合同尚未履行的,终止履行;合同已经履行的,其已经履行部分的债权债务关系仍然有效,并不因为合同的解除而失去效力。当事人可以根据合同履行的情况和合同的性质,能够恢复原状的可以请求恢复原状,不能恢复原状的可以采用其他补救措施,造成损失的受害方有权要求损害赔偿。

6. 违约责任

(1) 违约责任的概念

①违约行为与违约责任

违约行为又称违反合同行为,是指合同当事人不履行合同义务或者履行合同义务不符合合同约定的行为。违约责任是合同当事人对其违约行为所造成的后果依法应承担的民事责任。

违约责任与其他法律责任相比所具有的特征是：a. 违约责任是不履行合同或不适当履行合同引起的民事法律后果,其前提是合同为有效合同。b. 违约责任只发生特定的当事人之间,是因合同的当事人出现违约行为而产生的,不是特定的当事人不存在违约责任。c. 违约责任的方式和范围一般应事先在合同中约定。d. 违约责任一般限于财产责任,对违约行为的合同当事人不适用非财产责任或精神赔偿。

②违约行为的分类

依据不同角度,可以将违约行为分为以下几类：

a. 单方违约和双方违约。一方当事人违约的,称为单方违约,违约方应对其违约责任负责；双方当事人都违约的,称为双方违约,应各自承担相应的责任。

b. 预期违约和届期违约。预期违约是指合同当事人在合同履行期届满之前所发生的违约行为。合同当事人预期违约通常是在债务履行期届满之前明确表示不履行合同义务,或者以自己的行为表明不履行合同义务。对这种合同履行期尚未开始的违约行为如何对待,《合同法》规定另一方当事人可以在合同履行期届满之前请求预期违约的一方承担违约责任。违约行为发生于合同履行期届满之后称其为届期违约。对于届期违约,对方当事人可及时要求违约方履行义务。

c. 根本违约和非根本违约。完全违背缔约目的的违约为根本违约。如工程经验收达不到验收标准。部分违背缔约目的的违约为非根本违约。

d. 合同的不履行和不适当履行。合同不履行是指当事人不履行合同约定的义务行为,包括拒不履行和履行不能。拒不履行是指当事人能够履行合同却无正当理由而故意不履行；履行不能指因不可归责于债务人的事由致使合同的履行在事实上已经不可能。合同的不适当履行,又称不完全给付,指当事人履行合同义务不符合合同约定的要求。

e. 一般瑕疵履行和加害履行。这是根据当事人违约行为是否造成侵权损害来划分的。一般瑕疵履行是指当事人履行义务存在着缺欠和不足,如数量不足、质量不符、履行方法不当、履行地点不对、履行时限延迟等,这些现象可称作瑕疵。若当事人履行合同不仅出现瑕疵,而且还造成对方当事人的其他财产、人身损害,则称此违约行为为加害履行。

f. 债务人履行延迟和债权人受领延迟。债务人超过合同约定的履行期限的,为债务人履行延迟；债权人超逾履行期限受领的,为债权人受领延迟。

g. 因第三人原因造成的违约和当事人原因造成的违约。

(2) 违约责任相关规定

违反合同义务,就要承担违约责任。《合同法》规定：当事人一方不履行合同义务或者履行合同义务不符合约定的,应承担继续履行、采取补救措施或者赔偿损失等违约责任。根据《合同法》的有关规定,承担违约责任的方式主要有以下几种：继续履行；支付违约金；赔偿损失;承担侵权责任;单方面解除合同;定金制裁;价格制裁;其他措施,如修理、更换、重作、退货、减少价款或者报酬,支付预期利息,承担防止损失扩大费用、中止履行等。下面仅就几个方面介绍如下:

①违约金。违约金是指按照当事人的约定或者法律直接规定,一方当事人违约的,应向另一方支付的一定数额的货币。违约金有法定违约金和约定违约金之分:由法律直接规定的违约金为法定违约金;由合同当事人经协商在合同中约定的,为约定违约金。违约金具有惩罚和赔偿双重性。惩罚性是指只要一方当事人违约,则应向对方支付违约金;赔偿性是指如果违约并造成了损失,除了支付违约金外,还要赔偿全部损失。适用惩罚性违约金的合同,需当事人具有过错。虽然当事人违约,但不是其过错造成的,也不导致惩罚性违约金合同的生效。当事人约定的惩罚性违约金的数额不得超过合同标的额的一倍,否则,合同无效。惩罚性违约金的支付,需与违约程度相适应,当事人为根本性违约的,应支付全额违约金;为非根本性违约的,只需支付与违约部分相适应的违约金。赔偿性违约金是以加害履行为条件的,造成实际损失的,则支付;否则,不支付。赔偿性违约金的适用需按合同的约定。另外,违约金是采用担保方式还是承担违约责任方式或两者兼而有之,应需在合同中约定。

②赔偿损失。赔偿损失是指一方当事人违反合同给另一方造成财产等损失的赔偿。当事人承担赔偿损失的条件是:一是有违约行为;二是有损失后果;三是违约行为与财产等损失之间有因果关系;四是违约人有过错,或者虽无过错,但法律规定应当赔偿。赔偿损失属于补偿性的,一般不是惩罚性的,除非针对欺诈行为,仅用于弥补非违约人所遭受的损失。赔偿损失分法定赔偿和约定赔偿。法定赔偿指法律直接规定损害赔偿的数额或者赔偿损害的计算方法。约定赔偿是指当事人在约定赔偿合同中约定损失的赔偿数额或其计算方法。一般是以主合同的从合同形式存在的。

③定金制裁。定金具有惩罚性。如付定金人根本违约,无权请求返还定金;受定金人根本违约,双倍返还定金。

承担违约责任的几种方式在合同中均可并用。

复 习 题

1. 简述民事法律关系的概念、特征及构成要素。
2. 简述自然人与法人的概念及区别。
3. 简述代理的概念和主要特征,无权代理及其责任。
4. 简述建设法的形式及构成。
5. 简述《建筑法》中的一些重要规定。
6. 简述《建设工程质量管理条例》中与合同管理有关的规定。
7. 《招标投标法》的适用范围是什么?
8. 仲裁的原则及仲裁的程序是什么?
9. 简述经济案件的管辖与审判程序。
10. 担保的方式及各自的特点如何?
11. 简述合同的概念及种类。

12. 简述合同法的概念及调整范围。
13. 简述合同的基本内容及条款。
14. 简述要约与承诺的概念、特点及法律效力,要约与要约邀请的区别。
15. 合同的成立与合同的效力是什么?
16. 简述无效合同、可撤销合同和效力待定合同的区别。
17. 简述合同履行的原则与合同欠缺的补救。
18. 简述合同履行中的抗辩权、代位权和撤销权。
19. 简述承担违约责任的方式。

第三章 水运工程招标投标

[**自学提要**] 通过学习,应了解工程建设招标投标制的内涵,招标与投标的概念、种类及方式;熟悉施工招标的条件;掌握施工招标的程序及招标文件的内容,了解工程量清单和标底的编制与审定要求;熟悉投标资格审查;掌握开标、评标与定标方法;了解施工投标条件、程序及投标文件的内容;了解政府有关部门对施工招投标的管理以及招标代理的概念及要求;掌握监理工程师在招标工作中的组织工作。

第一节 水运工程招标程序与管理

一、招标程序

招标是招标人选择中标人并与其签订合同的过程。水运工程建设项目采用资格预审方式公开招标的,招标人应当按照图3-1所示程序开展招标投标活动。对于采用资格后审方式公开招标的,应当参照图3-1所示程序进行,并应当在开标后由评标委员会按照招标文件规定的标准和方法对投标人的资格进行审查。对于实行邀请招标的项目,其招标程序亦可参照执行,并将招标文件报有监督管理权限的交通运输主管部门备案。

水运工程建设项目的招标过程可以粗略划分为招标准备阶段、招标阶段和定标与签订合同阶段。

1. 招标准备阶段

招标准备阶段的工作由招标人单独完成,投标人不参与。主要工作包括以下几个方面:

(1)招标组织准备

招标活动必须要有一个组织来实施,这个组织就是招标机构。如果招标人有能力自行组织招标活动,可以采用自行招标方式来组织,但应当向负有对招标进行监督管理职责的主管部门备案。如果招标人不具备自行编制招标文件和组织评标的能力,则应当委托招标代理机构代理水运工程建设项目招标事宜。任何单位和个人不得为招标人指定招标代理机构。

招标人采用招标或其他竞争性方式选择招标代理机构的,应当从业绩、信誉、从业人员素质、服务方案等方面进行考查。招标人与招标代理机构应当签订书面委托合同。合同约定的收费标准应当符合国家有关规定。招标代理机构在其资格许可和招标人委托的范围内开展招标代理业务,不受任何单位、个人的非法干预或者限制。

无论是自行招标还是委托代理招标,招标人都要组建招标领导机构,以便能够对招标中的诸如确定投标人、中标人等重大问题进行决策。

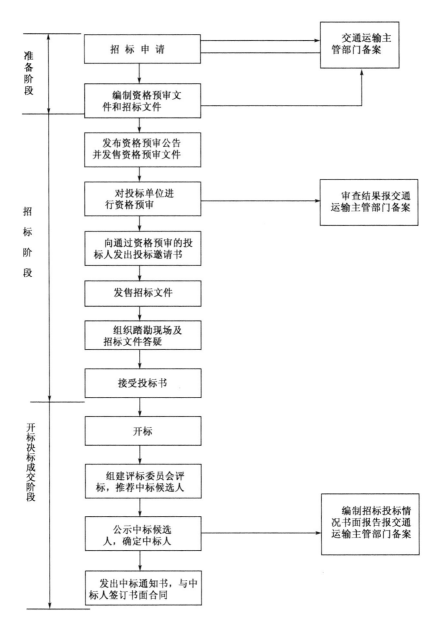

图 3-1 水运工程建设项目招标程序

(2)招标条件准备

按照国家有关规定需要履行项目立项审批、核准手续的水运工程建设项目,在取得批(核)准后方可开展勘察、设计招标。水运工程建设项目通过初步设计审批后,方可开展监理、施工、设备、材料等招标。

(3)招标文件准备

招标人(包括其委托的招标代理机构)负责编制资格预审文件和招标文件,并报交通运输主管部门备案。招标人编制的资格预审文件、招标文件的内容违反法律、行政法规的强制性规定,违反公开、公平、公正和诚实信用原则,影响资格预审结果或者潜在投标人投标的,依法必须进行招标的项目的招标人应当在修改资格预审文件或者招标文件后重新招标。依法必须进行招标的水运工程建设项目的资格预审文件和招标文件的编制,应当使用国务院发展改革部门会同有关行政监督部门制定的标准文本以及交通运输部发布的行业标准文本。招标人在招标文件或资格预审文件中不得以不合理的条件限制、排斥潜在投标人或者投标人。按照《招标投标法实施条例》规定,招标人有以下 7 种行为之一的,属于以不合理条件限制、排斥潜在投标人或者投标人:

①就同一招标项目向潜在投标人或者投标人提供有差别的项目信息。如提供的技术资料深度不同,个别答疑或补遗文件不发给所有投标人等。

②设定的资格、技术、商务条件与招标项目的具体特点和实际需要不相适应或者与合同履行无关,如设立有利于个别投标人的资格条件或技术装备条件。

③依法必须进行招标的项目以特定行政区域或者特定行业的业绩、奖项作为加分条件或者中标条件,如设立詹天佑奖加分条件。

④对潜在投标人或者投标人采取不同的资格审查或者评标标准。

⑤限定或者指定特定的专利、商标、品牌、原产地或者供应商,如特殊工艺或专有工法。

⑥依法必须进行招标的项目非法限定潜在投标人或者投标人的所有制形式或者组织形式。

⑦以其他不合理条件限制、排斥潜在投标人或者投标人,如垫资能力等。招标人在制定资格审查条件、评标标准和方法时,应利用水运工程建设市场信用信息成果以及招标投标违法行为记录公告平台发布的信息,对潜在投标人或投标人进行综合评价。

2. 招标阶段的主要工作内容

公开招标时,从发布资格预审公告开始,若为邀请招标,则从发出投标邀请函开始,到投标截止日期为止的期间成为招标阶段。在此阶段,招标人应做好招标的组织工作,投标人则按招标有关文件的规定程序和具体要求进行投标报价竞争。

(1)发布资格预审公告并发售资格预审文件

发布资格预审公告的目的是使潜在的投标人能够获得招标信息,因此采用公开招标方式时,招标公告或资格预审公告除按照规定在指定的媒体发布外,招标人可以同时在交通运输行业主流媒体或者地方建设工程交易市场以及招标人等相关门户网站发布。资格预审公告和招标公告的发布应当充分公开,任何单位和个人不得非法干涉、限制公告发布地点、发布范围或发布方式。在网络上发布的资格预审公告和招标公告,至少应当持续到资格预审文件和招标文件发售截止时间为止。招标公告的主要内容通常包括:

①招标人的名称、地址以及获取招标文件和资格预审文件的办法。

②招标依据。

③工程概况:工程名称、地点、工程类别、规模、招标方式、施工期和资金来源等。

④招标方式、时间、地点及报送投标申请书和资格审查文件的起止时间。

⑤对投标人资质和资信的要求。

⑥对投标申请书和资格审查申请文件内容的要求。

⑦其他事项。

采用邀请招标方式时,应由招标人向预先选定的承包人发出邀请函。投标邀请书主要内容包括:

①函首。邀请某投标人前来参加某工程某标段的施工投标的意向。

②主要事项。工程概况、购买招标文件的时间、地点和价格,递交投标文件的截止时间、地点、注意事项等。

③函尾。招标人及招标代理机构的名称、地点、通信地址、联系方式、联系人及银行账户等信息。

招标人应当按资格预审公告规定的时间、地点发售资格预审文件。资格预审文件的发售期不得少于5日。自资格预审文件停止发售之日起至提交资格预审申请文件截止之日止,不得少于5日。

对资格预审文件的澄清或修改可能影响资格预审申请文件编制的,应当在提交资格预审申请文件截止时间至少3日前以书面形式通知所有获取资格预审文件的潜在投标人。不足3日的,招标人应当顺延提交资格预审申请文件的截止时间。依法必须招标的项目在资格预审文件停止发售之日止,获取资格预审文件的潜在投标人少于3个的,应当重新招标。

(2) 资格预审

对提出投标申请的潜在投标人进行资格预审,资格审查结果报交通运输主管部门备案。国有资金占控股或者主导地位的依法必须进行招标的水运工程建设项目,招标人应当组建资格审查委员会审查资格预审申请文件。

资格预审审查方法分为合格制和有限数量制。一般情况下应当采用合格制,凡符合资格预审文件规定资格条件的资格预审申请人,均应通过资格预审。如果潜在的投标人过多时,可采用有限数量制,但该数额不得少于7个;符合资格条件的申请人不足该数额时,均视为通过资格预审。通过资格预审的申请人少于3个的,应当重新招标。资格预审应当按照资格预审文件中载明的标准和方法进行。资格预审文件中未载明的标准和方法,不得作为资格审查的依据。

资格预审结束后,招标人向通过资格预审的潜在投标人发出投标邀请书,并向未通过资格预审的潜在投标人发出资格预审结果通知书。属于以下情况之一者,其资格审查申请文件为无效:a. 未按期送达资格审查申请文件;b. 资格审查申请文件未盖公章;c. 法定代表人(或其授权的代理人)无签字(或印鉴);d. 未按规定要求填写;e. 填报的内容失实。

(3) 发售招标文件

招标人应当按投标邀请书规定的时间、地点发售招标文件。招标文件的发售期不得少于5日。自招标文件开始发售之日起至潜在投标人提交投标文件截止之日止,最短不得少于20日。

对招标文件的澄清或修改可能影响投标文件编制的,应当在提交投标文件截止时间至少15日前,以书面形式通知所有获取招标文件的潜在投标人;不足15日的,招标人应当顺延提交投标文件的截止时间。获取招标文件的潜在投标人少于3个的,应当重新招标。

(4) 组织潜在投标人踏勘现场,并进行答疑

如有必要,招标人可组织踏勘项目现场,踏勘现场应通知所有潜在投标人参与,不得组织单个或者部分潜在投标人踏勘项目现场。潜在投标人因自身原因不参与踏勘现场的,不得提

出异议。

投标人研究招标文件和现场考察后可以书面形式提出某些质疑问题,招标人可以及时给予书面解答,也可留待标前会议上解答。招标人对任何投标人所提问题的回答,应当以书面形式发给每一位获得招标文件的投标人,以保证招标的公平和公正,但不必说明问题的来源。回答函件作为招标文件的组成部分,如果书面解答的问题与招标文件中的规定不一致,以函件的解答为准。

招标人在发布资格预审公告、招标公告、发出投标邀请书或者售出资格预审文件、招标文件后,无正当理由不得随意终止招标。招标人因特殊原因需要终止招标的,应当及时发布公告,或者以书面形式通知被邀请的或者已经获取资格预审文件、招标文件的潜在投标人。已经发售资格预审文件、招标文件或者已经收取投标保证金的,招标人应当及时退还所收取的购买资格预审文件、招标文件的费用,以及所收取的投标保证金及银行同期存款利息。利息的计算方法应当在招标文件中载明。

3. 开标定标阶段主要工作内容

(1)接收投标人的投标文件,公开开标

开标是同时公开各投标人报送的投标文件的过程,公开招标和邀请招标均应举行开标会议。这一过程是招标投标公开性、公平性原则的重要体现。

在投标截止日期和时间递送投标文件的投标人少于3个的,不能开标,应依法重新招标。

开标应当在招标文件中确定的提交投标文件截止时间的同一时间公开进行,开标地点应当为招标文件中预先确定的地点(有的地区规定在工程交易中心),由招标人或招标代理组织主持,在所有投标人(法定代表人或委托代理人)、招标管理部门的代表,必要时公证部门及标底编审单位等的代表参加下,当众打开标箱,由投标人推选的代表或公证人员检验投标文件的密封情况,封套书写符合规定,没有疑义字符或标记。确认无误后,如果有标底应当首先公布,然后由工作人员逐一启封标函,宣布各投标单位标书的要点,如投标人名称、项目或标段、报价、工期、质量目标及主要施工方案等,并在表册上进行登记,所有在投标文件中提出的附加条件、补充声明、优惠条件和替代方案等均应宣读。开标过程应当场记录,招标人、招标代理机构、投标人、参加开标的公证和监督机构等单位的代表应签字,并存档备查。开标记录应包括投标人名称、投标保证金、投标报价、工期、密封情况以及招标文件确定的其他内容。开标记录由投标人代表核对无误后签字确认。

如投标人对开标有异议的,应当在开标现场提出,招标人或招标代理机构应当当场给出答复,并制作记录。招标人开标时,要求所有投标人的法定代表人或其委托代理人准时参加。投标人未参加开标的,视为承认开标记录。而事后对开标结果提出的任何异议无效。

开标方式有两种:一种是当众开标,当场决标。此种方式也称开硬标,当众启封标函,宣读报价、工期、质量、施工方法和主要技术措施后,招标人组织评标委员会评标,当场确定并宣布中标人。这种方式透明度高,速度快,但要求高,评标难度大,适用于对投标人比较了解,单位不多,且由一两项指标(如报价)即可作为决策依据时的情况,这种方式多用于以经评审后的最低投标价确定中标人的定标方法;另一种是当众开标,过后定标。这种方式与前者开标的形式基本相同,所不同点是不当场定标,开标后,投标人退场,招标人组织评标委员会成员对标书进行审查、分析、评比,最后决策定标,发中标通知书。这种方式可为评标定标留有足够的时间和余地,便于选择合适的承包人。适用于竞争单位较多,实力相当,报价相差不大,招标人对投标单位不够十分了解,需要慎重选择等情况。这种方式多用于采用综合评价法定标,应用较多。

开标是整个招标投标过程的重要节点。它标志着投标阶段结束(提出要约),评标定标阶段开始(做出承诺)。

(2)组建评标委员会评标,推荐中标候选人

所谓评标,就是招标人对投标人报送的投标文件进行全面审查,对报价、工期、质量等条件进行综合分析、评比和优选的过程,它是定标决策的依据。

评标活动应遵循公平、公正、科学、择优的原则进行,评标的准则是:报价合理、方案可行、技术先进、工期合理、工程质量和安全措施可行以及社会信誉良好等。

①评标方式——评标委员会评标

评标应由招标人依法组建专门的评标委员会负责评标。依法必须进行招标的水运工程建设项目,其评标委员会由招标人的代表和有关技术、经济方面的专家组成。成员人数为5人以上的单数,其中专家人数不得少于成员总数的2/3。招标人的代表应具有相关专业知识和工程管理经验。交通运输部具体负责监督管理的水运工程建设项目,其评标专家从交通运输部水运和交通支持系统综合评标专家库中随机抽取确定,其他水运工程建设项目的评标专家从省级交通运输主管部门建立的评标专家库或其他依法组建的综合评标专家库中随机抽取确定。

评标专家应当是从事相关专业领域工作满8年并具有高级职称或者具有同等专业水平,且熟悉有关招标投标的法律法规并具有与招标项目相关的实践经验,能够认真、公正、诚实、廉洁地履行职责的人员。要求评委不得与投标人有利害关系,行政监督部门的工作人员不得担任本部门负责监督项目的评标委员会成员。评标委员会成员的名单在中标结果确定之前应当保密。评标结束后,招标人应当按照交通运输主管部门要求及时对评标专家的能力、履行职责等进行评价。

②评标过程——初步评审和详细评审

评标委员会按照招标文件确定的评标标准和方法进行初步评审和详细评审。初步评审主要是确定投标文件是否为有效和是否存在着重大偏差。

所谓重大偏差是指:a.投标文件未按照招标文件要求盖章并由法定代表人或其书面授权的代理人签字的;b.投标联合体没有提交共同投标协议的;c.未按照招标文件要求提交投标保证金的;d.投标函未按照招标文件规定的格式填写,内容不全或者关键字迹模糊无法辨认的;e.投标人不符合国家或者招标文件规定的资格条件的;f.投标人名称或组织结构与资格预审时不一致且未提供有效证明的;g.投标人提交两份或者多份内容不同的投标文件,或者在同一份投标文件中对同一招标项目有两个或者多个报价,且未声明哪一个为最终报价的,但按招标文件要求提交备选投标的除外;h.串通投标、以行贿手段谋取中标、以他人名义或者其他弄虚作假方式投标的;i.报价明显低于成本或者高于招标文件中设定的最高限价的;j.无正当理由不按照评标委员会的要求对投标文件进行澄清或说明的;k.没有对招标文件提出的实质性要求和条件做出响应的;l.招标文件明确规定废标的其他情形。

存在着上述重大偏差情形之一的投标文件为未能对招标文件做出实质性相应,评标委员

会应当否决其投标。但如果投标文件在实质上响应了招标文件的要求,只是存在含义不明确的内容、明显文字或计算错误,评标委员会不得随意否决投标,评标委员会认为需要投标人做出必要澄清、说明的,应当书面通知该投标人。投标人的澄清、说明应当采用书面形式,并不得超出投标文件的范围或者改变投标文件的实质性内容。另外评标委员会不得暗示或者诱导投标人做出澄清、说明,也不得接受投标人主动提出的澄清、说明。

详细评审是对经初审合格的投标文件依据招标文件规定的评标方法,对其技术部分和商务部分做进一步的评审、比较。详细评审可以按照以下两种方法进行。

③评标方法——经评审的最低投标价法和综合评分法

经评审的最低投标价法是在投标报价的基础上,将报价之外需要评定的要素按预先规定的折算办法换算为货币价值,根据对招标人有利或者不利的原则在投标报价上增加或扣减一定金额,最终形成经评审的投标价。能够满足招标文件的实质性要求的经评审的最低投标价的投标人应为中标候选人。这种方法适用于具有通用技术、性能标准或者招标人对其技术、性能没有特殊要求的招标项目。需要注意的是,经评审的投标价既不是投标价,也不是中标价,只是用价格指标作为评审标书优劣的一种方法,定标签订合同时,仍以报价作为中标的合同价。不宜采用经评审的最低投标价法的招标项目一般应采用综合评分法。综合评分法是依据招标文件的规定,对投标文件中的技术部分和商务部分的特征项目进行量化,并分别赋予不同的权重,评标委员会依据评分标准对各类内容进行相应的打分,最后计算出各投标的综合评估分,其中分值最高的投标即为最大限度地满足招标文件规定的各项综合评价标准的投标,应当推荐为中标候选人。采用综合评分法评标时,评委应对各投标人按照评分项目及评分标准逐项独立评分,最后由评委会主任或其委托工作人员统计,按获分高低排序。

评标委员会完成评标后,形成书面评标报告,并推荐合格的中标候选人。中标候选人应当不超过 3 个,并标明顺序。评标报告由评标委员会全体成员签字。对评标结论持有异议的评标委员会成员可以书面方式阐述其不同意见和理由,评标报告应当注明该不同意见。评标委员会成员拒绝在评标报告上签字又不书面说明其不同意见和理由的,视为同意评标结论,评标委员会应当对此做出书面说明并记录。评标报告应包括以下内容:a.评标委员会成员名单;b.对投标文件的符合性评审情况;c.否决投标情况;d.评标标准、评价方法或者评标因素一览表;e.经评审的投标价格或者评分比较一览表;f.经评审的投标人排序;g.推荐的中标候选人名单与签订该合同前需要处理的事宜;h.澄清、说明、补正事项纪要。

经评审后,如果评标委员会认为所有投标都不符合招标文件的要求,或者否决不合格投标后,有效投标不足 3 个使得投标明显缺乏竞争的,评标委员会可以否决全部投标,招标人应当依法重新招标。招标人重新招标后,如果再次出现了需要重新招标的情况,经书面报告交通运输主管部门获得准许后,可以不再招标,并可通过与已提交资格预审申请文件或投标文件的潜在投标人进行谈判确定中标人,将谈判情况书面报告交通运输主管部门备案。

(3)确定中标人

通过评标,确定最佳投标人的过程称为定标(有时也称决标)。定标主要由招标人决策。定标的原则一般应是:标价合理,工期有保证,质量能保证,施工方案先进合理,材料使用合理,社会信誉好等。《招标投标法》规定:中标人的投标应当符合下列条件之一:①能够最大限度地满足招标文件中规定的各项综合评价标准;②能够满足招标文件的实质性要求,并且经评审的投标价格最低;但是投标价格低于成本的除外。

招标人根据评标委员会提出的书面评标报告和推荐的中标候选人确定中标人,也可以授权评标委员会直接确定中标人。依法必须进行招标的项目,招标人应当自收到书面评标报告之日起3日内按照国家有关规定公示中标候选人,公示期不得少于3日。投标人或者其他利害关系人对评标结果有异议的,应当在中标候选人公示期间提出。招标人应当自收到异议之日起3日内做出答复;作出答复前,应当暂停招标投标活动。

在确定中标人之前,招标人不得与投标人就价格、投标方案等实质性内容进行谈判。国家规定:国有资金占控股或者主导地位的水运工程建设项目,招标人应当确定排名第一的中标候选人为中标人。排名第一的中标候选人放弃中标、因不可抗力不能履行合同、不按照招标文件要求提交履约保证金,或者被查实存在影响中标结果的违法行为等情形,不符合中标条件的,招标人可以按照评标委员会提出的中标候选人名单排序依次确定其他中标候选人为中标人,也可以重新招标。

中标人确定后,招标人应当及时向中标人发出中标通知书,并同时将中标结果通知所有未中标的投标人。招标人和中标人应当自中标通知书发出之日起30日内,按照招标文件和中标人的投标文件订立书面合同,合同的标的、价款、质量、履行期限等主要条款应当与招标文件和中标人的投标文件的内容一致。招标人和中标人不得再行订立背离合同实质性内容的其他协议。招标文件要求中标人提交履约保证金的,中标人应当按照招标文件的要求提交。履约保证金不得超过中标金额的10%。招标人最迟应当在书面合同签订后5日内向中标人和未中标的投标人退还投标保证金及银行同期存款利息。

招标人应当自确定中标人之日起15日内,向具体负责本项目招标活动监督管理的交通运输主管部门提交招标投标情况的书面报告。招标投标情况书面报告主要内容包括:招标项目基本情况、投标人开标签到表、开标记录、监督人员名单、评标标准和方法、评标委员会评分表和汇总表、评标委员会推荐的中标候选人名单、中标人、经评标委员会签字的评标报告、评标结果公示、投诉处理情况等。

中标人应当按照合同约定履行义务,完成中标项目。中标人不得向他人转让中标项目,也不得将中标项目肢解后分别向他人转让。中标人按照合同约定或者经招标人同意,可以将中标项目的部分非主体、非关键性工作分包给他人完成。接受分包的人应当具备相应的资格条件,并不得再次分包。中标人应当就分包项目向招标人负责,接受分包的人就分包项目承担连带责任。

二、水运工程招标投标管理

交通运输部于2013年颁布实施了新的《水运工程建设项目招标投标管理办法》,对水运工程的施工、监理、勘察设计、机电设备等招标投标活动作出了统一规定。

1. 政府有关部门对工程招标投标的管理职责

水运工程建设项目招标投标工作实行统一领导、分级管理。交通运输部主管全国水运工程建设项目招标投标活动,并具体负责经国家发展和改革委员会等部门审批、核准和经交通运输部审批的水运工程建设项目招标投标活动的监督管理工作。省级交通运输主管部门主管本行政区域内的水运工程建设项目招标投标活动,并具体负责省级人民政府有关部门审批、核准的水运工程建设项目招标投标活动的监督管理工作。省级以下交通运输主管部门按照各自职责对水运工程建设项目招标投标活动实施监督管理。行政主管部门的主要职责是:

①监督指导招标投标管理机构的工作,认定招标代理机构的资格。
②监督检查招标投标双方有关法规的执行情况。
③对有损国家利益的决标给以否决。
④对违反有关法规者进行处罚。

招投标管理机构是执行对招投标活动进行具体管理的机构,它的主要任务是:

①审查招标人资格,招标项目是否具备了招标条件,审批招标申请书。
②审查招标文件和资格预审文件。
③审查投标人的资格。
④加强对评标,定标的管理,确定决标的有效,签发中标通知书。
⑤协调解决招标过程中的纠纷。
⑥执行监督机构对违反国家或地方招投标法规的单位、个人的处罚决定。

2. 水运工程招标有形市场及招标代理

(1)水运工程招标有形市场

为了更好地实现公开、公平、公正和诚实信用的招投标原则,使得招标投标活动更加规范有序,避免暗箱操作,防止腐败现象发生,根据国家有关部门的要求,各地政府和有关部门建立了建设工程交易市场,用以统一发布招标信息,在此进行招标投标活动,从事工程建设方面的交易活动,形成有形招投标市场。对于水运工程建设项目,应当按照国家规定,进入项目所在地设区的市级以上人民政府设立的公共资源交易场所或者授权的其他招标投标交易场所开展招标投标活动。并鼓励利用依法建立的招标投标网络服务平台及现代信息技术进行水运工程建设项目电子招标投标。

(2)招标代理机构

为了保证招标行为的规范化、科学地评标,达到招标选择承包人的预期目的,招标人应满足以下的要求:

①招标人应当是该水运工程建设项目的项目法人。
②具有与招标项目规模和复杂程度相适应的水运工程建设项目技术、经济等方面的专业人员。
③具有能够承担编制招标文件和组织评标的组织机构或者专职业务人员。
④熟悉和掌握招标投标的程序及相关法规。

招标人不具备上述规定条件的,应当委托招标代理机构办理水运工程建设项目招标事宜。

招标代理机构是依法设立,从事招标代理并提供相关服务的社会中介组织。受招标人的委托,为招标人提供招标咨询和服务,属于有偿技术服务。招标代理机构应具备的基本条件包括:

①有从事招标代理业务的营业场所和相应资金。
②有能够编制招标文件和组织评标的相应专业能力。
③有符合要求的,可以作为评标委员会成员的专家库。

有条件的监理人可以申请相应的资格从事招标代理工作。招标代理机构的主要工作和责任是：

①为业主提供招标咨询服务。
②办理项目报建、办理招标申请。
③编制招标文件和标底。
④组织招标、开标、评标，为业主提供定标候选人。
⑤其他委托的招标工作。

第二节 水运工程施工招标与投标

一、水运工程施工招标

水运工程施工招标是指水运工程施工项目招标人通过适当的途径发出确定的施工任务发包的信息，吸引施工企业投标竞争，从中选出技术能力强、管理水平高、信誉可靠且报价合理的承包人，并通过签订合同的方式来约束双方在施工过程中行为的经济活动。交通运输部于2008年12月发布了《水运工程标准施工招标文件》(JTS 110-8—2008)，已于2009年1月1日起实施，作为水运工程施工招标的规范文件。

1. 水运工程施工招标的特点

水运工程施工招标最明显的特点是发包工作内容相对明确具体，各投标人编制的投标书在评标时易于横向对比。虽然投标人是按照招标文件的工程量清单中既定的工作内容和工程量编制报价，但报价高低一般并不是确定中标人的唯一条件，投标人实际上是各施工单位完成该项目任务的技术、经济、管理等综合能力的竞争。

2. 施工招标文件内容

编制施工招标文件是施工招标工作中的一项很重要的内容，其编制的好坏，直接关系到招标工作能否正常进行，而且影响授标以后，能否顺利地执行合同。招标文件中的很多文件将作为未来合同的有效组成部分，必须认真编写，字斟句酌，反复推敲，准确完善。

水运工程项目和其他建设工程项目相比具有其特殊性，施工期通常较长，施工环境恶劣，而且大多属于野外作业和水上作业，受地形、地质、气候影响极大，安全隐患多。水上作业施工时，常需要多工种交叉作业，施工船舶和大型起重机械较多，工作面狭窄，同时水运工程受台风、洪水、风暴潮、滑坡等自然灾害的影响更为突出。近年来，随着船舶向大型化发展，水运工程向深水、远离岸线区域转移，专业化码头越来越多，工程难度和施工环境也发生了质的变化。因此编制水运工程施工招标文件时，应充分考虑项目本身的特点，尽可能提供明确的技术规范和技术要求，并给出承包人能够预测风险和合理报价的基础资料，尤其是水下资料。

根据招标工程的内容、任务、条件及招标方式不同，招标文件的内容也不尽相同，但一般应包括以下两个部分：

(1) 商务条款部分

①招标指南及投标须知。这部分内容应包括投资来源,工期要求,投标方式,资格审查,对标书的澄清,评标原则和评标方法,招标截止日期,开标时间与地点,投标保证金,履约保证金等。

②合同主要条款。这部分内容包括当事人的权利与义务,总包与分包,监理工程师的职责和权力,合同价格、计量与支付,进度与延期,工程质量与检验,竣工与缺陷责任,不可抗力、索赔与争端处理,违约责任等。

(2)技术条款部分

这部分内容应包括:

①工程综合说明,包括工程名称、规模、地点、发包范围、工程内容、设计人等及可供使用的施工水域或场地,给排水、供电、道路及通信设计等。

②工程量清单。工程量清单是将合同规定要实施的工程全部项目和内容,按工程部位、性质等列在一系列表格内。工程量清单实际上是表明分部分项工程工程量、但尚未填入单价的预算书。采用工程量清单组织招标时,招标人在编写招标文件时,必须同时编制工程量清单,提供给投标人用于投标报价。工程量清单由具有编制招标文件能力的招标人或其委托的具有相应资质的工程造价咨询机构、招标代理机构编制。编制工程量清单的主要工作是根据设计资料确定拟建工程需要计算的分部分项工程项目,并且计算填写每个分项工程的工程量。

采用工程量清单组织招标,是国际工程招标的惯例做法。采用工程量清单计价方法,允许投标人根据工程量自主报价,平衡发包人和承包人对工程量和价格的风险分担,可以实现企业自主报价,市场确定价格的目标。交通运输部于2008年12月颁发了《水运工程工程量清单计价规范》(JTS 271—2008),规定了水运工程量清单应由分项工程工程量清单、一般项目清单和计日工项目清单组成。

分项工程量清单应采用统一的格式,并应包括序号、项目编码、项目名称、计量单位、工程数量、项目特征等。招标人应按规范的规定的统一项目编码、项目名称和计量单位进行编制,确定每一分项工程数量。工程数量应以设计图纸净尺度为准,工程内容应包括完成对应清单项目的全部可能发生的具体工作,项目特征应对工程项目的要求进行具体准确的描述。凡附录中没有的项目,分项工程量清单编制人可作补充。

一般项目是指为完成工程项目施工,招标人要求计列的、不以图纸计算工程数量的费用项目,或发生于该工程施工准备和施工过程中招标人不要求列示工程数量的措施项目和其他项目。计日工是指为完成招标人临时提出的合同范围以外的零散工作,即不能以实物量计量的所需的人工、材料、船舶机械等。

一般项目清单和计日工项目清单应根据招标工程的具体情况列项。编制一般项目清单和计日工项目清单发生附录中未列项目时,编制人可作补充。

③设计图纸和设计说明,包括总体规划、工艺设计、港口码头、航运枢纽、过船设施、航道整治等主要建筑物必要的设计资料和有关技术说明,如对工程的要求做出清楚而详尽的说明以便于投标单位能有共同的图纸理解;对现场环境和风险因素作出说明;质量标准和运用的施工验收技术规范;有关特殊要求及设备要求等。

图纸是施工招标文件和合同的重要组成部分,是投标人在拟定施工方案、确定施工方法以及提出替代方案、计算投标报价必不可少的资料。图纸的详细程度取决于设计的深度与合同的类型。详细的设计图纸能使投标人比较准确地计算报价。实际上,在工程施工中,常常需要陆续补充和修改图纸,这些补充和修改的图纸均须经监理工程师签字后正式下达,才能作为施工及结算的依据。

④技术标准和要求。技术标准是指由国家、行业和地方政府颁布的标准、规范、规定或规程,以及为实施某项工程特为制定的专项标准、规定或规程。招标人应在招标文件中明示招标工程中所采用的主要工程建设技术标准。所采用的工程建设技术标准应按给定的格式并以类别、专业或单项工程为序,逐一填写,列出使用的全部技术标准目录。

招标文件由招标人负责编写,也可聘请或委托咨询工程师或监理工程师编写,还可委托招标代理机构代理。但招标文件一经发出,不得擅自更改。如确需要改变,应经招标主管部门同意后迅速(应在投标截止日期前15日)以书面形式正式通知各投标人,作为与标书具有同等地位的文件,否则,造成投标人的经济损失,招标人应予以补偿。

依法必须进行招标的水运工程施工项目的招标文件的编制,应当采用《水运工程标准施工招标文件》(JTS 110-8—2008),其他水运工程施工项目的招标文件可参照编写。该施工招标文件内容包括三卷,具体内容为:

　　第一卷　第一章　招标公告
　　　　　　第二章　投标人须知
　　　　　　第三章　评标办法
　　　　　　第四章　合同条款及格式
　　　　　　第五章　工程量清单
　　第二卷　第六章　图纸
　　第三卷　第七章　技术标准和要求

(3)标底的编制

制定标底是招标的一项重要准备工作。标底是招标工程的预期价格,是衡量投标人标价合理性的尺度,是发包工程财务准备的依据。虽然工程招标以后确定的发包价格(合同价)不一定是标底,但它却是约束合同价和衡量招标优劣的重要依据。标底是评标的参考依据之一。

工程施工招标的标底由招标人负责编制。可自行编制,也可以委托造价师事务所编制。一个招标项目只允许有一个标底。接受委托编制标底的中介机构不得参加受托编制标底项目的投标,也不得为该项目的投标人编制投标文件或者提供咨询等相关的服务。标底应控制在批准的设计概算或修正概算之内。标底在开标之前应严加保密,不得泄漏。

根据我国目前的确定水运工程造价的方式,标底编制的方法主要有两种:一种是以施工图预算作为确定标底的依据,即根据施工图及国家和地区的有关定额(包括取费标准)、材料预算或市场价格和施工方案来编制标底。也可以已确定的工程量清单为基础,按水运工程相关计价规范和计价依据编写。这种方法是目前确定标底的主要方法,适用于在施工图基础上的施工招标;另一种是适应于在初步设计阶段进行招标的工程,可以在其批准的初步设计概算或修正概算内依据初步设计文件和概算定额或指标确定标底。

需要说明的是,《招标投标法》和交通运输部的有关管理办法中并未要求必须编制标底,标底只能作为评标的参考,并明确不得以投标报价是否接近标底作为中标条件,也不得以投标报价超过标底上下浮动范围作为否决投标的条件。当然可以进行无标底招标。

(4)拦标价与最高限价

拦标价是在招标投标活动中,为了防止投标人的投标报价超出招标人设定的价格控制范围导致招标失败而预先设定的投标报价限额。拦标价一般根据地方消耗量定额及地方工程造价主管部门或网刊发布的指导价格,并考虑市场价格的波动等风险因素,按给定的工程量清单计算得出,通常比社会平均水平稍高一些。拦标价是投标报价的上限,投标人不能随意超过,否则其投标将被招标人拒收或被评标委员会否决。

最高限价是招标文件中事先规定的一个投标报价不能突破的最高限额,与拦标价的作用基本相同。最高限价与拦标价的区别在于,拦标价可以在开标时与投标报价一同公布,若事先写入招标文件中,则为最高限价。招标人设有最高限价的,可以在招标文件中明确最高投标限价或者最高投标限价的计算方法,但招标人不得规定最低投标限价。

设立拦标价与最高限价的目的是为了防止投标人围标、串标并借此抬高标价等违背法律法规行为和背离公平竞争原则的事件发生,以将报价控制在合理的范围内,保障招标人的合法利益。这是针对我国招标投标领域出现的一些实际问题而采取的一种控制措施。

与是否设置标底一样,拦标价与最高限价的设立与否完全由招标人自主设定,不是招标活动中的法定内容。

(5)资格审查

水运工程施工是专业性比较强的建设工程,不同于一般的建筑工程施工,需要专业施工队伍承建。为了确保工程的顺利完成,水运工程招标通常要进行资格审查。即在发售标书之前,招标人对拟投标的承包人的资格情况进行审查,审查的内容主要包括企业营业范围、资质等级、人员、技术、财务、设备、信誉及工程业绩等状况,以保证参与投标的法人或组织在资质和能力等方面能够满足完成招标工作的要求。对于像水工主体工程、疏浚、通信导航、变配电、大型机电设备安装、高层土建建筑物等工程,还必须具有相应专业的施工执照。

一般在发出招标公告或资格预审通告中,都要求拟投标人在递交投标申请书的同时,按要求递交投标人资格预审申请文件。其主要内容通常包括:①资格审查申请书;②投标人营业执照、所有制性质;③投标人的资质等级证书和资信证明、固定资产净值、专业技术人员构成,施工设备等;④投标人的经营管理状况,近三年完成主要施工项目的情况,施工质量情况,同类工程业绩,近三年资产负债表、损益表,施工项目获奖情况及有关证明,社会信誉等;⑤正在承担的施工项目,拟承担本项目的人员、技术负责人和设备情况;⑥如有分包,必须提供分包单位的有关证明资料,但项目主体工程不得分包;⑦其他。

资格审查的程序,一般是投标人按招标人发售的《水运工程项目施工招标资格审查申请文件》的要求填报资格调查表,同时交验有关证件(或复印件);如果是联合体,则每个成员都要填报,其资质按联合体成员中的最低资质确定。招标人审查后,确定出合格的申请投标人的短名单,如若为公开招标,应将此短名单报招标管理机构审查核准,然后分别对合格的和不合格的投标人发出书面通知。

二、水运工程施工投标

1. 投标条件

为了确保招标能得以顺利实施以及承包任务能按合同要求完成,对参加投标的企业(投标人)都有一定的要求,使任务规模和要求与承包人资质相适应,故我国对投标人参加工程投标的条件做了规定,具备以下条件才能参加投标:

(1)必须持有营业执照,具备法人资格。

(2)必须按企业资质等级规定的业务范围营业,不得越级承揽工程;总包单位对所承包工程的主要部分(主体结构)有能力自行完成,不是靠分包来完成。

(3)符合招标人提出的条件和要求,中标后能及时进行施工。

投标人在获知招标信息后,应按招标人要求填写资格调查表,以备招标人进行资格审查。两个以上的法人或者其他组织可以组成一个联合体,以一个投标人的身份共同投标。组成联合体的各方均应达到上述条件。

2. 施工投标项目选择

从事投标的承包人面临着整个建设任务市场,有很多招标的施工项目,但承包人又不能个个都去投标,也无力同时承包这些项目。因此,在投标项目上就要有些选择,不能盲目投标。为了更好地选择投标对象,增加中标的成功率,投标人必须掌握大量的信息并能对信息进行有效分析,快速作出投标决策。所以在投标之前要做市场调查,其内容应含有:

①建设市场信息及招标项目的工程情况,工程所在地的自然条件(如海洋水文、河流水文、地质、气象等),交通运输情况,资金来源,招标时间等。

②材料、设备的价格行情,税率、银行贷款利率,当地的地方法规等。

③各竞争对手的情况,招标人的倾向性等。

④招标工程的施工难度和需要解决的关键问题。

⑤设计单位、监理人和其他协作单位的情况,外部环境等。

在掌握大量的信息的基础上,来确定其投标对象,其原则是:

①投标项目选择要考虑到企业的近期和远期效益目标,做到近、远期利益结合,局部利益和全局利益相结合,经济效益和社会效益相结合。

②投标项目的选择应考虑项目的可靠性。项目是否已经获得批准,资金来源与可保证程度,招标人的资信和合作条件,设计情况及主要的材料和设备落实情况等。

③投标项目的选择应考虑其可行性与可能性。选择投标项目的可行性主要看投标单位能否有能力承担,而可能性是中标后,能否按招标文件或合同要求完成承包任务。

④投标项目的选择应考虑获利和风险程度,做到获利和承担风险相结合,即要考虑承包项目最终能否获利,还要考虑施工期的风险和可能亏损情况。

3. 施工投标程序和内容

根据招标方式的不同,施工投标的程序也会有一些差别,公开招标的投标主要程序如图3-2所示。

(1)投标申请及参加资格预审

承包人获得招标信息或招标邀请通知后,应对招标项目和条件进行研究确定是否参加投标,当通过分析作出参加投标的决策后,就要报送投标申请并提交资格预审资料,提交的预审资料有:

①企业名称、地址、法定代表人、企业性质和隶属关系。

②营业执照和企业资质等级证书及投标许可证(复印件)。

③企业自有资金,开户银行及账号,担保银行及证明。

④企业全员人数,各类技术和管理人员数,技术工人数,平均技术等级,自有主要水运工程施工设备状况,财务状况,资产负债平衡表。

⑤近三年来承建的水运工程质量情况及证明。

⑥现有施工任务一览表,包括在施的项目名称、规模、计划开工时间、计划竣工时间以及计划开工的项目,剩余能力能否承担招标项目的建设等。

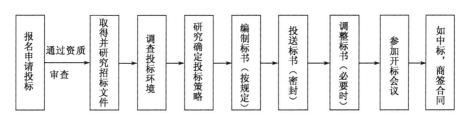

图 3-2 施工投标程序

(2)研究招标文件和调查投标环境

当投标人通过了资格预审,获得了招标文件以后,首要的工作是仔细认真的研究招标文件,了解和掌握标书的内容要求,特别是重要内容应搞清楚,不要理解错误,有问题及时发函提请招标人澄清或补遗。研究标书时,其重点应放在以下几个方面内容:

①工程全貌。

②工程设计图纸和技术说明书,以及水文、地质、气象等技术资料。这是研究标书的重点之一,通过熟悉和详细研究图纸、技术要求和施工条件,可以知道整个工程和各个部位的做法和材料种类、型号及要求、质量标准,以及作业条件和环境影响因素等。在此基础上可以为编制施工方案、进度计划和报价做准备。

③工期和进度要求。这是人财物等资源配置和生产组织与总体部署的依据,并且工期构成标书是否有效和合同的实质性条款。

④合同条件。这是研究标书的另一个重点,通过合同条件的研究,明确企业中标后应承担的义务、责任及享受的权力。重点是承包方式与计价方式,材料供应,工期奖罚,工程变更的处理方法,价款结算方式,预付款支付等。为中标后签订合同和投标报价打下基础。

⑤投标须知。搞清楚招标人的要求,以免没按招标要求去做,造成废标。

投标环境调查主要是了解施工和承包的外部条件,即自然、经济和社会条件。尤其是水运工程,这方面的工作一定要做深、做细。对工程所在地的地形、地质、水文、气象、潮位、泥砂、水深、岸线条件、海洋环境、环保要求以及内外交通、当地材料供应情况、供水供电、通信等;当地劳动力市场,工程分包能力和条件以及当地的人工、材料、设备价格,有关取费规定和地方法规等都要掌握。一般应到工程所在地考察,占有第一手资料,为编制投标书和报价奠定坚实的基础。由于交通与自然条件好的岸线已基本开发完毕,水运工程的建设正在向冷僻的地区发展,相应的水文、气象等观测记录年份少甚至为空白,因此环境调查和分析尤为重要。

(3)编制和投送投标书

投标单位编制的投标书应按招标文件要求的格式、内容编制。通常包括:综合说明;工程总报价和价格组成分析;计划开竣工日期,施工组织和施工进度计划(包括形象进度);主要单位或分部工程的施工方案;质量与安全保证措施;临时设施和场地布置以及拟派出的项目经理、技术负责人和主要技术和管理人员的简历、业绩和拟用于招标项目的机械设备清单等。其中核心内容是标价、工期及进度、质量、施工方案和项目经理及主要机械设备。

报价是投标的核心。确定合理和合适的标价,关系到中标与否。这是一项复杂而难度较大的工作,尤其是在具有较强的竞争情况下。当招标工程采用总价合同形式时,投标人应该按规定对整个工程报出总价。当招标工程采用单价合同形式时,投标人应该按规定对每个分项工程报出单价。对于实行工程量清单计价招标投标的水运工程,投标人应按照《水运工程工程量清单计价规范》的要求进行报价。投标报价应根据招标文件中的工程量清单和有关要求、现场施工条件以及施工方案或施工组织设计,按照企业施工能力和技术水平进行编制。其中分项工程量清单计价应采用综合单价,综合单价包括完成工程量清单中一个质量合格的规定计量单位项目所需的直接费、间接费、利润和税金,并考虑风险因素的价格。一般项目清单的费用,应根据招标文件的要求以及施工方案或施工组织设计,以项为单位计价。一般项目中的安全文明施工费应按国家有关部门的规定计价,不得作为竞争性费用;规费和税金应按国家有关部门的规定计算,也不得作为竞争性费用。计日工项目清单的费用,应由投标人按招标文件要求确定。

投标书要加盖投标人及法定代表人的印章及签字,在规定的时间内派人或邮递密封送到指定地点及接受人(联系人)。应注意其及时性和保密性,这是投标人竞争夺标的书面要约。有时招标文件规定投标之前或同时应递交投标保函或交付保证金。交通运输部规定水运工程的投标保证金不得超过招标项目估算价的2%,最高不得超过80万元人民币。

(4)参加开标会议及中标后商签合同

投标人必须派人(法定代表人或委托代理人)参加开标会议,这是因为当投标人报送投标书后,已向招标人发出了要约,应遵守这一要约,否则可视为违约。

若投标人中标,在接到中标通知书后,在约定的期限内,根据招标文件中的合同条件,与招标人进行合同谈判,最后签订工程发承包合同。

第三节 水运工程勘察设计与监理招标

水运工程勘察、设计与监理招标是水运工程建设项目招标投标活动的重要组成部分,它们都属于服务招标。根据委托的工作内容不同,水运工程勘察、设计招标可以实行项目整体一次性招标,也可实行分阶段招标,有特殊要求的专业单项工程可单独招标。水运工程勘察设计招标和工程监理招标应采用交通运输部相继颁发的《水运工程建设项目招标投标管理办法》、《水运工程标准勘察设计招标文件》(JTS 110-11—2013)和《水运工程标准施工监理招标文件》(JTS 110-10—2012)规定和文本进行。

一、水运工程勘察设计招标

1. 水运工程勘察招标委托工作内容

招标人委托勘察任务的目的是为了建设项目的可行性研究立项选址和进行设计工作取得现场的实际依据资料,有时可能还要包括某些科研工作内容。由于建设项目的性质、规模、复杂程度,以及建设地点的不同,设计所需的技术条件千差万别,因此委托的勘察任务也就各不相同,主要有下列8大类别:

(1)自然条件观测;
(2)地形图测绘;
(3)资源探测;
(4)岩土工程勘察;
(5)地震安全性评价;
(6)工程水文地质勘察;
(7)环境评价和环境基底观测;
(8)模型试验和科研。

由于勘察工作所取得的技术基础资料是设计的依据,必须满足设计的需要,因此将勘察任务包括在设计招标的发包范围内,由有相应能力的设计单位完成或由其自行选择承担勘察任务的分包单位,对招标人较为有利。勘察设计总承包与分别发包相比,不仅在合同履行过程中招标人和监理人可以摆脱实施过程中可能遇到的协调义务,而且能使勘察工作直接根据设计需要进行,满足设计对勘察资料的精度、内容和进度要求。

2. 水运工程设计招标委托工作内容

设计的优劣对工程项目建设的成败有着至关重要的影响,设计招标的目的就是建设项目的法人采用招标的方式,通过竞争,优选出设计企业,获得理想的设计成果文件,以实现确保工程质量和安全,降低工程造价,缩短建设工期和提高投资效益的工程建设目标。

3. 设计招标的特点

与其他工程招标相比,设计招标有着特殊的方面,主要表现在:

(1)招标文件内容不同

设计招标所要承包的任务是通过承包者自身的智力活动,将发包人的投资设想和目标要求转变为可以实施的图纸,使目标要求具体化。因此设计招标文件对投标人所提出的要求不是非常明确具体,仅提出设计任务书,包括设计依据、工程项目应达到的技术指标、项目所在地的基本资料、设计完成期限及成果要求等,没有具体的工作量要求。

(2)投标书编制的要求不同

设计投标文件的主要内容是提交设计初步方案,阐述方案的优点和意图,在此基础上进行报价。

(3)评标原则不同

设计招标的评标侧重通过设计方案的优劣判断投标人的能力高低,以及所提供方案的技术先进性和方案合理性而选择中标人,并不过分追求报价的高低。

4.设计招标形式

水运工程设计招标可以分为设计方案招标和设计组织招标两种形式。设计方案招标要求投标的设计单位须完成工程设计方案、提出工程造价测算,是以技术方案为主进行的招标;设计组织招标要求投标的设计单位针对建设项目提出拟进行设计的组织形式,是以商务为主进行的招标。

5.水运工程勘察设计招标文件的内容

根据《水运工程标准勘察设计招标文件》规定,水运工程勘察设计招标文件应包括以下内容:

(1)招标公告或者投标邀请书(略)

(2)投标须知

投标须知包括以下几个方面内容:

①总则。总则包括招标人、招标代理机构的基本信息,项目名称、地点,资金来源和落实情况,招标范围和勘察设计周期及质量要求,投标人资格、能力和信誉的要求,投标人费用、保密、语言文字和计量单位的规定,组织踏勘现场及召开投标预备会的时间、地点,有关分包的规定,投标文件重大偏差和细微偏差的情形。

②招标文件。包括招标文件的组成内容、对招标文件进行澄清和修改的规定。

③投标文件。包括投标文件应包括的内容,投标报价、投标有效期、投标保证金的规定,投标人填写资格预审表、编制投标文件的要求等。

④投标。包括对投标文件进行密封和标识的要求,投标文件的递交、修改与撤回的规定。

⑤开标。包括开标的时间、地点和人员,开标的程序规定。

⑥评标。包括有关评标委员会的组成,评标原则和方法的规定。

⑦合同授予。包括定标的程序,发出中标通知书的形式,中标人提交履约担保及双方签订合同的规定。

⑧重新招标和不再招标。规定了招标人进行重新招标和不再招标的情形。

⑨纪律和监督。分别对招标人、投标人、评标委员会成员和与评标活动有关的工作人员作出了纪律要求。

⑩其他规定。规定了采用方案招标方式招标的,对于未中标的投标人,招标人应给予补偿或奖励的方式以及其他规定。

(3)评标办法

水运工程勘察设计评标、定标与施工评标、定标的重点和取向有较大差别,尤其是设计评标,选择设计中标人更应看重其能力、质量和投标设计方案所体现出的水平,而不是报价,应采用"基于质量的选择"。鉴于设计工作主要是智力劳动成果的体现,因此设计评标不适宜选用经评审的最低评标价法,而应优先采用综合评估法。

设计组织招标一般适用于具有通用技术、性能标准或招标人对其技术、性能标准没有特殊要求的招标项目,或工程规模小、技术简单的水运工程设计招标项目。设计方案招标一般适用于招标人对招标项目的技术、性能标准有特殊要求的招标项目,或技术较为复杂的水运工程设计招标项目。《水运工程勘察设计招标文件》分别针对单独进行勘察招标、单独进行设计组织招标、单独进行方案招标和勘察设计一起招标的情形制定了不同的综合评估指标,招标人可根据招标项目特点和实际需要进行选择。如:综合评标法Ⅰ适用于勘察招标的评标;综合评估法Ⅱ适用于设计组织招标;综合评估法Ⅲ适用于设计方案招标。

对于通过方案招标来确定中标人的项目,为了突出基于质量的选择,可以采用两阶段评标法,即第一阶段主要评方案,第二阶段是重点对报价进行评审。开标时,由投标人或者其推选的代表检查投标文件的密封情况,也可以由招标人委托的公证机构检查并公证;经确认无误后,当众拆封投标文件的第一个信封,宣读投标人名称、投标文件签署情况及商务文件标前页的主要内容。投标文件中的第二个信封不予拆封。评标中一般采用综合评价方法。评标委员会应当按照招标文件确定的评标标准,对投标人的信誉和经验,项目负责人的资格和能力,对项目的技术方案、技术建议,勘察、设计周期及进度计划、质量保证措施,后续服务和报价进行分别打分评议。评标委员会对投标人的第一个信封评审打分后,在监督机构到场的情况下,拆封投标人的第二个信封,对第二个信封进行评审打分。经综合评审,依据对投标人综合得分结果的排序高低推荐中标候选人。

(4)合同条款及格式

水运工程勘察设计合同条款主要包括通用合同条款和专用合同条款两部分。

《通用合同条款》是针对通常条件下水运工程的勘察设计要求对发承包双方的权利义务做出的规定,该部分所列条款的约定不区分具体工程的地域、规模等特点,可适用于任何水运工程勘察设计项目,通用条款主要包括以下部分:

①定义和解释;
②发包人的责任与义务;
③设计人的责任与义务;
④勘察设计周期及提交成果;
⑤违约与赔偿;
⑥合同的生效与终止;
⑦费用与支付;
⑧其他。

勘察设计合同专用条款是根据项目的具体情况和特点,对通用合同条款的内容进行补充、细化或修改,专用合同条款的编号应与通用合同条款的编号相一致。

(5)招标人提供的基础资料

招标人应列明其能够提供的资料,包括地形测量资料、地质勘察资料、上阶段工作成果及批复资料、工程场地及毗邻区域内的供水、排水、供电、供气、供热、通信条件等有关建设工程的资料等。

(6)勘察设计技术要求

水运工程勘察设计过程和成果必须符合国家有关工程建设标准强制性条文和交通运输部关于水运工程勘察设计方面现行标准及招标项目所在地关于水运工程勘察设计方面的文件规定。招标人应该在招标文件中列明勘察设计技术标准与规范及相应的技术要求。

(7)投标文件格式

水运工程勘察设计投标文件应当由商务文件、技术文件组成。

商务文件主要包括投标函、法定代表人身份证明、授权委托书、联合体协议书(如有)、投标保证金、拟分包项目情况表(如有)、资格审查表、近几年完成类似项目情况汇总表、正在进行或新承接的类似工程业绩情况表、参加本项目的主要人员汇总表、主要人员资历表、近三年经审计的财务报告、其他和报价文件。报价文件主要包括勘察设计费报价和勘察设计费计算清单。水运工程勘察设计各阶段工作量及费用划分比例应按照《工程勘察设计收费标准》的规定确定,投标人应在报价清单后附计算说明,包括计算方法、取费依据等,以便招标人对投标人勘察设计报价的合理性作出判断。

技术文件主要包括设计工作技术建议书和勘察工作技术建议书。其中设计工作技术建议书应包括:对招标项目的理解和总体设计思路;招标项目设计特点、关键技术问题的认识及对策措施;工程设计方案;对前一阶段工作技术方案的建议;设计工作量及计划安排;设计的质量保证措施、进度保证措施;后续服务计划及保证措施;必要的图纸。勘察工作技术建议书应包括:对勘察目的、技术要求和工作量的理解;总体勘察思路和组织管理;拟投入现场和室内的仪器设备;关键技术问题和难点及解决办法;质量管理措施;安全、环保与职业健康管理措施;工期及进度计划;后续服务计划及保证措施。

二、水运工程监理招标概述

工程建设监理招标已逐渐成为选择监理人的主要方式,其目的是通过招标方式为发包人选择服务信誉好、技术水平高与经验丰富、管理与协调能力强的监理机构和监理工程师。

1. 监理招标的特点

与工程项目建设中其他各类招标相比,监理招标最大的区别表现为监理人不承担物质生产服务,只是接受招标人委托对生产建设过程提供监督、管理、协调、咨询等服务,监理招标的标的是"监理服务"。鉴于标的的特殊性,招标人选择中标人的基本原则是"基于能力的选择"。

(1)招标宗旨是对监理人能力的选择

监理工作是一种技术与管理服务活动,主要是监理工程师的智力劳动过程,其成效取决于监理工程师的能力。监理工程师的管理能力、专业经验、技术水平,公正客观的工作态度,以及与建设单位、承建单位之间的合作是监理人能否提供高水平监理服务的关键条件。因此招标选择监理人时,鼓励的是能力的竞争,而不是价格的竞争。如果招标人只依据投标报价确定中标人,忽视监理人的资质和能力,那么报价最低的投标单位不一定就是最能够胜任工作的人选,招标人也难以得到高质量的服务。

(2)报价在选择标准中居于次要地位

工程项目的施工、物资供应招标选择中标人的原则是:在技术上达到要求标准的前提下,主要考虑价格的竞争性。而监理招标应把能力的选择放在第一位。当价格过低时,监理人势必为了维护自己的经济利益而减少监理人员的数量或多派业务水平低、工资低的人员,其后果必然导致对工程项目的损害。另外,监理人提供高质量的服务,往往能使招标人获得节约工程投资和提前投产的实际效益,因此过多考虑报价因素得不偿失。这些已被我国的一些工程监理实践所证实。

(3)邀请投标人较少

选择监理人一般采用邀请招标,且邀请的投标人数量以 3~5 家为宜。因为监理招标是对知识、技能和经验等方面综合能力的选择,每一份标书内都会提出具有独特见解或创造性的实施建议,但又各有长处和短处。如果邀请过多投标人参与竞争,则要增大评标工作量,反而事倍功半。

2. 委托监理工作的范围

水运工程监理招标,可以对整个项目一次招标,也可以根据不同使用功能、不同专业、不同实施阶段,分标段、分阶段进行招标,但不得将主体工程施工监理肢解或者只对部分工程施工监理进行招标。在确定委托监理的工作范围时,通常从以下两个方面考虑:

(1)工程规模

对于中、小型的工程项目,可以将全部监理工作委托给一个单位;大型或复杂工程,可以根据监理项目的特点或监理工作的专业性质分别委托给几家单位。

(2)工程项目的专业特点

水运工程项目包括港口、航道、通航建筑物、修造船水工建筑物及各种附属建筑物等,不同类型的项目施工内容差别较大,因此对监理人员的素质、专业技术水平和管理水平有不同的要求,应当充分考虑专业特点的要求确定监理工作范围。

3. 水运工程监理招标文件的内容

交通运输部于 2012 年 12 月 25 日发布了《水运工程标准施工监理招标文件》(JTS 110-10—2012),自 2013 年 3 月 1 日起正式实施。该标准规定水运工程监理招标文件包括招标公告(适用于未进行资格预审)或投标邀请书(适用于邀请招标或代替资格预审通过通知书)、投标人须知、评标办法、水运工程监理合同条款及格式、监理服务费报价、图纸和资料、技术标准、投标文件格式等。

(1)投标人须知

投标人须知是进行投标的主要依据之一,对投标人和投标具有重要的指导意义。水运工程监理投标须知包括以下几个部分内容:

①总则。总则部分包括:招标项目的名称、建设地点、监理标段规模等基本概况,资金来源和落实情况,招标范围、监理服务阶段、监理工作范围、施工工期和监理服务期,投标人资格要求,费用承担规定,保密要求,招标中语言文字的要求,计量单位的规定,踏勘现场和投标预备会召开的时间及地点,是否允许分包,投标文件中重大偏差和细微偏差的界定等。

②招标文件。招标文件部分包括招标文件的组成内容、对招标文件进行澄清和修改的规定。

③投标文件。投标文件部分包括投标文件的组成、投标报价所包含的内容及计费依据等、投标有效期、投标保证金的数量及交付和返还的时间与方式、投标人应提供的资格审查资料、投标文件编制的要求等内容。

④投标。投标部分包括对投标文件密封和标识的规定、投标文件递交的规定、投标文件的修改与撤回的规定。

⑤开标。开标部分包括有关开标时间和地点、开标程序的说明。

⑥评标。评标部分包括有关评标委员会组成的规定、评标原则和评标方法。

⑦合同授予。合同授予部分包括定标方式、发出中标通知的时间、中标人提交履约保证金的金额、时间及方式的规定、招标人与中标人签订合同的规定等。

⑧重新招标和不再招标。此部分包括了招标人应当进行重新招标或不再招标的情况。

⑨纪律和监督。此部分包括了对招标人和招标代理、投标人、评标委员会成员、与评标活动有关的工作人员的纪律要求,对投标活动进行投诉的规定等。

⑩需要补充的其他内容。

(2)评标办法

评标标准是体现投标人的能力和报价的一种综合,使招标人能在投标人的能力和报价中取得一种平衡。因此,评价指标应该包括投标人能力、投标人承诺的在本监理项目上的投入及监理酬金报价三个方面的内容。投标人能力应包括资质、信誉、经验、财务状况、设备仪器等;投标人投入应包括监理班子、总监理工程师情况、监理规划和装备条件等;监理酬金报价可以按照工程预算造价的比例或按服务时间确定,还可以按固定总价计算,采用何种方法计算监理报价,应该在招标文件中写明。

具体评标标准应根据招标的目标和原则来确定。如果是基于能力的选择,应把投标人的能力项的权重加大,报价权重降低。

根据水运工程施工监理招标的特点,其竞争重点应放在投标人业绩、信誉、拟投入的人力资源和技术服务能力等方面。水运工程监理评标办法通常采用综合评估法和经评审的最低投标价法。

经评审的最低投标价法是通过量化的方式对投标人的综合能力进行对比。评标委员会对满足招标文件实质要求的投标文件,根据规定的量化因素及量化标准进行价格折算,按照经评审的投标价由低到高的顺序推荐中标候选人,或者根据招标人授权直接确定中标人,但投标报价低于其成本的除外。经评审的投标价相等时,投标报价低的优先;投标报价也相等的,由招标人自行确定。

综合评估法是由评标委员会对投标文件的内容、投标人的资信、业绩、人员的素质、监理方案及报价等方面按照招标文件规定的评分标准进行打分,并按得分由高到低顺序推荐中标候选人,或根据招标人授权直接确定中标人,但投标报价低于其成本的除外。综合评分相等时,以投标报价低的优先;投标报价也相等的,由招标人自行确定。

(3)监理合同条款及格式

一般的水运工程监理项目,其合同条件可使用《水运工程标准施工监理招标文件》中规定的合同条款及格式,特殊项目或国际招标的监理项目也可以使用境外的监理合同文本,如国际咨询工程师联合会(FIDIC)颁布的雇主与咨询工程师项目管理协议书范文和国际通用规则。

一般监理合同的主要内容应包括:

①合同文件中所使用的词语的定义、合同文件的解释顺序、合同文件使用的语言文字、法律法规等一般规定。

②招标人与施工监理人的主要权利、义务。

③监理机构的形式、服务范围、服务内容与依据、监理职责等。

④合同的生效、终止、服务时间和期限、变更、暂停与解除的规定。

⑤监理服务费计量与支付。

⑥违约责任的规定。
⑦保障与保险的规定。
⑧争议的解决方式。

(4) 监理技术规范

监理技术规范是监理工程师在实施过程中进行监督检查的主要依据。招标人应根据委托监理范围的内容和需要,在招标文件中向投标人提供相应的技术规范,一般包括:

①水运工程施工监理依据的技术规范和有关标准。
②已被批准的水运工程设计文件提供时间和方式。
③水运工程施工监理的特殊技术要求。
④水运工程施工监理其他有关资料。

(5) 监理投标文件的主要内容

水运工程监理投标文件应当对招标文件有关监理服务期、投标有效期、适用的技术标准、监理服务阶段、监理工作范围、招标范围等实质性内容作出响应。一般应当按照《水运工程标准施工监理招标文件》(JTS 110-10—2012)中的规定进行编写,主要包括商务标部分和技术标部分,商务标部分包括下列内容:

①投标函及投标函附录。
②法定代表人身份证明和授权委托书。
③联合体协议书。
④投标保证金。
⑤监理服务费投标报价表。
⑥监理大纲(单独成册)。
⑦监理机构。
⑧拟分包项目情况表。
⑨资格审查资料。
⑩投标人须知前附表规定的其他材料。

技术标部分即指监理大纲,监理大纲是实施监理任务的全面规划与部署。投标文件中的监理大纲是实现监理目标、完成监理任务制定的技术方案和保障措施以及人员配备等的说明。监理大纲也是监理投标文件的核心,主要应包括以下内容:

①工程概述。
②监理工作的范围。
③主要监理岗位的职责。此部分应分别说明总监理工程师和其他主要监理人员及岗位的职责。
④本工程监理工作重难点分析及对策。
⑤监理工作的程序与措施。此部分应分别对施工准备阶段、施工阶段和交工及缺陷责任期阶段监理的程序和措施进行详尽地说明。其中施工阶段是监理的重点,应分别从安全监理、质量监理、费用监理、进度监理、施工环境监理、合同管理、信息管理的程序及措施及组织协调的方法和措施等方面分别进行阐述。
⑥对本工程的建议。

第四节 水运工程材料设备采购招标

水运工程材料设备采购招标属于水运工程建设项目招标中的货物招标,是由业主或采购人以合同方式获得材料设备的活动和过程。

一、材料设备采购招标的特点

材料设备采购与工程采购、服务采购相比,具有以下特点:

(1)采购的主体不同。一般而言,设计、施工、监理的招标人都是业主或投资人,而材料设备的采购可以是业主,也可以是承包人。而且在施工阶段,大宗材料和一些设备的采购都是由承包人来实施的。除非在工程招标中明确那些材料或设备由发包人采购,由承包人使用或安装。

(2)合同的类型不同。设计、施工合同属于合同法中的建设工程合同,监理合同属于委托合同,而材料设备采购按标的物的特点可以区分为买卖合同和承揽合同两大类。采购大宗建筑材料或定型批量生产的中小型设备属于买卖合同,而订购非批量生产的大型复杂机组设备、特殊用途的大型非标准部件则属于承揽合同。

(3)招标评标的侧重点不同。对于买卖合同,由于标的物的规格、性能、主要技术参数均为通用指标,因此招标一般限于对投标人的商业信誉、货物的规格、品质与可靠性、报价和交货期限等方面的比较。而承揽合同在评标时要对投标人的商业信誉、加工制造能力、报价、交货期限和方式、按照、调试、保修及操作人员培训等各方面条件进行全面比较。

二、材料设备采购招标文件

1. 材料设备采购招标文件编制的准备工作

在进行水运工程材料设备采购招标文件编制之前,需要进行如下准备工作:

(1)水运工程设计文件应达到初步设计的深度或已有施工图,能够以此确定材料和设备的技术要求和采购要求。

(2)做好分包和分包规划,依据采购计划,提出材料设备招标的标段划分与分包建议。

(3)确定进行技术服务的内容和要求,包括现场安装、调试指导、技术培训、售后服务,也包括设备制造期间是否需要驻厂建造或检验的技术配合和条件提供。

(4)确定资金来源。

(5)确定交货进度要求、交货地点、运输方式与保险、风险责任分界等。

(6)确定对供货商或投标人的资格审查方式和要求。

2. 材料设备采购招标文件的内容

材料设备采购招标文件的编写内容与一般施工招标文件相比简单一些。主要内容需要阐明所需货物、招标程序和要求以及合同条款,一般应包括以下内容:

(1)投标须知。包括材料、设备名称、交付地点、递交投标文件的时间、地点、方式和正、副本的份数,开标的时间、地点,通知评标结果的时间,投标有效期,投标保函或投标保证金额度、提交方式、返还的时间和方式等。

(2)合同格式及合同主要条款。包括供货范围、价格与支付,交货期,交货方式,交货地点,质量与检验,试车和验收,赔偿等。

(3)技术规格书。包括招标材料或设备的名称、数量,所用的标准、规范和技术要求,设备的主要技术性能、参数指标,详细的设计、制造、安装、调试、验收等方面的技术条件和要求,备品备件方面的要求,设计审查、监造、厂验、培训、技术图纸及资料和售后服务等方面的要求。

(4)评标原则、标准和方法,废标条件和评估价的计算方法等。

(5)要求投标人提供的有关文件。包括投标人及主要制造厂商的营业执照及资信证明文件。

(6)附件。包括开标一览表,投标报价表,货物说明一览表,规格偏离表等。

三、评标方法

材料设备采购评标的特点是,不仅要看报价的高低,还要考虑招标人在货物运抵现场过程中需要支付的其他费用,以及设备在评审预订的寿命周期内可能投入的运营、管理费用的高低。货物采购评标一般可以采用评标价法或综合评分法,也可以将二者结合使用。

1. 评标价法

以货币价格作为评价指标的评标价法,依据标的性质不同,具体可以分为以下几类方法:

(1)最低投标价法

对于采购大众化的商品、半成品、原材料或其他性能、质量相同,容易进行比较的货物时,仅以报价和运费作为比较要素,选择总价格最低者中标。

(2)综合评标价法

以投标报价为基础,将评审的其他要素按预定的换算方法折算成相应的货币值,将其增加或减少到报价中形成评标价。对于采购机组、车辆等大型设备时经常采用这种方法。除投标报价之外还需要考虑的因素主要包括招标人可能需要支付的运输费用、交货期限、付款条件、售后服务、运行费用以及设备性能和生产能力。将以上各项评审价格加到报价上去后,累计金额即为该投标人的评标价,评标价最低者为第一中标候选人。

2. 综合评分法

按招标文件中规定的评分标准,分别对各投标书的报价和各种服务进行评审计分。评审计分的内容主要包括投标价格、运输费用、保险费和其他费用的合理性、交货期限、付款条件、备件价格和售后服务、设备的性能、质量、生产能力、技术服务和培训等。综合评分最高的投标人为第一中标候选人。

复 习 题

1. 招标与投标的概念、种类与方式是什么?
2. 水运工程施工招标的程序与招标文件的主要内容有哪些?

3. 标底、拦标价、最高限价的区别与各自的作用如何?
4. 为什么在招标中采用工程量清单计价方法?
5. 简述资格预审与资格后审的区别。
6. 何谓开标、评标、定标?
7. 水运工程施工投标文件的主要内容有哪些?
8. 简述招标代理与招投标管理。
9. 监理工程师在招投标阶段的主要服务工作有哪些?
10. 勘察设计招标的三种评标办法各适应于何种招标组织方案?
11. 分析水运工程设计、监理、施工招标在招标文件和评标办法方面有何不同之处?

第四章　水运工程合同与委托监理合同

[自学提要]　通过学习,应了解水运工程施工合同的订立;熟悉合同当事人的权利、义务和责任;掌握施工合同文本的主要内容,特别是工程师的权利和责任,通用条款和专用条款的规定。从中找出监理工程师在施工监理中的合同依据,在对工程质量、进度和费用控制中依据合同规定进行有效的管理。

水运工程合同是作为平等民事主体的发包人与承包人针对水运工程建设而设立、变更、终止相互权利义务关系的协议,是承包人进行水运工程建设,发包人支付价款的合同。水运工程合同的主体(当事人各方)是进行水运工程项目建设投资、发包和管理的项目法人和进行工程承包且具有相应资质的水运工程勘察、设计、施工的企业法人;水运工程合同的客体包括港口工程、航道整治、航道疏浚、航运枢纽、过船建筑物、修造船水工建筑物等及其附属建筑物和设施的新建、改建、扩建及其相关的装修、拆除、修缮等工程项目;水运工程合同的内容为完成水运工程项目的勘察、设计、施工安装所明确的当事人双方的权利义务关系。因此,水运工程合同主要包括水运工程勘察、设计、施工合同。

水运工程具有工程量大、技术复杂、工期长、综合性强等特点,因此水运工程合同履行时间长,合同内容变更多,组成合同的文件也比较多。水运工程合同具有以下特征:

(1)国家对水运工程合同予以特殊监督和管理。

由于这种合同是针对工程建设项目而订立的,其标的为不动产,工程完成后具有不可移动性,须要长期发挥效能,为经济建设和人民生活服务。一般属于大型基础设施项目,经济意义重大,涉及国计民生问题。因此,国家有必要对它进行全方位监管。从工程招投标、合同订立、履行、工程验收等环节都要受到国家严格的监督与管理。

(2)合同的标的为专业性很强的基础设施建设工程。

水运工程合同的标的是大型的不动产建设项目,是水运交通基础设施项目,其专业性很强。具有专门的勘察、设计、施工技术标准和规范,从事此类工程的勘察、设计、施工以及监理都必须取得专门的水运工程相关资质和从业人员资格,国家对水运工程实行行业管理。其复杂性不同于一般的建筑工程,合同的履行有其特殊性。

(3)合同的类型属于要式合同。

水运工程合同的承包人(可以是勘察、设计、施工分别承包企业,也可是总承包企业)必须是经过批准的具有相应水运工程资质的特定法人。

水运工程合同的订立与履行要求有一定的程序。如经过可行性研究批准或核准立项后,制订了计划任务书之后,才能订立勘察设计合同;有了一定的设计文件后,才能订立施工合同等。水运工程合同属于典型的要式合同,这是国家监督和管理的需要。

(4)水运工程合同集中体现了项目法人责任制、招标投标制、工程监理制和合同管理制等投资项目管理制度的要求。

第一节 水运工程勘察与设计合同文件

一、水运工程勘察与设计合同概念

水运工程勘察合同是指发包人根据水运工程建设的要求,与其选定的承包人(勘察人)订立的关于委托其查明、分析、评价建设场地的地质地理环境特征和岩土工程条件,编制水运工程勘察文件的双方权利义务的协议。水运工程设计合同是指发包人根据水运工程建设的要求,与其选定的承包人(设计人)订立的关于委托其在对水运工程所需的技术、经济、资源、环境等条件进行综合分析论证的基础上,编制水运工程设计文件的双方权利义务的协议。这里的发包人是水运工程建设单位或有关单位(如水运工程总承包单位),承包人是持有水运工程勘察设计证书的勘察设计单位。

水运工程勘察、设计合同按照委托的内容及计价方式不同,有不同的合同形式。

1. 按委托内容分类

(1)水运工程勘察、设计总承包合同。这是由具有相应资质的承包人与发包人签订的包含勘察和设计两部分内容的承包合同。其中承包人可以是具有水运工程勘察设计双重资质的勘察设计单位;也可以是分别具有勘察与设计资质的勘察单位和设计单位的联合;也可以是由设计单位作为总承包单位并承担其中的设计任务,而勘察单位作为勘察分包人。

水运工程勘察、设计总承包合同可以减轻发包人的协调工作,尤其是减少了勘察单位和设计之间的责任推诿和扯皮。

(2)水运工程勘察合同。这是发包人与具有相应水运工程勘察资质的承包人签订的委托勘察任务的合同。

(3)水运工程设计合同。这是发包人与具有相应水运工程设计资质的设计承包人签订的委托设计任务合同。

2. 按计价方式分类

(1)总价合同。适用于勘察设计总承包合同,也适用于勘察设计分别承包的合同。

(2)单价合同,与总价合同的适用范围相同。

(3)按工程造价比例收费的合同,适用于勘察设计总承包和设计承包合同。

二、水运工程勘察、设计合同的订立

1. 订立水运工程勘察、设计合同需要具备的条件

(1)当事人应该具备的条件。水运工程勘察、设计合同的当事人双方都应是法人或者其他组织,承包人必须具备具有完成签约项目登记的相应资质,即相应的水运工程勘察、设计资质。

(2)委托勘察、设计的项目必须具备的条件。要求必须具备法律法规规定的条件,如项目的可行性研究报告或项目建议书已获得批准;设计任务书已经上级主管部门批准等。

2. 水运工程勘察、设计合同订立的程序

水运工程勘察、设计任务可以采用招标委托和直接委托两种方式。但是依法必须进行招标的项目必须通过招标投标的方式来委托。具体程序包括:

(1)确定合同标的。招标人首先要确定合同的标的,是勘察、设计分别发包还是合并在一起发包,是全部项目的勘察、设计发包,还是划分成不同的标段分别发包。合同标的是合同的核心。

(2)选定承包人。采用招标方式进行委托的项目,按照招标投标的程序优选出中标人即为承包人。不需要进行招标的项目,由发包人提出勘察设计的内容、质量等要求,并提交勘察设计所需资料,承包人对此进行研究后做出方案及进度安排,确定取费金额和付款办法,双方当事人协商后就合同条款取得一致的意见。

(3)签订水运工程勘察、设计合同。采用招标方式确定承包人的,其合同的主要条件都在招标文件、投标文件中得到确认,在签约阶段所需要协商的内容就不是很多。但是通过直接发包人方式确定承包人的,在签约阶段则要涉及几乎所有的合同条款,因此必须要认真对待。

三、水运工程勘察设计合同的主要内容

水运工程多是位于水陆交界处的岸边工程和远离岸线的离岸工程,现场勘察经常是水上作业,技术比较复杂,这也决定了在编制水运工程勘察设计合同时,一定要字斟句酌以保证合同的顺利实施。交通运输部于2013年2月1日颁发了《水运工程标准勘察设计招标文件》(JTS 110-11—2013),2013年4月1日起正式实施。因此水运工程勘察设计合同应按照该标准的规定编制,主要内容包括以下几个部分:

1. 合同协议书

《合同协议书》是勘察设计合同中的总纲性文件,经双方当事人签字盖章后合同即成立。合同协议书主要内容包括:勘察设计费,合同文件的组成与优先顺序,勘察设计工期及合同当事人对履行合同义务的承诺。

合同协议书中明确了水运工程勘察设计合同文件的组成和解释顺序。

下列文件应作为本合同的组成部分,并互为补充和解释,但如有含义不清或互相矛盾之处,以如下排序在前者优先:

①合同协议书及各种附件(含评标期间和合同谈判过程中的澄清文件和补充资料;设计人提交的经发包人审核通过的勘察设计详细工作大纲及进度计划、专题研究详细工作大纲等)。

②中标通知书。

③投标函。

④专用合同条款。

⑤通用合同条款。

⑥勘察设计技术要求。

⑦勘察设计工作量及报价清单。
⑧联合体协议(如有)。
⑨构成本合同组成部分的其他文件(补遗书、澄清函)。

2. 通用合同条款

(1)定义和解释

定义和解释部分分别对通用合同条款和专用合同条款中涉及的发包人、设计人、分包人等17个词语进行了定义和解释。

(2)发包人责任与义务

①发包人应根据项目的具体情况和技术要求,确定合理的勘察设计工作量及合理的勘察设计周期,并按合同有关规定及时支付勘察设计费。发包人不应随意压缩合同规定的勘察设计周期。

②发包人应向设计人提供开展勘察设计工作所需要的国家有关部门审查批复文件和基础资料等,并对其有效性、可靠性负责。

③发包人应为勘察设计工作的开展提供必要条件,负责与政府部门的协调工作。

④发包人负责组织专家或委托咨询单位对勘察成果、设计文件和为了满足勘察设计需要而进行的各种研究试验成果进行审查,并负责设计文件的报审工作。

⑤除合同另有规定外,发包人应保护设计人的投标函、勘察方案、设计方案、计算软件和专利技术。未经设计人同意,发包人对设计人交付的勘察设计资料及文件不得擅自修改、复制或向第三人转让或用于本合同以外的项目。

⑥发包人不应对设计人提出不符合国家有关法律、法规和工程建设强制性标准的有关要求。

⑦由于发包人原因造成本项目出现重大变更导致设计人返工时,发包人应按有关合同条款调整合同价格。

⑧发包人应履行专用合同条款约定给的其他责任。

(3)设计人的责任与义务

①设计人应根据本项目的具体情况,按国家和交通运输部相关标准的有关要求完成本项目的勘察设计工作。

②设计人应做好勘察设计的质量管理工作,建立健全的勘察设计质量保证体系,加强勘察设计全过程的质量控制,监理完整的勘察设计文件的设计、复核、审核、会签和批准制度,明确各阶段的责任人,并对项目的勘察设计质量负责。

③设计人在进行勘察设计时,应采取相应的安全、保卫和环境保护措施,因设计人未能采取有效措施而发生的与勘察设计活动有关的人身伤亡、罚款、索赔、损失赔偿、诉讼费用及其他一切责任应由设计人负责。

④设计人在勘察设计过程中,提供的设计文件不应侵犯任何第三方的专利权、版权、及其他知识产权,否则由此而引起索赔或诉讼,设计人应承担全部责任,并保障发包人免于承担由此造成的一切损坏和损失。

⑤设计人提交的设计文件必须接受发包人委托的咨询审查单位及发包人上级主管部门的审查,并按照审查意见修改完善。

⑥设计人应派驻经验丰富的设计代表做好施工现场服务,并负责解决施工过程中出现的设计问题。

⑦设计人不得将合同规定的勘察设计任务转包,不得将工程主体、关键性工作分包给第三方,如有分包计划,须经发包人批准。

⑧设计人应安排投标文件中承诺的人员投入工作,并在设计过程中保持人员的相对稳定。在项目勘察设计期间,未经发包人批准,设计人不得更换主要设计人员。

⑨设计人应履行专用合同条款约定的其他责任。

(4)勘察设计周期及提交成果

设计人应根据合同约定分批、分阶段提供所需勘察设计文件。勘察设计范围、勘察设计内容与要求、主要技术标准、勘察设计周期及需提交勘察设计成果在专用合同条款中约定。

(5)违约与赔偿

①发包人的违约与赔偿

由于发包人变更勘察设计项目、规模、条件、工期等,或未按合同规定提供勘察设计必须的资料,而造成勘察设计的返工、停工、窝工或修改设计,发包人应按设计人实际消耗的工作量增付费用;由于发包人要求提前完成勘察设计工作而导致增加的人员和费用应另行计列。

发包人超过合同规定的日期支付费用的,应偿付逾期的违约金。偿付办法与金额应在合同专用条款中约定。

合同生效后,发包人要求终止或解除合同的,应根据设计人已进行的实际工作量支付费用,不足一半时,按剩余合同价的5%向设计人支付违约金;超过一半时,按剩余合同价10%向设计人支付违约金。

②设计人的违约与赔偿

在合同履行过程中发生下列任何一种情况,均属于设计人违约,赔偿责任在专用条款中约定:

a.设计人将勘察设计任务转包,或未经发包人同意私自分包的。

b.设计人未按照合同规定的强制性技术标准进行勘察设计的。

c.设计人未根据勘察成果资料进行工程设计的。

d.设计人在设计文件中指定或变相指定材料或设备生产厂、供应商的。

e.设计人由于自身原因,未能按期提交勘察成果、设计文件、专题研究报告的(发包人同意延长期限的除外)。

f.在收到发包人、咨询单位或上级主管部门提出的审查意见后,设计人未在专用合同条款规定的期限内完成对勘察成果、设计文件、专题研究报告修改的。

g.由于设计人的过失或责任引起本项目发生重大设计变更或设计错误,导致施工工期拖延或给发包人造成经济损失,设计人除负责采取补救措施外,应免收受损失部分设计费,并根据损失程度向发包人支付赔偿金。

h.设计人在投标文件中承诺投入项目的主要勘察设计人员未经发包人同意更换的(但因不可抗力引起的人员变动除外)。

(6)合同的生效与终止

合同文件自双方在合同协议书上签字盖单位章后生效。设计人工作的开始和完成时间应按合同文件的规定执行。合同双方履行完合同规定的义务后,合同即行终止。

由于不可抗力因素致使合同无法履行时,双方应协商解决,不论何种原因,合同的终止不应损害和影响各方应有的权利、索赔要求和应负的责任。

(7) 费用与支付

①勘察设计费用。发包人应按合同规定按时向设计人支付勘察设计费用、专题研究费用及设计人额外服务的费用。

设计人为联合体时,则发包人应根据勘察设计工作进展分批向联合体牵头人支付勘察设计费用。联合体牵头人提出书面申请时,发包人可分别向联合体各成员支付合同款。

②勘察设计合同价格是完成合同所规定责任的总费用,由设计人包干使用,发包人按进度分期支付,合同的合同价及支付办法在专用条款中约定。

③暂列金额。合同的暂列金额在专用条款中约定,暂列金额应按发包人的书面指示使用。

④勘察设计费用的调整。在合同实施期间,由于国家政策调整或新版法律、法规、标准,或市场因素变化导致合同勘察设计费用的变化,按专用条款中相应规定执行。

⑤如专用合同条款要求设计人提交履约担保的,在签订合同前,设计人应按专用合同条款中规定的金额和形式向发包人提交履约担保,担保期满后,发包人应及时退还。

⑥税费。设计人应自行承担完成项目勘察设计工作需缴纳的一切税费,并包括在报价清单个项目报价之内,发包人不另行支付。

(8) 其他

①法律和法规。合同必须服从中华人民共和国现行法律、法规,对合同的解释应以中华人民共和国的现行法律、法规为准。

②知识产权。发包人就项目勘察设计及专题研究工作而向设计人提供的成果为发包人所拥有。设计人因受发包人委托进行的项目勘察设计及专题研究而产生的成果为双方所共同享有。

③争议的解决。在合同的执行过程中,如发生争议,双方协商解决;协商不成可向约定的仲裁委员会申请仲裁或向约定的人民法院提起诉讼。

3. 专业合同条款

勘察设计合同专用条款是根据该项目的具体情况和特点,对上述通用合同条款的内容进行补充、细化或修改,且不得违反国家有关法律、法规的规定,遵循平等、自愿、公平、诚信的原则。专用合同条款的编号应与通用合同条款的编号相一致。

第二节 水运工程施工合同文件

水运工程施工合同是发包人与承包人就完成具体水运工程项目的施工、设备安装、调试、工程保修等工作内容,确定双方权利义务关系的协议。水运工程施工合同是水运工程中最重要也是最复杂的合同。其在水运工程项目中的持续时间长,标的物复杂,价格高,在整个水运工程合同体系中,起主干合同的作用。

一、水运工程施工合同的订立的依据和条件

1. 水运工程施工合同签订的法律依据

《合同法》和国务院颁布的《建设工程承包合同条例》是水运工程施工合同签订的主要法律法规依据。

水运工程招标文件、投标文件和中标通知书作为合同订立过程的要约邀请、要约和承诺文件是签订合同内容的前提依据。

另外,交通运输部颁布的《水运工程标准施工招标文件》和国家发改委颁布的《标准施工招标文件》给出的标准合同条件(专用条款和通用条款)作为规范水运工程合同的格式文本,是签订水运工程合同书面文本的规范依据。

2. 水运工程施工合同签订的条件

签订水运工程施工合同,必须具备一定的外部条件,只有这些外部条件成立时合同才能有效,并且保证双方都能履行合同,以免引起不必要的纠纷。签订水运工程承包合同的外部条件包括以下几个方面内容:

(1) 初步设计和总概算已经被批准。
(2) 投资已列入国家和地方基本建设计划,限额资金已落实。
(3) 有满足承包要求的设计文件及技术资料。
(4) 场地、水源、电源、气源、运输道路已具备或在开工前完成。
(5) 材料和设备的供应能保证工程连续施工。
(6) 合同当事人双方均具有法定资格。
(7) 合同当事人双方均具有履行合同的能力。

二、水运工程施工合同内容

目前水运工程施工合同的内容主要采用国家发改委、交通运输部等九部委制定的《标准施工招标文件》(2007年版)与交通运输部颁布的《水运工程标准施工招标文件》(JTS 110-8—2008)中给出的施工合同条款及格式进行编写。其中的条款内容不仅涉及各种情况下双方的合同责任和规范化的履行管理程序,而且涵盖了非常情况的处理原则,发承包双方在签订合同时应结合具体工程的特点加以取舍、补充,最终形成责任明确、条款完备、操作性强的合同文件。我国《合同法》也规定:"当事人可以参照各类合同的示范文本订立合同。"使用标准的合同文本,可以使当事人订立合同更加认真、更加规范,尤其是施工合同的涉及面广、内容复杂,使用示范文本能够提示当事人在订立合同时更好地明确各自的权利义务,尽量减少合同约定缺款少项,防止合同纠纷。对于国际工程,可以依 FIDIC 编写的《施工合同条件》为范本签订合同。

水运工程施工合同主要由通用合同条款、专用合同条款和合同协议书及附件(履约担保格式、预付款担保格式)三部分组成。

1. 合同协议书

合同协议书是施工合同中的总纲性文件,经双方当事人签字盖章后合同即成立,因此具有

很高的法律效力。虽然其文字量不大,但却规定了合同双方当事人最主要的权利义务。合同协议书主要内容包括:合同文件的组成与优先顺序、合同价格、质量标准、合同工期及合同当事人对履行合同义务的承诺。

合同协议书中明确了合同文件的组成和解释顺序。

本协议书与下列文件一起构成合同文件。各文件相互补充和解释,若有不明确或不一致之处,以合同约定的次序在先者为准。为此,《水运工程标准施工招标文件》在专用条款中规定了合同文件的优先顺序:

①合同履行中双方签署的书面文件;
②合同协议书;
③中标通知书;
④投标函及投标函附录;
⑤专用合同条款;
⑥通用合同条款;
⑦技术标准和要求;
⑧图纸;
⑨已标价工程量清单;
⑩其他合同文件。

2. 通用合同条款

通用合同条款是针对通常条件下水运工程的施工要求对发承包双方的权利义务作出的规定,除双方协商一致对其中的某些条款作了修改或补充外,双方都必须履行。通用条款是一般工程所共同具备的共性条款,具有规范性、可靠性、完备性和适用性等特点,该部分所列条款的约定不区分具体工程的地域、规模等特点,可适用于任何水运工程项目,并可作为招标文件的组成部分而直接予以采用。

通用条款共有 24 条 131 款,其主要内容包括:

(1) 一般约定

本条共有 12 款,主要包括:

①词语定义。涉及 6 个方面共 42 个专用名词和用语。这些词语的定义是根据水运工程施工合同的需要而制定的,它可能不同于其他文件或词典的定义或解释,除合同的《专用条款》另有约定外,不能任意解释。

②语言文字。对合同中采用的语言文字进行规定。

③法律。对合同适用法律作出了规定。

④合同文件的优先顺序。对解释合同文件的优先顺序进行了说明。

⑤合同协议书。对合同协议书的签订与合同生效的时间进行了规定。

⑥图纸和承包人文件。发包人应在合理的期限内按照合同约定的数量将图纸提供给承包人。由于发包人未按时提供图纸造成工期延误的,承包人有权要求发包人延长工期和(或)增加费用,并支付合理利润;按专用合同条款约定由承包人提供的文件,包括部分工程的大样图、加工图等,承包人应按约定的数量和期限报送监理人。监理人应在专用合同条款约定的期限内批复;图纸需要修改和补充的,应由监理人取得发包人同意后,在该工程或工程相应部位施

工前的合理期限内签发图纸修改图给承包人,具体签发期限在专用合同条款中约定。承包人应按修改后的图纸施工;承包人发现发包人提供的图纸存在明显错误或疏忽,应及时通知监理人。

⑦联络。该条款规定了联络方式,明确规定与合同有关的通知、批准、证明、证书、指示、要求、请求、同意、意见、确定和决定等,均应采用书面形式。

⑧转让。本条款规定了转让条件,即除合同另有约定外,未经对方当事人同意,一方当事人不得将合同权利全部或部分转让给第三人,也不得全部或部分转移合同义务。

⑨贿赂。合同双方当事人不得以贿赂或变相贿赂的方式,谋取不当利益或损害对方权益。因贿赂造成对方损失的,行为人应赔偿损失,并承担相应的法律责任。

⑩化石、文物。规定了施工现场发现化石文物的处理方法。

⑪专利技术。约定承包人在使用任何材料、承包人设备、工程设备或采用施工工艺时,因侵犯专利权或其他知识产权所引起的责任,由承包人承担,但由于遵照发包人提供的设计或技术标准和要求引起的除外。承包人的技术秘密和声明需要保密的资料和信息,发包人和监理人不得为合同以外的目的泄露给他人。

⑫图纸和文件的保密。发包人提供的图纸和文件,未经发包人同意,承包人不得为合同以外的目的泄露给他人或公开发表与引用;承包人提供的文件,未经承包人同意,发包人和监理人不得为合同以外的目的泄露给他人或公开发表与引用。

(2)发包人义务

①发包人在履行合同过程中应遵守法律,并保证承包人免于承担因发包人违反法律而引起的任何责任。

②发包人应委托监理人按约定向承包人发出开工通知。

③发包人应按专用合同条款约定向承包人提供施工场地,以及施工场地内地下管线和地下设施等有关资料,并保证资料的真实、准确、完整。

④发包人应协助承包人办理法律规定的有关施工证件和批件。

⑤发包人应根据合同进度计划,组织设计单位向承包人进行设计交底。

⑥发包人应按合同约定向承包人及时支付合同价款。

⑦发包人应按合同约定及时组织竣工验收。

⑧发包人应履行合同约定的其他义务。

(3)监理人

本条所称的监理人是指与发包人签订委托监理合同的法人。一般是指承担监理业务的监理企业或机构。而具体执行现场监理业务的是由监理人指派的总监理工程师和专业监理工程师。

①监理人的职责和权力。本款明确规定监理人的职责和享有的权利,如监理人受发包人委托,享有合同约定的权力。监理人在行使某项权力前需要经发包人事先批准而通用合同条款没有指明的,应在专用合同条款中指明;监理人发出的任何指示应视为已得到发包人的批准,但监理人无权免除或变更合同约定的发包人和承包人的权利、义务和责任;合同约定应由承包人承担的义务和责任,不因监理人对承包人提交文件的审查或批准,对工程、材料和设备的检查和检验,以及为实施监理作出的指示等职务行为而减轻或解除。

②总监理工程师的职权与要求。发包人应在发出开工通知前将总监理工程师的任命通知承包人。总监理工程师更换时,应在调离14日前通知承包人。总监理工程师短期离开施工场地的,应委派代表代行其职责,并通知承包人。

③监理人员。总监理工程师可以授权其他监理人员负责执行其指派的一项或多项监理工作。总监理工程师应将被授权监理人员的姓名及其授权范围通知承包人。被授权的监理人员在授权范围内发出的指示视为已得到总监理工程师的同意,与总监理工程师发出的指示具有同等效力。总监理工程师撤销某项授权时,应将撤销授权的决定及时通知承包人。监理人员对承包人的任何工作、工程或其采用的材料和工程设备未在约定的或合理的期限内提出否定意见的,视为已获批准,但不影响监理人在以后拒绝该项工作、工程、材料或工程设备的权利;承包人对总监理工程师授权的监理人员发出的指示有疑问的,可向总监理工程师提出书面异议,总监理工程师应在48小时内对该指示予以确认、更改或撤销;除专用合同条款另有约定外,总监理工程师不应将约定应由总监理工程师做出确定的权力授权或委托给其他监理人员。

④监理人的指示。监理人应按约定向承包人发出指示,监理人的指示应盖有监理人授权的施工场地机构章,并由总监理工程师或总监理工程师授权的监理人员签字;承包人收到监理人作出的指示后应遵照执行。指示构成变更的,应按第变更的规定处理;在紧急情况下,总监理工程师或被授权的监理人员可以当场签发临时书面指示,承包人应遵照执行。承包人应在收到上述临时书面指示后24小时内,向监理人发出书面确认函。监理人在收到书面确认函后24小时内未予答复的,该书面确认函应被视为监理人的正式指示;除合同另有约定外,承包人只从总监理工程师或其授权的监理人员处取得指示;由于监理人未能按合同约定发出指示、指示延误或指示错误而导致承包人费用增加和(或)工期延误的,由发包人承担赔偿责任。

⑤商定或确定。合同约定总监理工程师应按照本款对任何事项进行商定或确定时,总监理工程师应与合同当事人协商,尽量达成一致。不能达成一致的,总监理工程师应认真研究后审慎确定;总监理工程师应将商定或确定的事项通知合同当事人,并附详细依据。对总监理工程师的确定有异议的,构成争议,按照争议的约定处理。在争议解决前,双方应暂按总监理工程师的确定执行,按照争议的约定对总监理工程师的确定做出修改的,按修改后的结果执行。

(4)承包人

①承包人的一般义务。承包人的一般义务包括:遵守法律;依法纳税;完成各项承包工作,包括承包人应按合同约定以及监理人做出的指示,实施、完成全部工程,并修补工程中的任何缺陷;除专用合同条款另有约定外,承包人应提供为完成合同工作所需的劳务、材料、施工设备、工程设备和其他物品,并按合同约定负责临时设施的设计、建造、运行、维护、管理和拆除;承包人应按合同约定的工作内容和施工进度要求,编制施工组织设计和施工措施计划,并对所有施工作业和施工方法的完备性和安全可靠性负责;保证工程施工和人员的安全;负责施工场地及其周边环境与生态的保护工作;避免施工对公众与他人的利益造成损害;为他人提供方便,承包人应按监理人的指示为他人在施工场地或附近实施与工程有关的其他各项工作提供可能的条件,提供有关条件的内容和可能发生的费用,由监理人商定或确定;工程接收证书颁发前,承包人应负责照管和维护工程。工程接收证书颁发时尚有部分未竣工工程的,承包人还应负责这些尚未竣工工程的照管和维护工作,直至竣工后移交给发包人为止;其他义务。

②履约担保。承包人应保证其履约担保在发包人颁发工程接收证书前一直有效。发包人

应在工程接收证书颁发后 28 日内把履约担保退还给承包人。

③分包。承包人不得将其承包的全部工程转包给第三人,或将其承包的全部工程肢解后以分包的名义转包给第三人;承包人不得将工程主体、关键性工作分包给第三人。除专用合同条款另有约定外,未经发包人同意,承包人不得将工程的其他部分或工作分包给第三人;分包人的资格能力应与其分包工程的标准和规模相适应;承包人应与分包人就分包工程向发包人承担连带责任。

④联合体。联合体各方应共同与发包人签订合同协议书。联合体各方应为履行合同承担连带责任。在履行合同过程中,未经发包人同意,不得修改联合体协议。

⑤承包人项目经理。承包人应按合同约定指派项目经理,并在约定的期限内到职。承包人更换项目经理应事先征得发包人同意,并应在更换 14 日前通知发包人和监理人。承包人项目经理短期离开施工场地,应事先征得监理人同意,并委派代表代行其职责;承包人项目经理应按合同约定以及监理人作出的指示,负责组织合同工程的实施。在情况紧急且无法与监理人取得联系时,可采取保证工程和人员生命财产安全的紧急措施,并在采取措施后 24h 内向监理人提交书面报告;承包人为履行合同发出的一切函件均应盖有承包人授权的施工场地管理机构章,并由承包人项目经理或其授权代表签字;承包人项目经理可以授权其下属人员履行其某项职责,但事先应将这些人员的姓名和授权范围通知监理人。

⑥承包人人员的管理。承包人应在接到开工通知后 28 日内,向监理人提交承包人在施工场地的管理机构以及人员安排的报告,其内容应包括管理机构的设置、各主要岗位的技术和管理人员名单及其资格,以及各工种技术工人的安排状况。承包人应向监理人提交施工场地人员变动情况的报告;承包人安排在施工场地的主要管理人员和技术骨干应相对稳定。承包人更换主要管理人员和技术骨干时,应取得监理人的同意;特殊岗位的工作人员均应持有相应的资格证明,监理人有权随时检查。监理人认为有必要时,可进行现场考核。

⑦撤换承包人项目经理和其他人员。承包人应对其项目经理和其他人员进行有效管理。监理人要求撤换不能胜任本职工作、行为不端或玩忽职守的承包人项目经理和其他人员的,承包人应予以撤换。

⑧保障承包人人员的合法权益。承包人应与其雇佣的人员签订劳动合同,按照国家相关法律规定和合同约定,保证其雇佣人员的合法权益。

⑨工程价款应专款专用。发包人按合同约定支付给承包人的各项价款应专用于合同工程。

⑩承包人现场查勘。发包人应将其持有的现场地质勘探资料、水文气象资料提供给承包人,并对其准确性负责。但承包人应对其阅读上述有关资料后所做出的解释和推断负责;承包人应对施工场地和周围环境进行查勘,并收集有关地质、水文、气象条件、交通条件、风俗习惯以及其他为完成合同工作有关的当地资料。在全部合同工作中,应视为承包人已充分估计了应承担的责任和风险。

⑪不利物质条件。不利物质条件,除专用合同条款另有约定外,是指承包人在施工场地遇到的不可预见的自然物质条件、非自然的物质障碍和污染物,包括地下和水文条件,但不包括气候条件;承包人遇到不利物质条件时,应采取适应不利物质条件的合理措施继续施工,并及时通知监理人。监理人应当及时发出指示,指示构成变更的,按变更约定办理。监理人没有发

出指示的,承包人因采取合理措施而增加的费用和(或)工期延误,由发包人承担。

(5) 材料和工程设备

①承包人提供的材料和工程设备。除专用合同条款另有约定外,承包人提供的材料和工程设备均由承包人负责采购、运输和保管。承包人应对其采购的材料和工程设备负责;承包人应按专用合同条款的约定,将各项材料和工程设备的供货人及品种、规格、数量和供货时间等报送监理人审批。承包人应向监理人提交其负责提供的材料和工程设备的质量证明文件,并满足合同约定的质量标准;对承包人提供的材料和工程设备,承包人应会同监理人进行检验和交货验收,查验材料合格证明和产品合格证书,并按合同约定和监理人指示,进行材料的抽样检验和工程设备的检验测试,检验和测试结果应提交监理人,所需费用由承包人承担。

②发包人提供的材料和工程设备。发包人提供的材料和工程设备,应在专用合同条款中写明材料和工程设备的名称、规格、数量、价格、交货方式、交货地点和计划交货日期等;承包人应根据合同进度计划的安排,向监理人报送要求发包人交货的日期计划;发包人应按照监理人与合同双方当事人商定的交货日期,向承包人提交材料和工程设备;发包人应在材料和工程设备到货7日前通知承包人,承包人应会同监理人在约定的时间内,赴交货地点共同进行验收;除专用合同条款另有约定外,发包人提供的材料和工程设备验收后,由承包人负责接收、运输和保管;发包人要求向承包人提前交货的,承包人不得拒绝,但发包人应承担承包人由此增加的费用;承包人要求更改交货日期或地点的,应事先报请监理人批准。由于承包人要求更改交货时间或地点所增加的费用和(或)工期延误由承包人承担;发包人提供的材料和工程设备的规格、数量或质量不符合合同要求,或由于发包人原因发生交货日期延误及交货地点变更等情况的,发包人应承担由此增加的费用和(或)工期延误,并向承包人支付合理利润。

③材料和工程设备专用于合同工程。运入施工场地的材料、工程设备,包括备品备件、安装专用工器具与随机资料,必须专用于合同工程,未经监理人同意,承包人不得运出施工场地或挪作他用;随同工程设备运入施工场地的备品备件、专用工器具与随机资料,应由承包人会同监理人按供货人的装箱单清点后共同封存,未经监理人同意不得启用。承包人因合同工作需要使用上述物品时,应向监理人提出申请。

④禁止使用不合格的材料和工程设备。监理人有权拒绝承包人提供的不合格材料或工程设备,并要求承包人立即进行更换。监理人应在更换后再次进行检查和检验,由此增加的费用和(或)工期延误由承包人承担;监理人发现承包人使用了不合格的材料和工程设备,应即时发出指示要求承包人立即改正,并禁止在工程中继续使用不合格的材料和工程设备;发包人提供的材料或工程设备不符合合同要求的,承包人有权拒绝,并可要求发包人更换,由此增加的费用和(或)工期延误由发包人承担。

(6) 施工设备和临时设施

①承包人提供的施工设备和临时设施。承包人应按合同进度计划的要求,及时配置施工设备和修建临时设施。进入施工场地的承包人设备需经监理人核查后才能投入使用。承包人更换合同约定的承包人设备的,应报监理人批准。

②发包人提供的施工设备和临时设施。发包人提供的施工设备或临时设施在专用合同条款中约定。

③要求承包人增加或更换施工设备。承包人使用的施工设备不能满足合同进度计划和

(或)质量要求时,监理人有权要求承包人增加或更换施工设备,承包人应及时增加或更换,由此增加的费用和(或)工期延误由承包人承担。

④施工设备和临时设施专用于合同工程。除合同另有约定外,运入施工场地的所有施工设备以及在施工场地建设的临时设施应专用于合同工程。未经监理人同意,不得将上述施工设备和临时设施中的任何部分运出施工场地或挪作他用;但经监理人同意,承包人可根据合同进度计划撤走闲置的施工设备。

(7)交通运输

①道路通行权和场外设施。除专用合同条款另有约定外,发包人应根据合同工程的施工需要,负责办理取得出入施工场地的专用和临时道路的通行权,以及取得为工程建设所需修建场外设施的权利,并承担有关费用。承包人应协助发包人办理上述手续。

②场内施工道路。除专用合同条款另有约定外,承包人应负责修建、维修、养护和管理施工所需的临时道路和交通设施,包括维修、养护和管理发包人提供的道路和交通设施,并承担相应费用。

③场外交通。承包人车辆外出行驶所需的场外公共道路的通行费、养路费和税款等由承包人承担;承包人应遵守有关交通法规,严格按照道路和桥梁的限制荷重安全行驶,并服从交通管理部门的检查和监督。

④超大件和超重件的运输。由承包人负责运输的超大件或超重件,应由承包人负责向交通管理部门办理申请手续,发包人给予协助。运输超大件或超重件所需的道路和桥梁临时加固改造费用和其他有关费用,由承包人承担,但专用合同条款另有约定除外。

⑤道路和桥梁的损坏责任。因承包人运输造成施工场地内外公共道路和桥梁损坏的,由承包人承担修复损坏的全部费用和可能引起的赔偿。

(8)测量放线

①施工控制网。发包人应在专用合同条款约定的期限内,通过监理人向承包人提供测量基准点、基准线和水准点及其书面资料。除专用合同条款另有约定外,承包人应根据国家测绘基准、测绘系统和工程测量技术规范,按上述基准点(线)以及合同工程精度要求,测设施工控制网,并在专用合同条款约定的期限内,将施工控制网资料报送监理人审批;承包人应负责管理施工控制网点。施工控制网点丢失或损坏的,承包人应及时修复。承包人应承担施工控制网点的管理与修复费用,并在工程竣工后将施工控制网点移交发包人。

②施工测量。承包人应负责施工过程中的全部施工测量放线工作,并配置合格的人员、仪器、设备和其他物品;监理人可以指示承包人进行抽样复测,当复测中发现错误或出现超过合同约定的误差时,承包人应按监理人指示进行修正或补测,并承担相应的复测费用。

③基准资料错误的责任。发包人应对其提供的测量基准点、基准线和水准点及其书面资料的真实性、准确性和完整性负责。发包人提供上述基准资料错误导致承包人测量放线工作的返工或造成工程损失的,发包人应当承担由此增加的费用和(或)工期延误,并向承包人支付合理利润。承包人发现发包人提供的上述基准资料存在明显错误或疏忽的,应及时通知监理人。

④监理人使用施工控制网。监理人需要使用施工控制网的,承包人应提供必要的协助,发包人不再为此支付费用。

(9)施工安全、治安保卫和环境保护

①发包人的施工安全责任。发包人应按合同约定履行安全职责,授权监理人按合同约定的安全工作内容监督、检查承包人安全工作的实施,组织承包人和有关单位进行安全检查。

②承包人的施工安全责任。承包人应按合同约定履行安全职责,执行监理人有关安全工作的指示,并在专用合同条款约定的期限内,按合同约定的安全工作内容,编制施工安全措施计划报送监理人审批。承包人应按监理人的指示制定应对灾害的紧急预案,报送监理人审批。承包人还应按预案做好安全检查,配置必要的救助物资和器材,切实保护好有关人员的人身和财产安全;合同约定的安全作业环境及安全施工措施所需费用应遵守有关规定,并包括在相关工作的合同价格中。因采取合同未约定的安全作业环境及安全施工措施增加的费用,由监理人按规定商定或确定。

③治安保卫。发包人应与当地公安部门协商,在现场建立治安管理机构或联防组织,统一管理施工场地的治安保卫事项,履行合同工程的治安保卫职责。

④环境保护。承包人在施工过程中,应遵守有关环境保护的法律,履行合同约定的环境保护义务,并对违反法律和合同约定义务所造成的环境破坏、人身伤害和财产损失负责。

⑤事故处理。工程施工过程中发生事故的,承包人应立即通知监理人,监理人应立即通知发包人。发包人和承包人应立即组织人员和设备进行紧急抢救和抢修,减少人员伤亡和财产损失,防止事故扩大,并保护事故现场。需要移动现场物品时,应作出标记和书面记录,妥善保管有关证据。发包人和承包人应按国家有关规定,及时如实地向有关部门报告事故发生的情况,以及正在采取的紧急措施等。

(10)进度计划

①合同进度计划。承包人应按专用合同条款约定的内容和期限,编制详细的施工进度计划和施工方案说明报送监理人。监理人应在专用合同条款约定的期限内批复或提出修改意见,否则该进度计划视为已得到批准。经监理人批准的施工进度计划称合同进度计划,是控制合同工程进度的依据。承包人还应根据合同进度计划,编制更为详细的分阶段或分项进度计划,报监理人审批。

②合同进度计划的修订。不论何种原因造成工程的实际进度与合同进度计划不符时,承包人可以在专用合同条款约定的期限内向监理人提交修订合同进度计划的申请报告,并附有关措施和相关资料,报监理人审批;监理人也可以直接向承包人做出修订合同进度计划的指示,承包人应按该指示修订合同进度计划,报监理人审批。监理人应在专用合同条款约定的期限内批复。监理人在批复前应获得发包人同意。

(11)开工和竣工

①开工。监理人应在开工日期7日前向承包人发出开工通知。监理人在发出开工通知前应获得发包人同意。工期自监理人发出的开工通知中载明的开工日期起计算。承包人应在开工日期后尽快施工;承包人应按约定的合同进度计划,向监理人提交工程开工报审表,经监理人审批后执行。开工报审表应详细说明按合同进度计划正常施工所需的施工道路、临时设施、材料设备、施工人员等施工组织措施的落实情况以及工程的进度安排。

②竣工。承包人应在合同约定的期限内完成合同工程。实际竣工日期在接收证书中写明。

③发包人的工期延误。在履行合同过程中,由于发包人的下列原因造成工期延误的,承包人有权要求发包人延长工期和(或)增加费用,并支付合理利润。需要修订合同进度计划的,按照约定办理。

发包人造成工期延误的主要原因包括:增加合同工作内容;改变合同中任何一项工作的质量要求或其他特性;发包人迟延提供材料、工程设备或变更交货地点的;因发包人原因导致的暂停施工;提供图纸延误;未按合同约定及时支付预付款、进度款;发包人造成工期延误的其他原因。

④异常恶劣的气候条件。由于出现专用合同条款规定的异常恶劣气候的条件导致工期延误的,承包人有权要求发包人延长工期。水运工程合同专用条款规定的异常恶劣气候为:a. 连续3日日最高气温38℃以上;b. 连续3日日最低气温-20℃以下;c. 施工区域日风力在6级以上且持续时间不少于4h,或阵风大于8级;d. 日降雨量50mm及以上,或降雨强度大于20mm/h;e. 日降雪量10mm及以上;f. 内河3.5m/s及以上流速、海上2m及以上的大浪或强浪;g. 施工场地大部或全部被潮水、洪水或雨水淹没超过1日;h. 定点施工船舶能见度小于50m的雾天超过1日,运动船舶按有关规定。

⑤承包人的工期延误。由于承包人原因,未能按合同进度计划完成工作,或监理人认为承包人施工进度不能满足合同工期要求的,承包人应采取措施加快进度,并承担加快进度所增加的费用。由于承包人原因造成工期延误,承包人应支付逾期竣工违约金。逾期竣工违约金的计算方法在专用合同条款中约定。承包人支付逾期竣工违约金,不免除承包人完成工程及修补缺陷的义务。

⑥工期提前。发包人要求承包人提前竣工,或承包人提出提前竣工的建议能够给发包人带来效益的,应由监理人与承包人共同协商采取加快工程进度的措施和修订合同进度计划。发包人应承担承包人由此增加的费用,并向承包人支付专用合同条款约定的相应奖金。

(12)暂停施工

①承包人暂停施工的责任。因承包人原因引起的暂停施工增加的费用和(或)工期延误由承包人承担。承包人原因引起的暂停施工主要包括:承包人违约引起的暂停施工;由于承包人原因为工程合理施工和安全保障所必需的暂停施工;承包人擅自暂停施工;承包人其他原因引起的暂停施工;专用合同条款约定由承包人承担的其他暂停施工。

②发包人暂停施工的责任。由于发包人原因引起的暂停施工造成工期延误的,承包人有权要求发包人延长工期和(或)增加费用,并支付合理利润。

③监理人暂停施工指示。监理人认为有必要时,可向承包人作出暂停施工的指示,承包人应按监理人指示暂停施工。不论由于何种原因引起的暂停施工,暂停施工期间承包人应负责妥善保护工程并提供安全保障;由于发包人的原因发生暂停施工的紧急情况,且监理人未及时下达暂停施工指示的,承包人可先暂停施工,并及时向监理人提出暂停施工的书面请求。监理人应在接到书面请求后的24h内予以答复,逾期未答复的,视为同意承包人的暂停施工请求。

④暂停施工后的复工。如暂停施工后,监理人应与发包人和承包人协商,采取有效措施积极消除暂停施工的影响。当工程具备复工条件时,监理人应立即向承包人发出复工通知。承包人收到复工通知后,应在监理人指定的期限内复工;承包人无故拖延和拒绝复工的,由此增加的费用和工期延误由承包人承担;因发包人原因无法按时复工的,承包人有权要求发包人延

长工期和(或)增加费用,并支付合理利润。

⑤暂停施工持续56日以上。监理人发出暂停施工指示后56日内未向承包人发出复工通知,除了该项停工属于承包人暂停施工的情况外,承包人可向监理人提交书面通知,要求监理人在收到书面通知后28日内准许已暂停施工的工程或其中一部分工程继续施工。如监理人逾期不予批准,则承包人可以通知监理人,将工程受影响的部分视为可取消工作。如暂停施工影响到整个工程,可视为发包人违约,应按违约条款的规定办理;由于承包人责任引起的暂停施工,如承包人在收到监理人暂停施工指示后56日内不认真采取有效的复工措施,造成工期延误,可视为承包人违约,应按违约条款的规定办理。

(13)工程质量

①工程质量要求。工程质量验收按合同约定验收标准执行;因承包人原因造成工程质量达不到合同约定验收标准的,监理人有权要求承包人返工直至符合合同要求为止,由此造成的费用增加和(或)工期延误由承包人承担;因发包人原因造成工程质量达不到合同约定验收标准的,发包人应承担由于承包人返工造成的费用增加和(或)工期延误,并支付承包人合理利润。

②承包人的质量管理。承包人应在施工场地设置专门的质量检查机构,配备专职质量检查人员,建立完善的质量检查制度。承包人应在合同约定的期限内,提交工程质量保证措施文件,包括质量检查机构的组织和岗位责任、质检人员的组成、质量检查程序和实施细则等,报送监理人审批。

③承包人的质量检查。承包人应按合同约定对材料、工程设备以及工程的所有部位及其施工工艺进行全过程的质量检查和检验,并做详细记录,编制工程质量报表,报送监理人审查。

④监理人的质量检查。监理人有权对工程的所有部位及其施工工艺、材料和工程设备进行检查和检验。承包人应为监理人的检查和检验提供方便,包括监理人到施工场地,或制造、加工地点,或合同约定的其他地方进行察看和查阅施工原始记录。承包人还应按监理人指示,进行施工场地取样试验、工程复核测量和设备性能检测,提供试验样品、提交试验报告和测量成果以及监理人要求进行的其他工作。监理人的检查和检验,不免除承包人按合同约定应负的责任。

⑤工程隐蔽部位覆盖前的检查。经承包人自检确认的工程隐蔽部位具备覆盖条件后,承包人应通知监理人在约定的期限内检查。承包人的通知应附有自检记录和必要的检查资料。监理人应按时到场检查。经监理人检查确认质量符合隐蔽要求,并在检查记录上签字后,承包人才能进行覆盖。监理人检查确认质量不合格的,承包人应在监理人指示的时间内修整返工后,由监理人重新检查;如果监理人未按约定的时间进行检查的,除监理人另有指示外,承包人可自行完成覆盖工作,并作相应记录报送监理人,监理人应签字确认。监理人事后对检查记录有疑问的,可按约定重新检查;承包人按规定覆盖工程隐蔽部位后,监理人对质量有疑问的,可要求承包人对已覆盖的部位进行钻孔探测或揭开重新检验,承包人应遵照执行,并在检验后重新覆盖恢复原状。经检验证明工程质量符合合同要求的,由发包人承担由此增加的费用和(或)工期延误,并支付承包人合理利润;经检验证明工程质量不符合合同要求的,由此增加的费用和(或)工期延误由承包人承担;若承包人未通知监理人到场检查,私自将工程隐蔽部位覆盖的,监理人有权指示承包人钻孔探测或揭开检查,由此增加的费用和(或)工期延误由承

包人承担。

⑥清除不合格工程。若承包人使用不合格材料、工程设备,或采用不适当的施工工艺,或施工不当,造成工程不合格的,监理人可以随时发出指示,要求承包人立即采取措施进行补救,直至达到合同要求的质量标准,由此增加的费用和(或)工期延误由承包人承担;由于发包人提供的材料或工程设备不合格造成的工程不合格,需要承包人采取措施补救的,发包人应承担由此增加的费用和(或)工期延误,并支付承包人合理利润。

(14)试验和检验

①材料、工程设备和工程的试验和检验。承包人应按合同约定进行材料、工程设备和工程的试验和检验,并为监理人对上述材料、工程设备和工程的质量检查提供必要的试验资料和原始记录。按合同约定应由监理人与承包人共同进行试验和检验的,由承包人负责提供必要的试验资料和原始记录;监理人未按合同约定派员参加试验和检验的,除监理人另有指示外,承包人可自行试验和检验,并应立即将试验和检验结果报送监理人,监理人应签字确认;监理人对承包人的试验和检验结果有疑问的,或为查清承包人试验和检验成果的可靠性要求承包人重新试验和检验的,可按合同约定由监理人与承包人共同进行。重新试验和检验的结果证明该项材料、工程设备或工程的质量不符合合同要求的,由此增加的费用和(或)工期延误由承包人承担;重新试验和检验结果证明该项材料、工程设备和工程符合合同要求,由发包人承担由此增加的费用和(或)工期延误,并支付承包人合理利润。

②现场材料试验。承包人根据合同约定或监理人指示进行的现场材料试验,应由承包人提供试验场所、试验人员、试验设备器材以及其他必要的试验条件;监理人在必要时可以使用承包人的试验场所、试验设备器材以及其他试验条件,进行以工程质量检查为目的的复核性材料试验,承包人应予以协助。

③现场工艺试验。承包人应按合同约定或监理人指示进行现场工艺试验。对大型的现场工艺试验,监理人认为必要时,应由承包人根据监理人提出的工艺试验要求,编制工艺试验措施计划,报送监理人审批。

(15)变更

①变更的范围和内容。除专用合同条款另有约定外,在履行合同中发生以下情形之一,应按照本条规定进行变更:取消合同中任何一项工作,但被取消的工作不能转由发包人或其他人实施;改变合同中任何一项工作的质量或其他特性;改变合同工程的基线、标高、位置或尺寸;改变合同中任何一项工作的施工时间或改变已批准的施工工艺或顺序;为完成工程需要追加的额外工作。

②变更权。在履行合同过程中,经发包人同意,监理人可按约定的变更程序向承包人做出变更指示,承包人应遵照执行。没有监理人的变更指示,承包人不得擅自变更。

③变更程序

a.变更的提出

Ⅰ.在合同履行过程中,可能发生合同规定变更范围和内容情形的,监理人可向承包人发出变更意向书。变更意向书应说明变更的具体内容和发包人对变更的时间要求,并附必要的图纸和相关资料。变更意向书应要求承包人提交包括拟实施变更工作的计划、措施和竣工时间等内容的实施方案。发包人同意承包人根据变更意向书要求提交的变更实施方案的,由监理人按约定发出变更指示。

Ⅱ.在合同履行过程中,发生合同约定变更情形的,监理人应按照约定向承包人发出变更指示。变更指示应说明变更的目的、范围、变更内容以及变更的工程量及其进度和技术要求,并附有关图纸和文件。承包人收到变更指示后,应按变更指示进行变更工作。

Ⅲ.承包人收到监理人按合同约定发出的图纸和文件,经检查认为其中存在合同约定变更范围和内容情形的,可向监理人提出书面变更建议。变更建议应阐明要求变更的依据,并附必要的图纸和说明。监理人收到承包人书面建议后,应与发包人共同研究,确认存在变更的,应在收到承包人书面建议后的14日内做出变更指示。经研究后不同意作为变更的,应由监理人书面答复承包人。

Ⅳ.若承包人收到监理人的变更意向书后认为难以实施此项变更,应立即通知监理人,说明原因并附详细依据。监理人与承包人和发包人协商后确定撤销、改变或不改变原变更意向书。

b.变更估价

Ⅰ.除专用合同条款对期限另有约定外,承包人应在收到变更指示或变更意向书后的14日内,向监理人提交变更报价书,报价内容应根据变更价款约定的估价原则,详细开列变更工作的价格组成及其依据,并附必要的施工方法说明和有关图纸。

Ⅱ.变更工作影响工期的,承包人应提出调整工期的具体细节。监理人认为有必要时,可要求承包人提交要求提前或延长工期的施工进度计划及相应施工措施等详细资料。

Ⅲ.除专用合同条款对期限另有约定外,监理人收到承包人变更报价书后的14日内,根据变更价款的估价原则,按照商定或确定变更价格。

④变更的估价原则。除专用合同条款另有约定外,因变更引起的价格调整按照本款约定处理。

a.已标价工程量清单中有适用于变更工作的子目的,采用该子目的单价。

b.已标价工程量清单中无适用于变更工作的子目,但有类似子目的,可在合理范围内参照类似子目的单价,由监理人商定或确定变更工作的单价。

c.已标价工程量清单中无适用或类似子目的单价,可按照成本加利润的原则,由监理人商定或确定变更工作的单价。

⑤承包人的合理化建议。在履行合同过程中,承包人对发包人提供的图纸、技术要求以及其他方面提出的合理化建议,均应以书面形式提交监理人。合理化建议书的内容应包括建议工作的详细说明、进度计划和效益以及与其他工作的协调等,并附必要的设计文件。监理人应与发包人协商是否采纳建议。建议被采纳并构成变更的,应按约定向承包人发出变更指示;承包人提出的合理化建议降低了合同价格、缩短了工期或者提高了工程经济效益的,发包人可按国家有关规定在专用合同条款中约定给予奖励。

⑥暂列金额。暂列金额只能按照监理人的指示使用,并对合同价格进行相应调整。

⑦计日工。发包人认为有必要时,由监理人通知承包人以计日工方式实施变更的零星工作。其价款按列入已标价工程量清单中的计日工计价子目及其单价进行计算。采用计日工计价的任何一项变更工作,应从暂列金额中支付,计日工由承包人汇总后,按约定列入进度付款申请单,由监理人复核并经发包人同意后列入进度付款。

⑧暂估价。发包人在工程量清单中给定暂估价的材料、工程设备和专业工程属于依法必须招标的范围并达到规定的规模标准的,由发包人和承包人以招标的方式选择供应商或分包人。发包人和承包人的权利义务关系在专用合同条款中约定。中标金额与工程量清单中所列的暂估价的金额差以及相应的税金等其他费用列入合同价格;发包人在工程量清单中给定暂估价的材料和工程设备不属于依法必须招标的范围或未达到规定的规模标准的,应由承包人按约定提供。经监理人确认的材料、工程设备的价格与工程量清单中所列的暂估价的金额差以及相应的税金等其他费用列入合同价格。

(16)价格调整

①物价波动引起的价格调整。因物价波动引起的价格调整可采用价格指数调整价格差额或采用造价信息调整价格差额。

②法律变化引起的价格调整。在基准日后,因法律变化导致承包人在合同履行中所需要的工程费用发生除物价波动引起的价格调整约定以外的增减时,监理人应根据法律、国家或省、自治区、直辖市有关部门的规定,按商定或确定需调整的合同价款。

(17)计量与支付

①计量。包括约定计量单位、计量方法、计量周期、单价子目的计量、总价子目的计量。

②预付款。预付款的额度和预付办法在专用合同条款中约定。预付款必须专用于合同工程;除专用合同条款另有约定外,承包人应在收到预付款的同时向发包人提交预付款保函,预付款保函的担保金额应与预付款金额相同。保函的担保金额可根据预付款扣回的金额相应递减;预付款在进度付款中扣回,扣回办法在专用合同条款中约定。在颁发工程接收证书前,由于不可抗力或其他原因解除合同时,预付款尚未扣清的,尚未扣清的预付款余额应作为承包人的到期应付款。

③工程进度付款

a.明确付款周期同计量周期。

b.承包人提交进度付款申请单并应包括下列内容:截至本次付款周期末已实施工程的价款;根据变更规定应增加和扣减的变更金额;根据索赔规定应增加和扣减的索赔金额;根据预付款条款约定应支付的预付款和扣减的返还预付款;根据质量保证金条款约定应扣减的质量保证金;根据合同应增加和扣减的其他金额。

c.进度付款证书和支付时间。监理人在收到承包人进度付款申请单以及相应的支持性证明文件后的14日内完成核查,提出发包人到期应支付给承包人的金额以及相应的支持性材料,经发包人审查同意后,由监理人向承包人出具经发包人签认的进度付款证书。监理人有权扣发承包人未能按照合同要求履行任何工作或义务的相应金额。发包人应在监理人收到进度付款申请单后的28日内,将进度应付款支付给承包人。发包人不按期支付的,按专用合同条款的约定支付逾期付款违约金。监理人出具进度付款证书,不应视为监理人已同意、批准或接受了承包人完成的该部分工作。进度付款涉及政府投资资金的,按照国库集中支付等国家相关规定和专用合同条款的约定办理。

d.工程进度付款的修正。在对以往历次已签发的进度付款证书进行汇总和复核中发现错、漏或重复的,监理人有权予以修正,承包人也有权提出修正申请。经双方复核同意的修正,应在本次进度付款中支付或扣除。

④质量保证金。监理人应从第一个付款周期开始,在发包人的进度付款中,按专用合同条款的约定扣留质量保证金,直至扣留的质量保证金总额达到专用合同条款约定的金额或比例为止。质量保证金的计算额度不包括预付款的支付、扣回以及价格调整的金额;在合同约定的缺陷责任期满时,承包人向发包人申请到期应返还承包人剩余的质量保证金金额,发包人应在14日内会同承包人按照合同约定的内容核实承包人是否完成缺陷责任。如无异议,发包人应当在核实后将剩余保证金返还承包人;在合同约定的缺陷责任期满时,承包人没有完成缺陷责任的,发包人有权扣留与未履行责任剩余工作所需金额相应的质量保证金余额,并有权要求延长缺陷责任期,直至完成剩余工作为止。

⑤竣工结算

a.竣工付款申请单。工程接收证书颁发后,承包人应按专用合同条款约定的份数和期限向监理人提交竣工付款申请单,并提供相关证明材料。除专用合同条款另有约定外,竣工付款申请单应包括下列内容:竣工结算合同总价、发包人已支付承包人的工程价款、应扣留的质量保证金、应支付的竣工付款金额。监理人对竣工付款申请单有异议的,有权要求承包人进行修正和提供补充资料。经监理人和承包人协商后,由承包人向监理人提交修正后的竣工付款申请单。

b.竣工付款证书及支付时间。监理人在收到承包人提交的竣工付款申请单后的14日内完成核查,提出发包人到期应支付给承包人的价款送发包人审核并抄送承包人。发包人应在收到后14日内审核完毕,由监理人向承包人出具经发包人签认的竣工付款证书。监理人未在约定时间内核查,又未提出具体意见的,视为承包人提交的竣工付款申请单已经监理人核查同意;发包人未在约定时间内审核又未提出具体意见的,监理人提出发包人到期应支付给承包人的价款视为已经发包人同意。发包人应在监理人出具竣工付款证书后的14日内,将应支付款支付给承包人。发包人不按期支付的,应将逾期付款违约金支付给承包人。承包人对发包人签认的竣工付款证书有异议的,发包人可出具竣工付款申请单中承包人已同意部分的临时付款证书。存在争议的部分,按争议的约定办理。竣工付款涉及政府投资资金的,按国库集中支付等国家相关规定和专用合同条款的约定办理。

⑥最终结清

a.缺陷责任期终止证书签发后,承包人可按专用合同条款约定的份数和期限向监理人提交最终结清申请单,并提供相关证明材料;发包人对最终结清申请单内容有异议的,有权要求承包人进行修正和提供补充资料,由承包人向监理人提交修正后的最终结清申请单。

b.监理人收到承包人提交的最终结清申请单后的14日内,提出发包人应支付给承包人的价款送发包人审核并抄送承包人。发包人应在收到后14日内审核完毕,由监理人向承包人出具经发包人签认的最终结清证书。监理人未在约定时间内核查,又未提出具体意见的,视为承包人提交的最终结清申请已经监理人核查同意;发包人未在约定时间内审核又未提出具体意见的,监理人提出应支付给承包人的价款视为已经发包人同意;发包人应在监理人出具最终结清证书后的14日内,将应支付款支付给承包人。发包人不按期支付的,按专用合同条款的约定,将逾期付款违约金支付给承包人;承包人对发包人签认的最终结清证书有异议的,按争议的约定办理;最终结清付款涉及政府投资资金的,按国库集中支付等国家相关规定和专用合同条款的约定办理。

(18) 竣工验收

①竣工验收的含义。竣工验收指承包人完成了全部合同工作后,发包人按合同要求进行的验收;国家验收是政府有关部门根据法律、规范、规程和政策要求,针对发包人全面组织实施的整个工程正式交付投运前的验收;需要进行国家验收的,竣工验收是国家验收的一部分。竣工验收所采用的各项验收和评定标准应符合国家验收标准。发包人和承包人为竣工验收提供的各项竣工验收资料应符合国家验收的要求。一般情况下,本条款中的竣工验收为水运工程的交工验收。

②竣工验收申请报告。当工程具备以下条件时,承包人即可向监理人报送竣工验收申请报告:除监理人同意列入缺陷责任期内完成的尾工(甩项)工程和缺陷修补工作外,合同范围内的全部单位工程以及有关工作,包括合同要求的试验、试运行以及检验和验收均已完成,并符合合同要求;已按合同约定的内容和份数备齐了符合要求的竣工资料;已按监理人的要求编制了在缺陷责任期内完成的尾工(甩项)工程和缺陷修补工作清单以及相应施工计划;监理人要求在竣工验收前应完成的其他工作;监理人要求提交的竣工验收资料清单。

③验收。监理人收到承包人提交的竣工验收申请报告后,应审查申请报告的各项内容,并按以下不同情况进行处理。

a. 监理人审查后认为尚不具备竣工验收条件的,应在收到竣工验收申请报告后的 28 日内通知承包人,指出在颁发接收证书前承包人还需进行的工作内容。承包人完成监理人通知的全部工作内容后,应再次提交竣工验收申请报告,直至监理人同意为止。

b. 监理人审查后认为已具备竣工验收条件的,应在收到竣工验收申请报告后的 28 日内提请发包人进行工程验收。

c. 发包人经过验收后同意接受工程的,应在监理人收到竣工验收申请报告后的 56 日内,由监理人向承包人出具经发包人签认的工程接收证书。发包人验收后同意接收工程但提出整修和完善要求的,限期修好,并缓发工程接收证书。整修和完善工作完成后,监理人复查达到要求的,经发包人同意后,再向承包人出具工程接收证书。

d. 发包人验收后不同意接收工程的,监理人应按照发包人的验收意见发出指示,要求承包人对不合格工程认真返工重做或进行补救处理,并承担由此产生的费用。承包人在完成不合格工程的返工重做或补救工作后,应重新提交竣工验收申请报告。

e. 除专用合同条款另有约定外,经验收合格工程的实际竣工日期,以提交竣工验收申请报告的日期为准,并在工程接收证书中写明。

f. 发包人在收到承包人竣工验收申请报告 56 日后未进行验收的,视为验收合格,实际竣工日期以提交竣工验收申请报告的日期为准,但发包人由于不可抗力不能进行验收的除外。

④单位工程验收

a. 发包人根据合同进度计划安排,在全部工程竣工前需要使用已经竣工的单位工程时,或承包人提出经发包人同意时,可进行单位工程验收。验收的程序可参照竣工验收的规定进行。验收合格后,由监理人向承包人出具经发包人签认的单位工程验收证书。已签发单位工程接收证书的单位工程由发包人负责照管。单位工程的验收成果和结论作为全部工程竣工验收申请报告的附件。

b. 发包人在全部工程竣工前,使用已接收的单位工程导致承包人费用增加的,发包人应承担由此增加的费用和(或)工期延误,并支付承包人合理利润。

⑤施工期运行。在施工期运行中发现工程或工程设备损坏或存在缺陷的,由承包人按约定进行修复。

⑥试运行。除专用合同条款另有约定外,承包人应按专用合同条款约定进行工程及工程设备试运行,负责提供试运行所需的人员、器材和必要的条件,并承担全部试运行费用;由于承包人的原因导致试运行失败的,承包人应采取措施保证试运行合格,并承担相应费用。由于发包人的原因导致试运行失败的,承包人应当采取措施保证试运行合格,发包人应承担由此产生的费用,并支付承包人合理利润。

⑦竣工清场

a. 除合同另有约定外,工程接收证书颁发后,承包人应按以下要求对施工场地进行清理,直至监理人检验合格为止,竣工清场费用由承包人承担:施工场地内残留的垃圾已全部清除出场;临时工程已拆除,场地已按合同要求进行清理、平整或复原;按合同约定应撤离的承包人设备和剩余的材料,包括废弃的施工设备和材料,已按计划撤离施工场地;工程建筑物周边及其附近道路、河道的施工堆积物,已按监理人指示全部清理;监理人指示的其他场地清理工作已全部完成。

b. 承包人未按监理人的要求恢复临时占地,或者场地清理未达到合同约定的,发包人有权委托其他人恢复或清理,所发生的金额从拟支付给承包人的款项中扣除。

⑧施工队伍的撤离。工程接收证书颁发后的 56 日内,除了经监理人同意需在缺陷责任期内继续工作和使用的人员、施工设备和临时工程外,其余的人员、施工设备和临时工程均应撤离施工场地或拆除。除合同另有约定外,缺陷责任期满时,承包人的人员和施工设备应全部撤离施工场地。

(19)缺陷责任与保修责任

①缺陷责任期的起算时间。缺陷责任期自实际竣工日期起计算。在全部工程竣工验收前,已经发包人提前验收的单位工程,其缺陷责任期的起算日期相应提前。水运工程中的水工工程缺陷责任期为一年。

②缺陷责任

a. 承包人应在缺陷责任期内对已交付使用的工程承担缺陷责任。

b. 缺陷责任期内,发包人对已接收使用的工程负责日常维护工作。发包人在使用过程中,发现已接收的工程存在新的缺陷或已修复的缺陷部位或部件又遭损坏的,承包人应负责修复,直至检验合格为止。

c. 监理人和承包人应共同查清缺陷和(或)损坏的原因。经查明属承包人原因造成的,应由承包人承担修复和查验的费用。经查验属发包人原因造成的,发包人应承担修复和查验的费用,并支付承包人合理利润。

d. 承包人不能在合理时间内修复缺陷的,发包人可自行修复或委托其他人修复,所需费用和利润的承担,按缺陷责任约定办理。

③缺陷责任期的延长。由于承包人原因造成某项缺陷或损坏使某项工程或工程设备不能按原定目标使用而需要再次检查、检验和修复的,发包人有权要求承包人相应延长缺陷责任期,但缺陷责任期最长不超过 2 年。

④进一步试验和试运行。任何一项缺陷或损坏修复后,经检查证明其影响了工程或工程设备的使用性能,承包人应重新进行合同约定的试验和试运行,试验和试运行的全部费用应由责任方承担。

⑤承包人的进入权。承包人的进入权缺陷责任期内承包人为缺陷修复工作需要,有权进入工程现场,但应遵守发包人的保安和保密规定。

⑥缺陷责任期终止证书。在约定的缺陷责任期,包括延长的缺陷责任期终止后14日内,由监理人向承包人出具经发包人签认的缺陷责任期终止证书,并退还剩余的质量保证金。

⑦保修责任。合同当事人根据有关法律规定,在专用合同条款中约定工程质量保修范围、期限和责任;保修期自实际竣工日期起计算。在全部工程竣工验收前,已经发包人提前验收的单位工程,其保修期的起算日期相应提前。

(20)保险

主要包括工程保险、人员工伤事故的保险、人身意外伤害险、第三者责任险、其他保险的相关规定和对各项保险的一般要求。

(21)不可抗力

①不可抗力的确认。如地震、海啸、瘟疫、水灾、骚乱、暴动、战争和专用合同条款约定的其他情形为不可抗力。不可抗力发生后,发包人和承包人应及时认真统计所造成的损失,收集不可抗力造成损失的证据。合同双方对是否属于不可抗力或其损失的意见不一致的,由监理人商定或确定。发生争议时,按争议条款的约定办理。

②不可抗力的通知。合同一方当事人遇到不可抗力事件,使其履行合同义务受到阻碍时,应立即通知合同另一方当事人和监理人,书面说明不可抗力和受阻碍的详细情况,并提供必要的证明;如不可抗力持续发生,合同一方当事人应及时向合同另一方当事人和监理人提交中间报告,说明不可抗力和履行合同受阻的情况,并于不可抗力事件结束后28日内提交最终报告及有关资料。

③不可抗力后果及其处理

a.不可抗力造成损害的责任。除专用合同条款另有约定外,不可抗力导致的人员伤亡、财产损失、费用增加和(或)工期延误等后果,由合同双方按以下原则承担:永久工程,包括已运至施工场地的材料和工程设备的损害,以及因工程损害造成的第三者人员伤亡和财产损失由发包人承担;承包人设备的损坏由承包人承担;发包人和承包人各自承担其人员伤亡和其他财产损失及其相关费用;承包人的停工损失由承包人承担,但停工期间应监理人要求照管工程和清理、修复工程的金额由发包人承担;不能按期竣工的,应合理延长工期,承包人不需支付逾期竣工违约金。发包人要求赶工的,承包人应采取赶工措施,赶工费用由发包人承担。

b.延迟履行期间发生的不可抗力。合同一方当事人延迟履行,在延迟履行期间发生不可抗力的,不免除其责任。

c.避免和减少不可抗力损失。不可抗力发生后,发包人和承包人均应采取措施尽量避免和减少损失的扩大,任何一方没有采取有效措施导致损失扩大的,应对扩大的损失承担责任。

d.因不可抗力解除合同。合同一方当事人因不可抗力不能履行合同的,应当及时通知对方解除合同。合同解除后,承包人应按照约定撤离施工场地。已经订货的材料、设备由订货方负责退货或解除订货合同,不能退还的货款和因退货、解除订货合同发生的费用,由发包人承担,因未及时退货造成的损失由责任方承担。合同解除后的付款,参照违约条款约定,由监理人商定或确定。

(22)违约

①承包人违约

a. 承包人违约的情形。在履行合同过程中发生的下列情况属承包人违约:承包人违反约定,私自将合同的全部或部分权利转让给其他人,或私自将合同的全部或部分义务转移给其他人;未经监理人批准,承包人私自将已按合同约定进入施工场地的施工设备、临时设施或材料撤离施工场地;承包人违反约定使用了不合格材料或工程设备,工程质量达不到标准要求,又拒绝清除不合格工程;承包人未能按合同进度计划及时完成合同约定的工作,已造成或预期造成工期延误;承包人在缺陷责任期内,未能对工程接收证书所列的缺陷清单的内容或缺陷责任期内发生的缺陷进行修复,而又拒绝按监理人指示再进行修补;承包人无法继续履行或明确表示不履行或实质上已停止履行合同;承包人不按合同约定履行义务的其他情况。

b. 对承包人违约的处理。承包人无法继续履行或明确表示不履行或实质上已停止履行合同时,发包人可通知承包人立即解除合同,并按有关法律处理。承包人发生其他违约情况时,监理人可向承包人发出整改通知,要求其在指定的期限内改正。承包人应承担其违约所引起的费用增加和(或)工期延误。经检查证明承包人已采取了有效措施纠正违约行为,具备复工条件的,可由监理人签发复工通知复工。

c. 承包人违约解除合同。监理人发出整改通知 28 日后,承包人仍不纠正违约行为的,发包人可向承包人发出解除合同通知。合同解除后,发包人可派员进驻施工场地,另行组织人员或委托其他承包人施工。发包人因继续完成该工程的需要,有权扣留使用承包人在现场的材料、设备和临时设施。但发包人的这一行动不免除承包人应承担的违约责任,也不影响发包人根据合同约定享有的索赔权利。

d. 合同解除后的估价、付款和结清。合同解除后,监理人商定或确定承包人实际完成工作的价值,以及承包人已提供的材料、施工设备、工程设备和临时工程等的价值。合同解除后,发包人应暂停对承包人的一切付款,查清各项付款和已扣款金额,包括承包人应支付的违约金。合同解除后,发包人应向承包人索赔由于解除合同给发包人造成的损失。合同双方确认上述往来款项后,出具最终结清付款证书,结清全部合同款项。发包人和承包人未能就解除合同后的结清达成一致而形成争议的,按争议条款的约定办理。

e. 协议利益的转让。因承包人违约解除合同的,发包人有权要求承包人将其为实施合同而签订的材料和设备的订货协议或任何服务协议利益转让给发包人,并在解除合同后的 14 日内,依法办理转让手续。

f. 紧急情况下无能力或不愿进行抢救。在工程实施期间或缺陷责任期内发生危及工程安全的事件,监理人通知承包人进行抢救,承包人声明无能力或不愿立即执行的,发包人有权雇佣其他人员进行抢救。此类抢救按合同约定属于承包人义务的,由此发生的金额和(或)工期延误由承包人承担。

②发包人违约

a. 发包人违约的情形。在履行合同过程中发生的下列情形,属发包人违约:发包人未能按合同约定支付预付款或合同价款,或拖延、拒绝批准付款申请和支付凭证,导致付款延误的;发包人原因造成停工的;监理人无正当理由没有在约定期限内发出复工指示,导致承包人无法复工的;发包人无法继续履行或明确表示不履行或实质上已停止履行合同的;发包人不履行合同约定其他义务的。

b.承包人有权暂停施工。除发生发包人无法继续履行或明确表示不履行或实质上已停止履行合同的违约情况以外,承包人可向发包人发出通知,要求发包人采取有效措施纠正违约行为。发包人收到承包人通知后的28日内仍不履行合同义务,承包人有权暂停施工,并通知监理人,发包人应承担由此增加的费用和(或)工期延误,并支付承包人合理利润。

c.发包人违约解除合同。发生无法继续履行或明确表示不履行或实质上已停止履行合同的违约情况时,承包人可书面通知发包人解除合同;承包人暂停施工28日后,发包人仍不纠正违约行为的,承包人可向发包人发出解除合同通知。但承包人的这一行动不免除发包人承担的违约责任,也不影响承包人根据合同约定享有的索赔权利。

d.解除合同后的付款。因发包人违约解除合同的,发包人应在解除合同后28日内向承包人支付下列金额,承包人应在此期限内及时向发包人提交要求支付下列金额的有关资料和凭证:合同解除日以前所完成工作的价款;承包人为该工程施工订购并已付款的材料、工程设备和其他物品的金额。发包人付款后,该材料、工程设备和其他物品归发包人所有;承包人为完成工程所发生的,而发包人未支付的金额;承包人撤离施工场地以及遣散承包人人员的金额;由于解除合同应赔偿的承包人损失;按合同约定在合同解除日前应支付给承包人的其他金额。发包人应按本项约定支付上述金额并退还质量保证金和履约担保,但有权要求承包人支付应偿还给发包人的各项金额。

e.解除合同后的承包人撤离。因发包人违约而解除合同后,承包人应妥善做好已竣工工程和已购材料、设备的保护和移交工作,按发包人要求将承包人设备和人员撤出施工场地。承包人撤出施工场地应遵守竣工清场的约定,发包人应为承包人撤出提供必要条件。

③第三人造成的违约。在履行合同过程中,一方当事人因第三人的原因造成违约的,应当向对方当事人承担违约责任。一方当事人和第三人之间的纠纷,依照法律规定或者按照约定解决。

(23)索赔

①承包人索赔的提出。根据合同约定,承包人认为有权得到追加付款和(或)延长工期的,应按以下程序向发包人提出索赔:

a.承包人应在知道或应当知道索赔事件发生后28日内,向监理人递交索赔意向通知书,并说明发生索赔事件的事由。承包人未在前述28日内发出索赔意向通知书的,丧失要求追加付款和(或)延长工期的权利。

b.承包人应在发出索赔意向通知书后28日内,向监理人正式递交索赔通知书。索赔通知书应详细说明索赔理由以及要求追加的付款金额和(或)延长的工期,并附必要的记录和证明材料。

c.索赔事件具有连续影响的,承包人应按合理时间间隔继续递交延续索赔通知,说明连续影响的实际情况和记录,列出累计的追加付款金额和(或)工期延长天数。

d.在索赔事件影响结束后的28日内,承包人应向监理人递交最终索赔通知书,说明最终要求索赔的追加付款金额和延长的工期,并附必要的记录和证明材料。

②承包人索赔处理程序

a. 监理人收到承包人提交的索赔通知书后,应及时审查索赔通知书的内容、查验承包人的记录和证明材料,必要时监理人可要求承包人提交全部原始记录副本。

b. 监理人应商定或确定追加的付款和(或)延长的工期,并在收到上述索赔通知书或有关索赔的进一步证明材料后的42日内,将索赔处理结果答复承包人。

c. 承包人接受索赔处理结果的,发包人应在做出索赔处理结果答复后28日内完成赔付。承包人不接受索赔处理结果的,按争议条款的约定办理。

③承包人提出索赔的期限

a. 承包人接受了竣工付款证书后,应被认为已无权再提出在合同工程接收证书颁发前所发生的任何索赔。

b. 承包人按约定提交的最终结清申请单中,只限于提出工程接收证书颁发后发生的索赔。提出索赔的期限自接受最终结清证书时终止。

④发包人的索赔

a. 发生索赔事件后,监理人应及时书面通知承包人,详细说明发包人有权得到的索赔金额和(或)延长缺陷责任期的细节和依据。发包人提出索赔的期限和要求与承包人的约定相同,延长缺陷责任期的通知应在缺陷责任期届满前发出。

b. 监理人商定或确定发包人从承包人处得到赔付的金额和(或)缺陷责任期的延长期。承包人应付给发包人的金额可从拟支付给承包人的合同价款中扣除,或由承包人以其他方式支付给发包人。

(24)争议的解决

①争议的解决方式。发包人和承包人在履行合同中发生争议的,可以友好协商解决或者提请争议评审组评审。合同当事人友好协商解决不成、不愿提请争议评审或者不接受争议评审组意见的,可在专用合同条款中约定下列一种方式解决:向约定的仲裁委员会申请仲裁;向有管辖权的人民法院提起诉讼。

②友好解决。在提请争议评审、仲裁或者诉讼前,以及在争议评审、仲裁或诉讼过程中,发包人和承包人均可共同努力友好协商解决争议。

③争议评审

a. 采用争议评审的,发包人和承包人应在开工日后的28日内或在争议发生后,协商成立争议评审组。争议评审组由有合同管理和工程实践经验的专家组成。

b. 合同双方的争议,应首先由申请人向争议评审组提交一份详细的评审申请报告,并附必要的文件、图纸和证明材料,申请人还应将上述报告的副本同时提交给被申请人和监理人。

c. 被申请人在收到申请人评审申请报告副本后的28日内,向争议评审组提交一份答辩报告,并附证明材料。被申请人应将答辩报告的副本同时提交给申请人和监理人。

d. 除专用合同条款另有约定外,争议评审组在收到合同双方报告后的14日内,邀请双方代表和有关人员举行调查会,向双方调查争议细节;必要时争议评审组可要求双方进一步提供补充材料。

e. 除专用合同条款另有约定外,在调查会结束后的14日内,争议评审组应在不受任何干扰的情况下进行独立、公正的评审,做出书面评审意见,并说明理由。在争议评审期间,争议双方暂按总监理工程师的确定执行。

f. 发包人和承包人接受评审意见的,由监理人根据评审意见拟定执行协议,经争议双方签字后作为合同的补充文件,并遵照执行。

g. 发包人或承包人不接受评审意见,并要求提交仲裁或提起诉讼的,应在收到评审意见后的 14 日内将仲裁或起诉意向书面通知另一方,并抄送监理人,但在仲裁或诉讼结束前应暂按总监理工程师的确定执行。

3. 施工合同专用条款

专用条款内的多数条款都是空白的,需要由发包人承包人双方协商后,将一致意见写入相应条款内。双方协商的依据是:

(1) 法律、行政法规。依据法律、行政法规是订立施工合同的最基本原则,必须遵守。因此双方在协商专用条款内容时,必须遵守国家法律和行政法规,不得与其相抵触,否则,所签订的施工合同就是无效的。

(2) 通用条款。合同的通用条款内有许多处需要在专用条款内约定具体内容。因此合同双方要将通用条款中需要在专用条款内约定的事项进行协商确定。

(3) 发包人与承包人双方的约定和施工场地的情况。水运工程有工程地点固定、施工流动、施工工期长和涉及面广等特点,使合同双方都要结合具体工程,在施工准备、施工过程和竣工结束后做大量工作,而许多工作都是涉及对方的。因此,双方要依据各自的工作情况和涉及对方的情况,以及施工场地的环境、条件等,在专用条款内,协商约定结合本工程的具体的条款内容。

但是,在施行招标投标制时,通常的做法是发包人起草招标文件,包括专用条款的内容,承包人依据其条件进行投标。中标后,在此基础上签订水运工程合同。

合同专用条款是对通用条款的补充、完善或具体化,两者条款编号相对应。应对照同一条款一起阅读和理解。如果通用合同条款与合同专用条款之间有不一致之处,以合同专用条款为准。水运工程合同专用条款详见《水运工程标准施工招标文件》。

三、水运工程分包合同文件

1. 分包合同的概念和特征

(1) 分包合同的概念

水运工程施工分包合同就是水运工程项目承包人按照合同约定,经工程师或业主代表批准,并取得业主的认可,将其所承担的合同中规定的工程的一部分再发包给另外的承包人,并与其签订的明确双方权利、义务的协议。

(2) 分包合同的特征

水运工程施工分包合同与其他施工分包合同一样,在合同法中属于由第三人向债权人履行部分义务,其特点表现为:

①施工分包合同必须以总承包合同的存在为前提,因此施工分包合同属于典型的从合同。

②部分义务由分包人履行属于合同内的约定,但项目法人与总承包人之间的权利义务关系并未因此而改变。总承包人将施工合同中的部分内容分包给其他承包人并不能够解除总承

包人在合同中规定的任何责任和义务。

③在合同履行期限内,发包人可以要求分包人履行债务,但不能强迫分包人履行债务。从合同法律关系中可以明确看出,发包人和分包人之间并没有合同关系,因此分包人并不直接对发包人负责,发包人也不能直接对分包人发布指令。

④分包人不履行义务或履行义务不符合约定,仍由总承包人承担违约责任,发包人不能直接追究分包人的违约责任。

2. 分包合同的内容

目前我国还没有专门针对水运工程施工分包合同的示范文本,一般由合同当事人协商确定。通常应包括协议书、一般规定、双方的权利与义务、工程价款的结算与支付、违约责任等几方面内容。

(1) 协议书

协议书应结合分包工程特点编写,具体内容主要包括:分包工程概况、分包工程承包范围及工作内容、分包工程数量、合同工期、质量标准、分包合同价款、合同生效时间、分包合同文件组成及解释顺序等。分包工程的范围、工作内容和工程数量应在总承包合同中的《工程量清单》中加以说明。分包合同价款应结合不同的分包合同计价方式填写,如为单价合同,则应说明最终结算与支付以《工程量清单》所列项目的单价和所列项目实际完成的可计量合格工程数量为准。

(2) 一般规定

①承包人应按照本合同专用条款约定的日期和套数,向分包人提供图纸。分包人需要增加约定以外图纸套数的,承包人应代为复制,复制费用由分包人承担;如根据总包合同,承包人对工程图纸负有保密义务的,分包人应负责分包工程范围内图纸的保密工作,分包人的保密义务在分包合同终止后,应当继续履行。

②为使分包人全面了解总包合同的各项规定,承包人应提供总包合同供分包人查阅,其中有关总包合同价格的内容可不提供。

③分包人需服从承包人转发的发包人或工程师与分包工程有关的指令。未经承包人允许,分包人不得以任何理由与发包人或工程师发生直接工作联系,分包人不得直接致函发包人或工程师,也不得直接接受发包人或工程师的指令。如分包人与发包人或工程师发生直接工作联系,将被视为违约,并承担违约责任。

④就分包工程范围内的有关工作,承包人随时可以向分包人发出指令,分包人应执行承包人根据分包合同所发出的所有指令。分包人拒不执行指令,承包人可委托其他施工单位完成该指令事项,发生的费用从应付给分包人的相应款项中扣除。

⑤项目经理应按分包合同的约定,及时向分包人提供所需的指令、批准、图纸并履行其他约定的义务,否则分包人应在约定时间将具体要求、需要的理由及延误的后果通知承包人,项目经理在收到通知后规定内不予答复,应承担因延误造成的损失。

⑥分包项目经理应按项目经理批准的施工组织设计和依据分包合同发出的指令组织施工。在情况紧急且无法与项目经理取得联系时,分包项目经理应采取保证人员生命和工程、财产安全的紧急措施,并在采取措施后规定时间内向项目经理送交报告。责任在承包人或第三人,由承包人承担由此发生的追加合同价款,相应顺延工期;责任在分包人,由分包人承担费

用,不顺延工期。

(3)双方的权利与义务

①承包人工作

承包人应按合同约定的内容和时间,一次或分阶段完成下列工作:

a.向分包人提供根据总包合同由发包人办理的与分包工程相关的各种证件、批件、各种相关资料,向分包人提供具备施工条件的施工场地。

b.按合同约定的时间,组织分包人参加发包人组织的图纸会审,向分包人进行设计图纸交底。

c.提供合同中约定的设备和设施,并承担因此发生的费用。

d.随时为分包人提供确保分包工程的施工所要求的施工场地和通道等,满足施工运输的需要,保证施工期间的畅通。

e.负责整个施工场地的管理工作,协调分包人与同一施工场地的其他分包人之间的交叉配合,确保分包人按照经批准的施工组织设计进行施工。

②分包人的工作

分包人应按合同约定的内容和时间,完成下列工作:

a.分包人应按照分包合同的约定,对分包工程进行设计(分包合同有约定时)、施工、竣工和保修。分包人在审阅分包合同和(或)总包合同时,或在分包合同的施工中,如发现分包工程的设计或工程建设标准、技术要求存在错误、遗漏、失误或其他缺陷,应立即通知承包人。

b.按照合同约定的时间,完成规定的设计内容,报承包人确认后在分包工程中使用。承包人承担由此发生的费用。

c.在合同约定的时间内,向承包人提供年、季、月度工程进度计划及相应进度统计报表。分包人不能按承包人批准的进度计划施工时,应根据承包人的要求提交一份修订的进度计划,以保证分包工程如期竣工。

d.分包人应在合同约定的时间内,向承包人提交详细施工组织设计,承包人应在专用条款约定的时间内批准,分包人方可执行。

e.分包人应允许承包人、发包人、工程师及其三方中任何一方授权的人员在工作时间内,合理进入分包工程施工场地或材料存放的地点,以及施工场地以外与分包合同有关的分包人的任何工作或准备的地点,分包人应提供方便。

(4)工程价款的结算与支付

①分包合同价款

对于招标工程的合同价款由承包人与分包人依据中标通知书中的中标价格在本合同协议书内约定;非招标工程的合同价款由承包人与分包人依据工程报价书在本合同协议书内约定。分包合同价款的确定可采用固定价格、可调价格、成本加酬金三种方式。

分包合同价款与总包合同相应部分价款应不存在任何连带关系。

②工程量的确认

分包人应按合同约定的时间向承包人提交已完工程量报告,承包人接到报告后在规定的时间内自行按设计图纸计量或报经工程师计量。承包人在自行计量或由工程师计量前应通知分包人,分包人应为计量提供便利条件并派人参加。分包人收到通知后不参加计量,计量结果有效,作为工程价款支付的依据;承包人不按约定时间通知分包人,致使分包人未能参加计量,计量结果无效。

分包人未按合同条款约定的时间向承包人提交已完工程量报告,或其所提交的报告不符合承包人要求且未做整改的,承包人不予计量。

对分包人自行超出设计图纸范围和因分包人原因造成返工的工程量,承包人不予计量。

③合同价款的支付

a.实行工程预付款的,双方应在合同内约定承包人向分包人预付工程款的时间和数额,开工后按约定的时间和比例逐次扣回。

b.在确认计量结果后规定时间内,承包人应按合同约定的时间和方式,向分包人支付工程款(进度款)。按约定时间承包人应扣回的预付款,与工程款(进度款)同期结算。

c.分包合同约定的工程变更调整的合同价款、合同价款的调整、索赔的价款或费用以及其他约定的追加合同价款,应与工程进度款同期调整支付。

d.承包人超过约定的支付时间不支付工程款(预付款、进度款),分包人可向承包人发出要求付款的通知。

e.承包人不按分包合同约定支付工程款(预付款、进度款),导致施工无法进行,分包人可停止施工,由承包人承担违约责任。

(5)其他条款

在分包合同中,还应明确分包合同履行过程中双方的责任、违约责任、保险、索赔及争议的处理等内容。这些内容可参看施工合同文本进行编写,但应明确的是,分包合同的当事人是承包人和分包方,双方签订合同的内容应受总包合同的约束。在施工过程中,承包人和分包商应该明确目标、共同努力以确保整个工程的顺利完成。

第三节 水运工程委托监理合同文件

一、水运工程施工监理合同概述

1.监理合同的概念和特征

(1)监理合同的概念

水运工程施工监理合同简称监理合同,是水运工程项目法人委托监理单位在其授权的范围内对水运工程项目进行管理,明确双方权利、义务的协议。在合同法中,监理合同属于委托合同的一种。项目法人委托监理单位为其处理工程管理事务,项目法人称为委托人,也称甲方,监理单位为受托人,称监理人,也称乙方。

(2)监理合同的特征

①监理合同的当事人应当是具有民事权利和民事行为能力的主体。作为甲方必须是具有国家批准的水运工程项目、落实投资计划的企事业法人、其他组织和自然人。作为乙方必须是依法成立具有法人资格且具有与工程相适应的资质的监理单位。

②监理合同的标的是服务,是监理单位受项目法人的委托,为其处理事务。即监理工程师

凭借自己的知识、经验和技能为其与承包人签订的水运工程施工合同的履行实施监督和管理。故监理合同不属于建设工程合同。

③监理合同是双务有偿合同。甲方应向乙方支付约定的监理酬金,乙方应尽职尽责亲自办理甲方委托处理的事务,并及时报告监理工作。

④监理合同应采用书面形式。

2. 监理合同文件的组成

按照《水运工程标准施工监理招标文件》规定,水运工程施工监理合同由合同协议书、通用合同条款和合同专用条款组成。

(1)合同协议书

合同协议书是一个总的协议,是纲领性的法律文件,协议书表明双方当事人同意按本合同的约定,履行和承担各自的全部义务和责任。协议书中约定了监理合同价款总款、施工监理期及合同有效期,并列出了构成监理合同的组成文件及解释顺序。

(2)通用合同条款

通用合同条款是监理合同的通用文本,适用于水运工程建设的监理委托,是所有签约工程监理工作都应遵守的基本条件。其内容涵盖了合同中所用词语定义、法规、语言和联系方式、双方关系与监理依据、监理范围和内容、甲方的义务、乙方的义务、甲方的权利、乙方的权利、合同的期限、变更与终止、监理合同价款总额与支付、奖励与赔偿、转让与合作、违约责任与争议处理。它是委托监理合同的通用文件,适用于各类水运工程施工监理项目。

(3)专用合同条款

通用合同条款适用于水运工程各专业项目的施工监理,因此其中的某些条款规定得比较笼统,需要在签订具体工程项目监理合同时,结合地域特点、专业特点和委托监理项目的工程特点,对通用合同条款中的某些内容进行补充和修正。所谓补充是指对通用条款的原则在本合同中的具体化。所谓修改就是通用条款中的一些规定,双方认为不合适,可以经过协商一致进行修改。

监理通用合同条款和专用条款的相同序号的两个条款共同组成一条内容完备的条款。应一起阅读和理解,如果通用合同条款与合同专用条款之间有不一致之处,以合同专用条款为准。

二、水运工程施工监理合同的主要内容

1. 一般约定

一般约定中对监理合同中常用的词语定义、法律法规等进行了定义或说明,主要包括以下内容:

(1)词语定义

监理合同中的专用名词和用语的定义是根据该合同的特殊需要而确定的,词语定义中分别对合同、合同当事人和人员、工程和服务、日期、监理服务费用和其他等6个项目进行了明确的词语定义,不能任意解释。

(2)语言文字

监理合同的书写、解释和说明,以汉语为主导语言。当不同语言文本发生歧义时,以汉语

合同文本为准。

(3) 法律

监理合同适用的法规是我国的法律、行政法规和交通运输部颁布的有关规章以及本合同专用条款中议定的地方法规、规章。

监理合同履行过程中,若因所依据的法规发生变动而引起甲乙双方责任、权利和义务发生变更时,应按新的法规进行调整。

(4) 合同文件的优先顺序

组成合同的各项文件应互相解释,互为说明,除专用合同条款另有约定外,解释合同文件的优先顺序为:

①在合同履行过程中双方共同签署的补充文件;
②监理合同协议书;
③中标通知书;
④投标函及投标函附录;
⑤专用合同条款;
⑥通用合同条款;
⑦甲乙双方同意列入合同的其他文件。

(5) 合同协议书

监理人按中标通知书规定的时间与发包人签订合同协议书。

(6) 技术资料和监理人文件

本条款规定了发包人在监理合同生效后,应向监理人提供的文件与资料,以及监理人应向发包人提交的监理文件。

(7) 联络

明确规定了与合同有关的通知、批准、证明、证书、指示、要求、请求、同意、意见、确定和决定等,均应采用书面形式,并应在合同约定的期限内送达指定地点和接收人,办理签收手续。

(8) 转让和分包

明确规定监理人不得转让工程监理业务。未经发包人同意,监理人不得将监理服务的任何部分分包。但监理人因监理服务的需要,聘用专业技术人员和辅助工作人员不属于分包。

(9) 严禁贿赂

合同双方当事人不得以贿赂或变相贿赂的方式,牟取不当利益或损害对方权益。因贿赂造成对方损失的,行为人应赔偿损失,并承担相应的法律责任。

(10) 图纸和文件的保密

发包人提供的图纸和文件,未经发包人同意,监理人不得为合同以外的目的泄露给他人或公开发表与引用。监理人提供的文件,未经监理人同意,发包人和承包人不得为合同以外的目的泄露给他人或公开发表与引用。

2. 发包人的义务

(1) 发包人在履行合同过程中应遵守法律,并保证监理人免于承担因发包人违反法律而引起的任何责任。

(2) 发包人应按照监理专用合同条款的约定向监理人提供履行监理服务所必须的工作

条件。

（3）发包人在工程所在地为监理人提供进驻现场的相关条件,解决非监理人原因而发生意外事件时,监理人员的撤场和相关事宜;并避免监理人根据监理合同的约定进行监理服务而导致的第三方的收费。

（4）发包人根据监理人有关针对本工程的工期、质量、费用、合同和安全等问题的请示应及时予以商定或确定。对上述请示给予书面答复的期限,自收到书面请示之日起最长不超过7日,重大问题不得超过28日。逾期未予书面答复应视为发包人同意。

（5）发包人应指定一名授权代表,与监理人的授权代表建立工作联系。更换该代表或变更其授权时,应提前7日通知监理人。

（6）在工程开工前,发包人应将监理人、监理工作范围、授予监理人的权限及时书面通知第三方,并在发包人与第三方签订的合同文件中明确第三方必须接受监理人在发包人授权范围内的监理。

（7）发包人须按合同约定向监理人及时支付监理服务费用。

（8）发包人在本合同约定的服务范围内对承包人的任何意见或要求,应通过监理人向承包人提出。

（9）发包人应履行合同约定的其他义务。

3. 监理人的义务

（1）监理人的一般义务

监理人的一般义务主要包括监理人在履行合同过程中应遵守法律、依法纳税、按合同约定完成各项监理服务工作、保证监理人员的安全以及监理人应履行合同约定的其他义务。

（2）履约保证金

监理人应保证履约保证金在合同履约期内一直有效,发包人应在缺陷责任期终止证书颁发后28日内把履约保证金退还给监理人。

（3）联合体

联合体各方应共同与发包人签订合同协议书并为履行合同承担连带责任。在履行合同过程中,未经发包人同意,不得修改联合体协议。联合体牵头人负责与发包人联系,并接受指示,负责组织联合体各成员全面履行合同。

（4）总监理工程师

监理人应按合同约定指派总监理工程师,并在约定的期限内到职。监理人应授权总监理工程师代表监理人全面履行监理合同,与发包人的授权代表建立工作联系。监理人更换或变更其授权时,必须提前14日通知发包人,并征得发包人同意。总监理工程师短期离开施工现场,应事先征得发包人同意,并委派代表代行其职责。

监理人为履行合同发出的一切函件均应盖有监理人或其授权的监理机构章,并由总监理工程师或其授权代表签字。

总监理工程师可以授权其下属人员履行其某项职责,但事先应将这些人员的姓名和授权范围通知发包人及承包人。被授权的监理人员在授权范围内发出的指示视为已得到总监理工程师的同意,与总监理工程师发出的指示具有同等效力。总监理工程师撤销某项授权时,应将撤销授权的决定及时通知承包人。

(5) 监理人的人员管理

监理人派驻到工程所在地进行监理服务的监理人员,应能够胜任监理合同约定的监理服务工作,监理人配备的重要监理岗位监理人员的配备应满足招标文件的要求,并应保持派驻到工程所在地的重要岗位监理人员稳定,未经发包人同意不应无故不到岗或被替换。

监理人应对其总监理工程师和其他监理人员进行有效管理。发包人要求撤换不能胜任本职工作、行为不端或玩忽职守的总监理工程师和其他监理人员的,监理人应予以撤换,同时委派经发包人同意的总监理工程师或其他监理人员进场。

4. 监理服务

(1) 监理机构形式

监理人应根据工程规模、难易程度、合同工期安排、现场条件等因素设置现场监理机构并满足合同要求。发包人对监理人的监理机构设置要求应在专用条款中约定。

(2) 监理服务范围

双方应在专用条款中约定监理服务的工程范围。监理人应当按照合同要求和发包人的授权范围进行下述监理服务:

①正常监理服务。正常监理服务的范围是指在合同约定的工程范围内及约定的正常监理服务期限内,对工程进行质量监理、施工安全监理、费用监理、进度监理、合同与信息管理及有关协调。

②附加监理服务

a. 由于非监理人(含发包人或第三方责任)原因导致合同约定的监理服务期限延长,所延长的服务时间应视为附加监理服务。

b. 发包人书面提出监理合同约定的工作范围以外的监理工作,监理人完成此项工作应视为附加监理服务。

c. 发包人书面提出高于监理合同约定的服务标准的要求,监理人为完成此要求而增加的投入应视为附加监理服务。

d. 缺陷责任期的监理服务。

③额外服务

a. 监理合同生效后,因非监理人原因导致监理人不能提供全部或部分服务时,其善后工作以及恢复服务的准备工作,应作为额外服务。

b. 如果发包人以书面形式提出要求,监理人应提交变更服务的建议方案,该建议方案的编写和提交应视为额外服务。

c. 非监理人原因导致全部监理服务已无法继续履行,因此增加的监理服务工作量应作为监理人的额外服务。

d. 发包人将部分或全部外部协调工作委托监理人承担,因此而增加的工作应视为额外服务。

e. 根据工程需要由监理人组织的相关咨询论证会以及聘请相关专家等工作,应视为额外服务。

(3) 服务要求

监理人提供的监理服务,应当符合国家现行有关法律、法规和标准、规范、规程,满足合同约定的服务内容和质量等要求。双方应在专用条款内约定对第三方履约管理的服务目标。

(4)服务内容

监理人应按照现行《水运工程施工监理规范》及相关法律、法规开展监理服务。各阶段监理服务内容按现行《水运工程施工监理规范》有关标准的要求执行确定,发包人可根据工程实际情况在专用条款中对其进行调整。

(5)监理服务的依据

监理服务的依据包括国家和行业有关法律、法规、规章、标准、规范、规程、施工监理合同、施工承包合同、工程前期有关文件、工程设计文件、图纸以及工程实施过程中有关的函件。

(6)监理职责

监理人应本着"严格监理、优质服务、公正科学、廉洁自律"的原则,按照监理合同及相关法律、法规的要求进行监理服务。

监理人在监理服务过程中行使的权力或所需的授权,在监理合同和发包人与第三方签订的工程合同文件中出现矛盾时,两者之间如出现矛盾,则应编制补充说明文件一并列入监理合同。

(7)发包人对监理人的授权

监理人根据监理合同进行监理服务时,应在发包人对监理人的授权权限范围内开展工作。授权权限应在专用条款中约定。

5.合同的生效、终止、服务时间和期限、变更、暂停与解除

(1)合同的生效

合同双方的法定代表人或其委托代理人在合同协议书上签字并加盖单位公章后,合同生效。

(2)合同的终止

合同的终止应按双方签署的合同协议书上注明的方式确定。合同的终止并不影响双方应有的权利和应承担的责任合同的终止不应影响双方应有的权利和应承担的责任。

(3)监理服务的时间和期限

监理服务的时间和期限应按专用条款的约定。属于非监理人的原因致使监理服务时间需要延长,由双方通过协商,另行签订补充协议。

(4)合同的变更

合同中任何一方提出申请并经双方书面同意后,可对本合同进行变更。

发包人可书面要求,改变本合同约定的监理机构形式、服务范围与服务内容,但必须在双方协商一致的基础上,按照合同的约定进行变更,并签订补充协议。由于变更导致增加或减少的监理服务工作量,其有关的监理费用和服务时间亦应做相应的调整。

因发包人或第三方的责任,阻碍或延误了监理人履行监理服务,监理人应及时将该情况与其可能产生的影响书面通知发包人,如有必要时,在双方协商一致的基础上对合同进行相应的变更。上述情况导致增加的监理服务工作量或工作时间,其费用按合同条款约定进行调整,监理人完成相应服务的时间亦应予以延长。

项目实际开工时间晚于合同约定开工时间90日,或非监理人因素导致监理服务期限超过

约定期限90日而引起监理服务费用增加的,发包人应按合同条款约定对费用进行调整。

在签订本监理合同后,因物价变动等因素而引起监理服务费用的变化,发包人应按合同条款约定对费用进行调整。因国家或地方政府的法律、法规变动而引起监理服务费用的增加或服务时间的延长,发包人应按合同条款约定对费用进行调整。

(5)合同的暂停与解除

双方在合同履行过程中出现不应由监理人负责的情况,且该情况已致使监理人不能继续履行全部或部分监理服务时,监理人应立即书面通知发包人。

当不得不暂停或减缓某些监理服务时,则上述服务的完成期限应予以延长,因此而增加的监理服务工作量或延长的服务时间,发包人应按合同条款约定进行调整。

若全部监理服务已无法继续履行时,发包人在收到监理人书面通知28日之后未回应的,监理人应再次发出书面通知,14日后仍未回应的,监理人监理人在书面通知发包人28日之后,有权单方面解除本合同,因此增加的监理服务工作量所涉及费用,发包人应按合同条款约定进行调整,同时应及时向监理人返还全部或剩余部分的履约保证金。

因不可抗力致使本合同不能履行或只能部分履行时,一方应立即书面通知另一方,暂停或解除合同。不可抗力是指监理人和发包人在订立合同时不可预见,在工程实施过程中不可避免发生并不能克服的自然灾害和社会性突发事件,如地震、海啸、瘟疫、特大水灾、骚乱、暴动、战争和专用合同条款约定的其他情形。

如果发包人要求监理人全部或部分暂停监理服务或解除本合同时,必须在56日之前发出书面通知。监理人在接到通知后,应立即按通知要求停止全部或该部分监理服务,并将相关费用开支减至最小。因此引起的费用变化,由双方协商后确定。并及时向监理人返还全部或剩余部分的履约保证金。

监理人无正当的理由,未根据合同的约定履行全部或部分监理服务,发包人可书面要求监理人予以解释。若监理人在28日内未能根据本合同给予合理的答复,发包人可在进一步发出书面通知14日后,单方面解除本合同,并视情况没收监理人的全部或部分履约保证金。

发包人拖延支付监理服务费用,并已超过合同条款约定支付期限后28日,或暂停监理服务已超过180日,监理人可书面要求发包人予以解释。若发包人在28日内未能给予合理的答复,监理人可在进一步发出书面通知14日后,单方面解除本监理合同或自行暂停全部或部分监理服务。因此增加的监理服务工作量所涉及的费用,发包人应按合同条款约定进行调整,同时并应及时向监理人返还全部或剩余部分的履约保证金。

合同的解除,不得损害或影响双方根据本监理合同应有的义务、责任、权力和利益。

6. 监理服务费计费计量与支付

(1)计费计算方法

监理服务费用由正常监理服务、附加监理服务和额外服务三个方面的监理费用组成。

①正常监理服务费用为施工准备阶段、施工阶段、交工验收与缺陷责任期阶段的正常监理服务全部费用,应根据招标文件规定的投标报价计算。正常监理服务费用中施工阶段(含施工准备、交工验收阶段)监理服务费按照现行建设工程监理与相关服务收费管理规定计算;缺陷责任期阶段监理服务费依照现行建设工程监理与相关服务收费管理规定的收费标准计算,服务时间应以实际发生的工日数为准。

②附加监理服务费用应按下列方法之一计算,具体方法的选用双方在专用条款中约定。

a. 附加工程工作量乘以中标时施工阶段监理服务费与计费额的比值。

b. 附加服务工作日乘以中标时施工阶段监理服务人月平均费用与法定每月工作日数的比值。

c. 提供的服务要求变化。服务要求变化部分所对应的监理服务费乘以调整系数,若服务要求高于原招标文件要求的,则调整系数大于1,反之则小于1。具体由合同双方根据实际情况商定。

③额外服务的费用

额外服务费用应按下列方法之一计算,具体方法的选用在专用条款中约定。

a. 额外工作工作量乘以中标时施工阶段监理服务费与计费额的比值。

b. 额外服务工作日数乘以中标时施工阶段监理服务人月平均费用与法定每月工作日数的比值。

④监理服务费的调整

因增加附加监理服务、额外服务或工程概算变化时,监理服务费应进行调整。工程概算调整时,施工阶段监理服务费用应依据现行建设工程监理与相关服务收费管理规定,以调整后计费额所对应的基价,按中标时监理人所报专业程度调整系数、工程复杂程度调整系数、高程调整系数及浮动幅度值进行计算调整。

(2) 暂列金额

暂列金额需双方协商签订补充协议后使用,并对合同价格进行相应调整。暂列金额额度在专用条款中约定。

(3) 支付

①第一次付款

为使监理服务能够及时开展,发包人应在监理合同签订后 7 日内按监理服务费总额的 10%~20%向监理人支付第一次付款,具体比例在专用条款约定。

②计量支付

a. 除非专用条款另有约定,施工阶段监理服务费在合同约定的正常施工阶段期限内按月平均计量支付。

b. 监理人于每月 7 日前将上月监理服务费支付申请提交发包人,发包人应在收到监理支付申请后 7 日内予以审批,在批复后 14 日内向监理人支付监理服务费。

c. 附加监理服务、额外服务费用经双方协商确认后,在附加监理服务或额外服务所对应工作期限内按月平均计量支付或按双方所签订补充协议约定的支付方式进行支付。

d. 交工验收与缺陷责任期阶段监理服务费按正常监理服务费用的约定计量并支付。

e. 基于工程概算变化而导致监理服务费需要调整的费用,其增加或减少的费用经双方协商确认后于当月至施工阶段结束期限内按月平均计量支付或按双方所签订补充协议约定的计量支付方式进行计量支付。

f. 对监理人的奖励,发包人应在监理人的当期支付费用中一次性支付。

g. 对监理人的违约金和赔偿金扣款,发包人应从当期对监理人的支付费用中一次性扣回,如当期不能足额扣回,顺延至下期直至扣回为止。

h. 发包人对监理人的赔偿金,应于协商确定后在对监理人当期支付费用中一次性支付。

③关于履约保证金

发包人没收监理人的全部或部分履约保证金时,不影响监理人根据监理合同应当得到的其他款项的支付。

④违约金和赔偿金

a. 监理人对发包人的违约金和赔偿金,由发包人从对监理人的日常支付中扣回。

b. 发包人对监理人的赔偿金,应由发包人在日常支付中向监理人支付。

⑤结算

a. 在施工阶段监理服务工作结束后 7 日内,监理人应将至交工验收证书申请之日前实际发生的监理服务费用,扣减监理人赔偿金后余额的支付申请提交至发包人,发包人应在收到该支付申请后 7 日内予以审批,在批复后 14 日内向监理人支付费用。

b. 在签发工程缺陷责任终止证书后 7 日内,监理人应将工程缺陷责任期内未结清的监理服务费用和其他应由发包人向监理人支付的剩余款项,扣减其他应由发包人从监理人扣回的款项的支付申请提交发包人,发包人应在收到该支付申请后 7 日内予以审批,在批复后 14 日内向监理人支付费用。

⑥支付期限

发包人在收到监理人提交的书面支付申请后,应按约定的支付期限内支付监理服务费用。发包人在约定的期限内,未向监理人支付到期应付的款项,应承担违约责任,并支付逾期付款违约金,逾期付款的违约金以到期应付而未付的款项,按照中国人民银行发布的一年期贷款基准利率计算相应的利息,时间自未付款项的应付之日起算。该逾期付款违约金的支付不影响监理人的权力。如发包人仍未按合同约定支付监理服务费及违约金,并不影响监理人的权力。

⑦支付争议

发包人对监理人要求支付的款项中的任何部分有异议,应在收到监理人提交的书面支付申请 7 日内发出书面通知说明理由,但不得借此延误对监理人其他应得款项的支付。

(4)货币

除专用条款另有约定外,发包人支付监理人履行监理服务的费用一律采用人民币支付。涉及外币支付的,其货币种类、比例和汇率等事宜,在专用条款中约定。

7. 违约

(1)监理人的违约及赔偿责任

①监理人违约的情形

主要包括:监理人违反监理合同的约定,将监理服务的任何部分转让或分包;由于监理人不履行监理职责,造成工程质量、安全责任事故;监理人向承包人索贿、牟取私利,或与承包人串通损害发包人利益,给发包人造成损失;监理人未经发包人批准,擅自撤离合同约定的重要岗位监理人员的;监理人无法继续履行或明确表示不履行或实质上已停止履行合同以及监理人不按合同约定履行义务的其他情况。

②监理人违约的处理

监理人违反上述约定应承担违约责任,发包人有权向监理人发出书面通知要求其限期改正。当发包人在向监理人发出书面通知的 28 日后未见纠正,可以向监理人课以违约金,并可通知终止合同。在规定情况下,发包人可直接发出书面通知立即终止合同。合同解除后,发包人可选派其他监理人继续完成该项目的监理服务工作,但不免除监理人在被解除合同前所完成监理工作应承担的责任。

③违约解除合同后的付款和结清

合同解除后,发包人按监理人实际完成的监理工作计算监理服务费,并暂停对监理人的一切付款,查清各项付款和已扣款金额,包括监理人应支付的违约金。合同双方确认上述往来款项后,出具最终结清付款证书,结清全部合同款项。若发包人和监理人未能就解除合同后的结清达成一致而形成争议的,按争议条款的约定办理。

④监理人的赔偿责任

监理人违反监理合同的约定并造成发包人的经济损失,应向发包人赔偿,除非专用条款另有约定,赔偿金应按下式计算:

赔偿金 = 发包人直接经济损失所对应的监理费 × 监理人应承担责任的比例

监理人对由于第三方责任造成的任何经济损失,不承担责任。如果监理人与发包人或第三方对有关经济损失共负责任时,应按责任比例计算赔偿。

⑤监理人对发包人未授权的监理服务范围不承担监理责任。

（2）发包人的违约和赔偿责任

①发包人的违约情形

主要包括:发包人在合同约定的期限内,未向监理人支付到期应付的款项;发包人未能按照合同约定向监理人提供履行监理服务所必需工作条件的;非监理人原因停工或暂停工期间,发包人不批准监理人暂时退场,且不支付停工或暂停工期间的费用;发包人无法继续履行或明确表示不履行或实质上已停止履行合同的;发包人未按合同约定履行其他应尽义务的。

发包人违反上述约定应承担违约责任,并按相关合同条款约定承担相应的费用。

②监理人有权暂停监理服务

发包人发生除无法继续履行合同以外的违约情况时,监理人可向发包人发出通知,要求发包人采取有效措施纠正违约行为。发包人收到监理人通知后的 28 日后仍不履行合同义务,监理人有权暂停监理服务,并通知发包人,发包人应承担由此增加的监理服务延期费用。

③发包人违约解除合同

a. 发包人无法继续履行合同,或明确表示不履行合同,或实质上已停止履行合同,监理人可书面通知发包人解除合同。

b. 监理人按合同条款规定暂停监理服务 28 日后,发包人仍不纠正违约行为的,监理人可向发包人发出解除合同通知。但监理人的这一行动不免除发包人承担的违约责任,也不影响监理人根据合同约定享有的赔偿权利。

④发包人违反监理合同的约定并造成监理人的经济损失,应向监理人赔偿,除非专用条款另有约定,发包人应据实赔偿监理人的直接经济损失。

因发包人违约解除合同的,发包人应在解除合同后 28 日内向监理人支付下列金额,监理人应在此期限内及时向发包人提交要求支付下列金额的有关资料和凭证:

a. 合同解除日以前应支付的监理服务费用及按合同约定在合同解除日前应支付给监理人的其他金额。

b. 监理人为该工程施工监理服务投入的办公、生活、试验设施建设等未摊销的费用,部分试验设备、办公用具提前折旧费用。

c. 监理人的人员及设备撤离所需费用。

d. 由于解除合同应赔偿的监理人其他损失。

e. 合同双方确认上述往来款项后,出具最终结清付款证书,结清全部合同款项。

f. 发包人和监理人未能就解除合同后的结清达成一致而形成争议的,按争议解决的规定办理。

发包人应按约定支付上述金额并退还履约保证金,但有权要求监理人支付应偿还给发包人的各项金额。

(3) 赔偿责任的期限

发包人或监理人任何一方向另一方要求的赔偿,都应在赔偿事件发生后的 28 日之内以书面形式提出索赔。如果该事件具有持续性,则应在事件首次发生后 7 日之内提出索赔意向,并每隔 7 日提供一次该事件仍在持续发展的证明材料,直至该事件结束后 28 日之内提出正式的索赔文件。无论是发包人还是监理人,逾期未提出书面索赔意向书,则失去索赔权利。

(4) 赔偿的限额

双方应在专用条款中约定任何一方向另一方支付赔偿的最高限额,除非专用条款另行约定,双方应同意放弃超过该限额的剩余赔偿要求。但其他条款约定的补偿和由于任何一方故意违约而引起的索赔,不受该限额的限制。

监理人的累计赔偿限额为监理服务费总额的 10%,当达到此限额时,发包人有权单方面终止监理合同,没收监理人的履约保证金。

发包人赔偿监理人的直接经济损失的累计限额为监理服务费总额的 10%。

8. 保障与保险

(1) 保障

在监理人不违反有关法律、法规的前提下,发包人应保障监理人免受因履行本监理合同而引起的外界索赔或干扰发包人应保障监理人免受因履行本监理合同而引起的外界索赔和干扰。

监理人在签订监理合同协议书时,应按照发包人认可的形式向发包人递交履约保证金。如果监理人无正当理由全部或部分不履行本监理合同时,发包人有权根据具体情况没收全部或部分履约保证金。

(2) 保险

监理人应在监理服务期内,自费办理派驻到工程所在地人员的人身和自备财产的有关保险,保险时间应随服务时间的延长而顺延,并在出险后自行办理索赔。如果监理人不办理上述保险,则应对有关风险及后果自负其责。

9. 争议的解决

发包人和监理人在履行合同中发生争议的,可以友好协商解决。合同当事人友好协商解决不成无法协商一致、不愿提请争议评审或者不接受争议评审组意见的,可在专用合同条款中约定向约定的仲裁委员会申请仲裁或向有管辖权的人民法院提起诉讼。

在提请争议评审、仲裁或者诉讼前,以及在争议评审、仲裁或诉讼过程中,发包人和监理人均可共同努力友好协商解决争议。

10. 其他

(1) 合同双方的关系

合同双方互为权利和义务主体,双方应遵循平等互利、协商一致的原则履行本监理合同。发包人和监理人均应按照监理合同公正地行使权力和全面履行自己的职责。

(2) 奖励

监理人提出的合理化建议缩短了工期、降低工程造价或产生经济效益,发包人可按国家有关规定在专用条款中约定给予奖励;为奖励优质监理服务而设立的奖金,发包人在专用条款中约定;除专用条款中约定或招标时特别明确外,发包人对监理人的奖励不应从已中标的监理服务费中提取奖励资金。

(3) 竣工档案竣工资料

监理人提供的竣工档案资料应符合国家有关要求,提交的竣工档案资料要求在专用条款中约定。

(4) 利益矛盾

未经发包人书面同意,监理人不得获取本监理合同约定以外的与本工程有关的任何利益,不得参与与本监理合同约定的发包人利益相冲突的任何活动。

复习题

1. 简述水运工程合同的概念及特征。
2. 水运工程设计合同中发包人与设计人的主要职责是什么?
3. 水运工程施工合同中发包人、承包人的主要权利、义务和责任规定有哪些?
4. 简述在施工合同与委托监理合同中关于监理范围、内容及监理人的地位与职责、义务和权利。
5. 施工合同中监理人进度控制的权限与责任是什么?
6. 施工合同中监理人质量控制的权限与责任是什么?
7. 施工合同中监理人费用控制的权限与责任是什么?
8. 试分析施工合同中不可抗力与保险条款的相互关系;因不可抗力导致的水运工程施工中的费用及工期损失应如何分担?
9. 施工合同中关于竣工验收中监理人的工作责任规定有哪些?
10. 施工合同中关于发包人与承包人违约的规定有哪些?
11. 施工合同中争议的解决方式是什么?
12. 简述施工合同中断、终止的规定和解除的条件。
13. 施工分包合同中总包人对分包人的管理及连带责任规定有哪些?
14. 委托监理合同中关于委托人义务的规定是什么?

第五章 监理工程师的合同管理

[**自学提要**] 通过学习,应熟悉分包的概念和种类,掌握分包的规定和监理工程师对分包管理的要求;了解变更的含义和范畴,熟悉工程变更的有关规定,掌握监理工程师对工程变更管理的要求;了解工程延误与延期的区别,熟悉合同对延期及暂时停工的规定,掌握监理工程师对工程延期审批的要求;掌握监理工程师对质量控制和费用控制的合同管理程序及要求;掌握监理工程师处理索赔的程序和要求;了解监理工程师在合同争端中的协调工作。

第一节 工程分包管理

一、工程分包概念与规定

1. 工程分包的概念

工程分包就是承包人按照与发包人签订的主(总)承包合同(通称承包合同)规定,经工程师或发包人代表(以下统称为工程师)批准,并取得发包人的认可,将其所承担的承包合同中规定的工程之一部分再发包给另外的承包人,这种合同行为称为工程分包。接受再发包的承包人称为分包人。

需要指明的是,合同分包与合同转让是两种不同的概念。合同分包是不改变承包合同原来的性质,合同的主体关系也不发生变化,合同分包后不解除(总)承包合同中规定的任何责任和义务,(总)承包人应将任何分包人及其分包人的代理人、雇员或工人的任何行为、违约等完全视为自己的代理人、雇员或工人的行为、违约,并为其负连带责任。所以说,采取分包的形式并没有改变原有承包合同的性质和作用,也没有改变发包人与承包人的合同关系。

合同转让则是承包人将承包合同转让给另一承包人。实质上已经解除了原承包人同发包人签订的合同关系,原承包人将不再承担合同规定的责任和义务。合同中规定的承包人责任和义务则由接受转让的承包人来承担。合同转让不仅是承包人的行为,发包人也可以转让合同,但事先必须经对方同意,并办理手续。

在合同分包时,一般分包合同的产值或工程量不能超过总承包合同的半数以上,也就是说合同中的工程大部分由主承包人来完成,而合同转让则可以转让全部合同范围内的工作,也可以转让合同范围内的一部分工作,一般合同对转让出去的工作量没有限制。

2. 工程分包的规定

我国《建筑法》中规定:禁止承包单位将其承包的全部建筑工程转包给他人,禁止承包单位将其承包的全部建筑工程肢解以后以分包的名义分别转包给他人。建筑工程总承包单位可以将承包工程中的部分工程发包给具有相应资质条件的分包单位;但是,除总承包合同中约定的分包外,必须经建设单位认可。若为施工总承包,建筑工程主体结构的施工必须由总承包单位自行完成。建筑工程总承包单位按照总承包合同的约定对建设单位负责;分包单位按照分包合同的约定对总承包单位负责。总承包单位和分包单位就分包工程对建设单位承担连带责任。禁止总承包单位将工程分包给不具备相应资质条件的单位。禁止分包单位将其承包的工程再分包。《合同法》在第 16 章第 272 条中作了相同的规定。交通运输部颁布的有关工程分包管理办法对工程专业分包行为、条件及合同管理做了明确规定。《标准施工招标文件》中的合同通用条件规定:承包人不得将其承包的全部工程转包给第三人,或将其承包的全部工程肢解后以分包的名义转包给第三人;承包人不得将工程主体、关键性工作分包给第三人。除专用合同条款另有约定外,未经发包人同意,承包人不得将工程的其他部分或工作分包给第三人;分包人的资格能力应与其分包工程的标准和规模相适应;按投标函附录约定分包工程的,承包人应向发包人和监理人提交分包合同副本;承包人应与分包人就分包工程向发包人承担连带责任。因此,监理工程师应按有关法律法规及有关规定来正确认识和处理工程分包问题。

由于分包与转让有本质上的不同,因此在 FIDIC 合同条件中规定,合同分包一般由监理工程师审批,而承包人进行合同转让时必须由发包人同意。这是因为合同转让改变了原合同的主体关系。

3. 水运工程分包管理的重要性

在工程的实施过程中,由于遇到下列情况时,承包人希望把自己承包的工程的一部分分包给其他承包人:

①某些专业性很强的工程,无论从工程质量上或费用、进度方面都不如分包给专业化的施工队伍去完成有利,如在港口工程中有时把疏浚部分分包给专业疏浚公司。

②由于承包人自身原因使工程进度严重拖后,依靠自己的力量不能保证合同工期,因此采取分包的办法来实现合同工期。

③由于承包人的施工设备不足或损坏,不得不把合同中一部分拿出来进行分包,以便按期完成,这种分包形式在港口建设的大型土石方工程中比较多见。

④有的附属工程因受当地条件限制和发包人单位要求,使承包人不得不将这部分工程分包出去。如港区内的一些建筑和道路工程等。

为什么要把分包管理作为合同管理的一个重要组成部分,其理由是:一是在工程招标时,对投标人的资质做了明确的界定,并进行了资格评审(预审或评标时审查)。招标文件的设计和合同的设计都是按照符合资质要求、具有良好社会信誉和突出业绩的完整的投标人来考虑的,如果投标人中标后将工程的一部分在发包给第三方实施,这就与原来的要求存在了差别,包括资质、能力、信誉,如果不加强管理和控制,就会为合同履行带来变数和风险。现实中的工程出现的大量质量问题和争端都和分包有关;二是就合同本身而言,发包人与承包人签订的合同是约束当事人双方权利与义务关系的协议,但承包人把本属于自己履行的义务的一部分转给了分包人承担,这就构成了与主合同发生连带关系的从合同,从而产生了发包人与承包人合同关系的转移与延伸,因此,基于合同关系的管理工作也需要延伸到分包合同。分包管理属于项目管理中的项目组织与范围管理范畴。

需要指出的是,加强分包管理并没有在我国现行工程招标和合同条件中得到足够重视。一方面,建设市场中高资质企业投标、低资质企业承包、无资质队伍分包的现象时有发生,或存在现场施工的主体主要是分包公司和监理工程师主要的监理对象是分包人的现象;另一方面现有的合同条件或范本对如何规范分包、如何管理分包没有较为明确和详尽的规定,这就为有效开展合同管理尤其是分包管理带来了依据上的缺失。许多管理的思想和程序需要借鉴如FIDIC合同条件的有关规定。

二、工程分包的种类

工程分包按其成立的条件,分为一般分包和指定分包;若按其分包的工作性质,分为专业分包和劳务分包(或合作)。

1. 一般分包

(1)一般分包是指由承包人根据投标文件或承包合同的约定提出分包要求并选择分包人,经监理工程师(发包人)批准的转发包行为,体现了承包人的愿望和要求,由承包人与分包人签订分包合同。

(2)承包人应对分包人的分包行为负责,任何分包合同不能改变承包人在原合同中承担的责任和义务。

(3)承包人的分包合同必须得到监理工程师(发包人)的批准,否则分包人不能进入工地从事任何工程的施工。

分包人在承包合同中完全是附属于承包人的,没有独立的地位,且在工作、工程进度计划、工程付款等方面完全服从于(总)承包人的安排。

2. 指定分包

指定分包是指承包人根据招标文件的规定,将工程中的一部分分包给由发包人或监理工程师选定或批准的分包人承包,并与之签订分包合同的行为。按FIDIC合同条件规定,进行与合同中所列暂定金额有关的任何工程施工,或提供任何货物、材料、设备或服务的所有专业人员、商人及其他人员等称为指定分包人。对指定分包人的确定,可以在招标文件中指定,也可以在工程开工以后指定。指定分包人在进行施工或服务过程中仍视为承包人雇佣的分包人,由承包人负责对他们进行协调和管理。

指定分包与一般分包有以下不同:

①指定分包人是由发包人或监理工程师选定,或在合同中指定;而一般分包人则是由承包人选定,然后由监理工程师报发包人批准。

②指定分包的项目一般在招标文件中明确(FIDIC合同条件列在暂定金额中),一般分包的项目则是由承包人根据客观条件自行决定的部分。

③一般分包人的工程款项由承包人根据与分包人的协议支付,而指定分包人的工程款项在承包人无正当理由而扣留或拒绝按分包合同向其支付的情况下可由发包人根据监理工程师的支付证明直接支付。

④指定分包人与一般分包人在合同中的地位不同。指定分包人在合同中有一定的地位,他们与承包人既有一定的联系,又有一定的独立性,监理工程师在必要时可以直接对指定分包

人下达指令。

为使承包人对指定分包人满意并准备和他们合作,监理工程师或发包人在选定指定分包人时应听取承包人的意见,承包人不同意时,应另行指定。指定分包只适用于特定情况,如专业性很强的项目,或在招标时某些子项目的设计或技术要求尚未落实,只能给出暂定金额;或是与发包人合作项目等。需要指出的是,发包人不能滥用指定分包的概念,更不能把招标文件或合同中已确定给承包人实施项目指定分包,这是《建筑法》和交通运输部有关规定所不允许的。

三、在工程分包中监理工程师的管理

工程分包中,选择合格的分包人是保证工程质量的重要条件。因此,监理工程师对分包人(包括一般分包人和指定分包人)应进行严格的审查和有效的管理。

1. 选择分包人的审批程序

根据 ISO 9000 族标准的要求,分包人的选择属于分供方评定和客户提供产品的控制的范畴,承包人应重点对分包人的质量保证能力和履约能力进行评定,将合格者列入合格分供方名单中,建立其档案。具体选定时,应首先从合格分供方名单之中选择;否则,应进行评定。对于监理工程师或发包人推荐或指定的分包人,也应先看是否在合格者名单之中,不在,应进行分供方评定,若不合格可以拒绝。

(1) 一般分包人的审批程序

①承包人根据拟分包工程的内容和范围,从合格的分包人档案中选择条件合适的分包人,并对其施工能力、企业财务、社会信誉等以及其他有关的情况进行对比选定分包对象。

②承包人初步选定分包人后,向监理工程师提出分包申请报告。报告内容主要包括:

a. 分包工程的内容与范围,工程价值及占合同总价的比例。

b. 分包人的情况:包括资质、能力、企业规模、业绩、简历、财务状况以及主要管理人员资格及专业工人上岗资格等。

c. 分包协议:除有商务、法律条款外,还应有分包项目的施工工艺、分包人设备及到场时间、材料供应情况等。

③监理工程师审查承包人的申请报告。主要对"分包申请报告"进行详细审查,着重对分包人是否有能力按照合同条件完成分包的工程任务进行核实。

④监理工程师对分包人的调查。对基本符合分包条件的,监理工程师应作进一步调查后,再做结论,其目的是考核承包人所报告的分包人情况是否属实。所以,监理工程师应前往该分包人过去完成的且又与本次工程相似的工程中去了解分包人的技术水平、能力和设备等。如果监理工程师对分包人各方面能力满意的话,在征得发包人同意后,则以书面形式予以确认。承包人收到监理工程师的书面确认后,应立即与分包人签订合同,并将副本报送监理工程师备案。对不具备分包项目资格的分包人,监理工程师不予确认,并向承包人指明原因。由于《水运工程标准施工招标文件》中没有对分包管理的具体规定,可以参考《建设工程施工合同(示范文本)》和 FIDIC《施工合同条件》的有关规定。

《建设工程施工合同(示范文本)》中明确监理工程师对承包人的主要审批条件为:

对于专业分包需要具备：专业分包人要经过发包人认可；专业分包人需要具备相应的资质；拟分包的专业工程不属于主体部位或关键性工作。

对于劳务分包（或合作）需要具备：劳务分包人经过了承包人的认可；劳务分包人要具备相应的资质；分包的是劳务作业，而不是专业工程。

FIDIC《施工合同条件》规定承包人在选择材料供应商或向合同中已指明的分包人进行分包时，无须取得工程师同意。

(2) 指定分包人的审批程序

①发包人或监理工程师根据招标文件或合同的规定，编写需要指定分包工程的招标文件，提出指定分包人的候选人。

在颁发指定分包招标文件前，应与（总）承包人交换意见，因为本招标文件将要成为分包协议的一部分，事前沟通是非常必要的。

②承包人在接到指定分包人的候选人名单后，应看是否在合格者名单之中，若不在，则进行分供方评定，对不合格者应提出更换请求。

③发包人或监理工程师根据各分包人投标情况以及包括资格、技术、信誉等因素选择分包人并通知承包人。

④发包人或监理工程师选定的分包人在充分与（总）承包人协商的基础上与之签订分包合同。由于承包人需要对指定分包人进行协调和管理并对其行为承担连带责任，因此发包人应向承包人支付管理费或由分包人支付此项费用。

FIDIC《施工合同条件》规定承包人有权反对指定，但理由需充分：a. 有理由相信该指定分包人没有足够的能力、资源或财力；b. 其分包合同没有明确规定应保障承包人不承担因指定分包人的疏忽或误用货物的责任；c. 其分包合同没有明确规定此项分包工作（包括设计）是分包人为承包人承担此项义务和责任以代替承包人履行其合同规定的此项义务和责任，以及保障承包人不因分包人未能完成这些义务或履行这些责任而产生所有义务和责任。除非发包人同意保障承包人免受上述这些事项的影响。

2. 对分包人的管理

由于分包人进入工程施工的时间较晚，对合同条件也不太熟悉，因此监理工程师对分包人的管理就更为重要。监理工程师对分包人的管理应体现于以下几个方面：

(1) 要严格坚持监理程序

这里所说的监理程序是指合同范围内任何工作，凡属应由监理工程师确认的，承包人必须遵从首先按已获监理工程师批准的施工程序及顺序和质量标准作业，然后经自检合格后，填写申请报告，再由监理工程师进行核查、审批或确认的工作程序。按照监理程序进行各项工程施工活动，这是承包人必须严格遵守的原则，否则将导致施工现场的混乱，工程质量也无法保证。对分包工程也不例外。为制止分包人忽视监理程序而进行施工的行为，在分包人进场后，由监理工程师或由监理工程师指令承包人向其交待各项监理程序，要求分包人严格执行。监理工程师一旦发现分包人有违反监理程序行为，则应立即停止其施工。

(2) 鼓励分包人参加工地会议

分包人是否参加工地会议则由承包人决定，但是监理工程师应建议承包人鼓励分包人参加工地会议。因为这样做不仅便于检查他们的工作，也能够使分包人了解整个工程情况，从而认清分包项目与整个工程的关系,直接领会监理工程师的指示和要求,提高他们执行工程计划的自觉性。

(3) 检查分包人的现场工作情况

监理工程师针对下述三个方面对分包人的现场情况进行监督和检查。

①设备情况。设备数量、型号和技术状态应满足标书中所述的条件,否则分包合同将是很难实现的,甚至影响整个工程的进行。所以,监理工程师必须进行现场核实。

②施工人员情况。按照分包合同中确定的技术骨干和主要管理人员必须在现场工作,分包人也应健全自身的质量控制系统。

③工程质量标准执行情况。不论何种形式的分包,工程的技术标准只有一个,就是合同规定的标准,监理工程师则按合同规定的标准监督施工和验收。同时要加强对其安全施工的监督。

(4) 必要时对分包人直接付款

如《建设工程施工合同(示范文本)》规定分包人的款项一般是由承包人支付的,只有在确认承包人所雇用的员工(包括分包人的员工)未能得到相应的工资,则发包人将直接向这些员工提供相应的工资,所发生的费用从应付工程进度款中扣除。以防止承包人恶意拖欠分包人款项致使工程受阻,同时也是对分包人尤其是劳务分包人的一种安心作业的鼓励。

(5) 对分包人的制裁

为保证工程质量和避免不规范施工给工程带来损失,监理工程师应根据情况采取必要措施对分包人的违约行为进行有效地制裁。

①停止施工。分包人必须按照合同规定施工,严格执行监理程序。若有忽视合同规定且经监理工程师指出后不改正者,监理工程师有权停止他们的施工,直到工作得到改进为止。

②停止付款。对于工程质量未达到合同有关标准时,监理工程师有权拒绝付款。情况严重的,监理工程师可以采取停止支付其分包的一切款项等措施,以强化分包人的合同意识。

③驱逐分包人。由于分包人无力去完成分包合同或是技术能力差、自身管理混乱等,又无视监理工程师的书面警告,那么监理工程师将建议发包人指令承包人对分包人予以驱逐(实际是解除分包合同,撤离现场),这是 FIDIC 合同条件规定的。但在实际工程中一般应尽量避免采取直接驱逐的办法,因为采用这种措施后,将会产生很多纠葛。

监理工程师采取对分包人的制裁措施时,应将所有的指令或通知主送总承包人,由其处理与分包人之间的各项事宜。

对分包人只有进行严格的管理和控制,才会收到好的效果,对合同的完成会起到积极的作用。否则,不仅会影响工程质量和进度,同时还会造成很大经济损失,这是被无数事实证明了的。对此发包人、监理工程师和承包人都要有足够的认识,相互配合,共同管理,确保工程按合同要求完成。在对分包人的管理中,监理工程师要注意两点:一是不能抛开承包人去直接管理分包人,向其下达指令,而是通过承包人来实施管理;二是管理的依据是承包合同而不是分包合同。

3. 分包合同权益的转让

FIDIC《施工合同条件》和我国《建设工程施工合同(示范文本)》都规定了分包合同权益的转让,主要为:

(1)在本合同履行期间,经发包人和承包人协商一致,并通知分包人,承包人可以将分包合同权益转让给发包人。

(2)因承包人原因导致合同终止的,发包人有权要求承包人将分包合同权益转让给发包人。

(3)如果分包人的合同义务延伸到缺陷责任期期满日期以后,在此日期之前发包人有权要求承包人将分包合同义务的权益转让给发包人,承包人应当转让。转让生效后,由分包人向发包人履行合同义务,承包人不再对发包人负责。

第二节 工程变更管理

在实施一项水运工程承包合同的过程中,由于工程项目自身的性质和特点、设计图纸的深度、不可预见的自然因素与环境条件的变化以及合同双方当事人基于对工程进展有利着想等原因,都会引起对工程的变更需求。变更是客观存在的,不变是相对的,变是绝对的。作为监理工程师需要与发包人、承包人协商,正确处理好工程变更问题,有利于项目范围和管理目标的实现,也就是合同标的的完整实现。

一、工程变更的含义及其范畴

工程变更属于合同变更范畴,是指在工程承包合同履行过程中经当事人双方协商一致对所实施的工程范围、内容及实施方式等进行的变化、更改或调整。工程变更的含义包括两个方面,既包括工程本身进展形式、工程数量、工程质量要求及标准等方面的变化或更改,同时也包括合同方面任何形式、内容、数量的变化或更改等。

工程变更的范畴比较广泛,合同文件的任何一部分的变化都属于工程变更的范畴。归纳起来有如下几种工程变更。

1. 设计图纸的变更

即在施工前或施工过程中,对设计图纸任何部分的修改或补充都需要通过工程变更的形式作出决定。反过来任何涉及工程质量、标准、规格、数量、部位以及工艺的变更也需要设计图纸的变更。

2. 施工次序的变更

所谓施工次序包括经过监理工程师批准的施工计划安排的次序和合同文件中规定的施工次序,也包括施工工艺的次序。按 FIDIC 合同条件的规定,施工次序的改变,视为工程变更。

3. 施工时间的变更

对于经过监理工程师批准的承包人施工计划中安排的开工时间或完成的时间,若发包人或监理工程师对此提出改变,一般也需要采用工程变更的形式。

4. 工程数量的变动

对工程量清单中的数量的增加或减少,删减或额外增加工程内容,若监理工程师认为有必要,则也要采取工程变更的形式进行。

5. 技术规范的变更

若监理工程师认为技术规范有严重缺陷,需要进行必要的修改时,则监理工程师也应以工程变更的形式发出指示。

6. 合同条款的修改

如果发包人与承包人根据工程的需要,双方协商同意对合同条款进行某些方面的修改,待双方签订有关修改部分的协议书后,也要按工程变更形式,由监理工程师发出变更的指令。

《水运工程标准施工招标文件》(包括与之配套的《标准施工招标条件》)对变更的约定为:①取消合同中任何一项工作,但被取消的工作不能转由发包人或其他人实施;②改变合同中任何一项工作的质量或其他特性;③改变合同工程的基线、标高、位置或尺寸;④改变合同中任何一项工作的施工时间或改变已批准的施工工艺或顺序;⑤为完成工程需要追加的额外工作。

二、工程变更的有关规定

目前我国有关法律法规或主管部门规章只有对设计变更的要求,归纳起来主要有:

(1)变更超过原设计标准和规模时,需经原计划审批部门批准,取得追加投资和计划指标。

(2)送原设计单位审查,取得相应图纸和说明。

(3)变更权。依据合同,发布变更意向书、变更指示的权力在总监理工程师。

《标准施工招标条件》对变更的有关规定如下。

1. 变更权

在履行合同过程中,经发包人同意,监理人可按合同约定的变更程序向承包人作出变更指示,承包人应遵照执行。变更指示只能由监理人发出,没有监理人的变更指示,承包人不得擅自变更。需要说明的是,实施全过程审计的项目,涉及工程变更尤其是价格调整需由发包人事先取得审计机构的确认。

2. 变更程序

(1)变更的提出

发包人、承包人、监理工程师中任何一方都可以提出变更。发包人的变更要求一般交由监理工程师提出,所以变更的提出分为监理工程师提出和承包人提出两个方面,其要求如下:

①监理工程师提出变更意向。在合同履行过程中,如发生合同约定事项的,监理人可向承包人发出变更意向书。变更意向书应说明变更的具体内容和发包人对变更的时间要求,并附必要的图纸和相关资料。变更意向书应要求承包人提交包括拟实施变更工作的计划、措施和竣工时间等内容的实施方案。

②监理工程师发出变更指示。发包人同意承包人根据变更意向书要求提交的变更实施方案的,由监理人按规定向承包人发出变更指示。变更指示应说明变更的目的、范围、变更内容以及变更的工程量及其进度和技术要求,并附有关图纸和文件。承包人收到变更指示后,应按

变更指示进行变更工作。

③承包人提出变更建议。承包人收到监理工程师按合同约定发出的图纸和文件，经检查认为其中存在合同约定情形的，可向监理工程师提出书面变更建议。变更建议应阐明要求变更的依据，并附必要的图纸和说明。监理工程师收到承包人书面建议后，应与发包人共同研究，确认存在变更的，应在收到承包人书面建议后的14日内作出变更指示。经研究后不同意作为变更的，应由监理工程师书面答复承包人。

④若承包人收到监理工程师的变更意向书后认为难以实施此项变更，应立即通知监理工程师，说明原因并附详细依据。监理工程师与承包人和发包人协商后确定撤销、改变或不改变原变更意向书。

(2) 变更估价的确定

除专用合同条款对期限另有约定外，承包人应在收到变更指示或变更意向书后的14日内，向监理工程师提交变更报价书，报价内容应根据合同条款约定的估价原则，详细开列变更工作的价格组成及其依据，并附必要的施工方法说明和有关图纸。变更的估价原则为除专用合同条款另有约定外，因变更引起的价格调整按照以下情况处理：

①已标价工程量清单中有适用于变更工作的子目的，采用该子目的单价。

②已标价工程量清单中无适用于变更工作的子目，但有类似子目的，可在合理范围内参照类似子目的单价，由监理工程师按合同约定的条款商定或确定变更工作的单价。

③已标价工程量清单中无适用或类似子目的单价，可按照成本加利润的原则，由监理工程师与发包人和承包人商定或确定变更工作的单价。除专用合同条款对期限另有约定外，监理工程师应在收到承包人变更报价书后的14日内给出确定意见。

(3) 变更工期的确定

变更工作影响工期的，承包人应提出调整工期的具体细节。监理工程师认为有必要时，可要求承包人提交要求提前或延长工期的施工进度计划及相应施工措施等详细资料。监理工程师应在收到承包人调整工期建议后的14日内给出确定意见。

3. 关于承包人的合理化建议

在履行合同过程中，承包人对发包人提供的图纸、技术要求以及其他方面提出的合理化建议，均应以书面形式提交监理工程师。合理化建议书的内容应包括建议工作的详细说明、进度计划和效益以及与其他工作的协调等，并附必要的设计文件。监理工程师应与发包人协商是否采纳建议。建议被采纳并构成变更的，应按变更条款的约定向承包人发出变更指示。如果承包人提出的合理化建议降低了合同价格、缩短了工期或者提高了工程经济效益的，发包人可按国家有关规定在专用合同条款中约定给予奖励。

三、监理工程师在工程变更管理中的主要工作

监理工程师在工程变更管理中起着决定变更与否的重要作用，因为变更的通知最终是由监理工程师向承包人发出的。因此监理工程师应熟悉合同条款、设计图纸，尽可能地了解工程的进展状态，掌握充分的工程资料和实际进度信息，以便对工程变更的必要性和可能性做出准确的判断，向发包人提出咨询依据或依合同规定及时做出正确的、能为当事人双方都能接受的

决定。变更指令应不迟于变更前 14 日以书面形式发出。为了做好工程变更管理,监理工程师应着重做好以下三个方面的工作:一是坚持严谨的工作流程;二是掌握变更确定的原则;三是编好变更指令文件。

1. 变更处理程序

监理工程师处理工程变更的流程或程序,如图 5-1 所示。

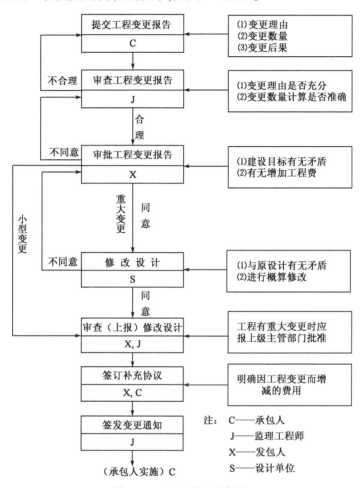

图 5-1 工程变更处理程序图

图 5-1 是由承包人提出变更的程序,若为发包人或设计单位提出变更,其程序可以简化。承包人提出的工程变更,多数是为了方便施工,也有设计方面存在的不足的原因。发包人提出变更多数是由于政府及有关部门的要求,也有市场变化要求。监理工程师提出工程变更多数是设计中的不足或是变更后能降低工程造价。

2. 监理工程师对工程变更处理的原则

监理工程师对承包人提出的变更申请或由承包人提出的变更方案应进行审查,其原则是:
(1)变更后的工程不能降低损害工程质量、安全和使用标准。
(2)变更后在技术上必须可行,并且又必须可靠。

(3) 变更后的工程费用要合理。

(4) 变更后的施工工艺不宜复杂,一般也不应影响工期。

监理工程师要与发包人、承包人商定变更后的价格,明确变更价格可使发包人和承包人对合同价格的调整做到心中有数,而且有时还起着调动承包人积极性的作用。一般承包人应在变更设计确定后 14 日内提出变更价款的报告,经监理工程师商发包人确认后调整合同价款。

3. 变更文件的编制

监理工程师在工程变更中要编制工程变更文件,主要包括:

(1) 工程变更通知或指示。可采用监理业务通知单的格式填写变更指示,可参照表 5-1。说明变更的理由和变更的概况、工程变更估价及对合同价的影响。

工程变更联系单 表 5-1

监 B-02　　　　　　　　　　　　　　　　　　　　　　　　　年　月　日

工程名称		编　号		附　文	(发包人指令或图纸)
联系事由	(工程变更通知)	主报(送)单位		监理签名	
		抄送(报)单位		总监签署	
内容:					
主受文单位签署意见:					

(2) 承包人接到监理工程师的工程变更联系单后需申报工程变更费用申请表,见表5-2。工程变更的工程量清单与合同中工程量清单形式基本相同,但工程变更的工程量清单每个项目都需填写变更前后的单价、数量和金额,便于计算由于工程变更对合同价的影响。尚需有工程量计算记录及有关单价确定的资料依据,需有变更后工程计量方法的说明。

(3) 设计图纸。图纸是工程的语言,是交工档案的重要组成部分。只有取得设计图纸才能依次施工、验收和结算。因此对工程变更需要有相应的设计图纸、计算书和有关标准规定。

(4) 其他有关文件。凡与本工程变更有关的函件,都列入变更文件中,如发包人对变更的要求,政府主管部门对变更的批复文件等。

工程变更费用申请表

表 5-2

监 A-17

工程名称：_____　　　编号：_____

变更项目	
监理机构：_____	

依据____年___月___日 第____号工程变更联系单,申请变更费用如下,请审核。

项目名称	原 设 计 数 量				变 更 后 数 量				工程款增(+)减(-)
	工程量	单位	单价	合计	工程量	单位	单价	合计	

变更情况及理由：

承包人：_____
负责人：_____　日期：_____

监理机构审查意见：

监理工程师：_____　日期：_____
总监理工程师：_____　日期：_____

发包人审定意见：

发包人代表：_____　日期：_____
发包人负责人：_____　日期：_____

本表由承包人填报；一式三份,经监理、发包人审批后,发包人、监理、承包人各一份。

第三节　工程延期管理

一、工程延误与延期

在水运工程的施工过程中,经常遇到各种影响因素干扰工程的正常进行,致使工期延长。造成工期延长的原因中大致分为两种情况:一是由于承包人的原因包括其自担风险造成工程进度受阻使施工期延长,称为工程延误;二是由于承包人包括其自担风险以外的原因造成工程进度受阻使施工期延长,称为工程延期。工程延误和工程延期都有可能导致工程不能按照承包合同规定的实际竣工日期完成,但是它们是属于两种不同性质的问题,其最明显的特征是因合同明确阐明造成拖期的原因不同,则发包人与承包人将承担不同的责任。现有合同条件中没有区分延误或延期的用词,都用工期延误。为区分产生工期拖长的责任,本节使用工程延误和工程延期术语,以示区别。

由于工期延误导致工期的延长,其所发生的一切损失由承包人自己承担,承包人不仅要支付为加快施工进度而增加的额外支出,而且还要向发包人支付一笔误期损失赔偿费用(当承包人采取措施仍然未能达到正常进度并按期完工,即合同规定的工期时)。由于承包人以外的原因包括其风险导致了工程延期,承包人除了要求展延工期外,而且还可要求发包人补偿因此引起的费用损失。所以说,无论是工程延误还是工程延期,最终都会造成建筑物或构筑物使用时间的推迟和给对方带来一定的经济损失。之所以区别延期与延误的概念,就合同而言,就是是否造成合同的变更,及合同工期是否延长。一般情况下,延期是指合同工期延长,而延误虽然造成实际工期延长,但合同工期没有延长。而监理工程师进行进度控制的一个重要合同责任就是处理好合同延期。

造成工期延期的原因可能有:

(1)工程变更及工程量增加。由于工程变更并按监理工程师工程变更指令实施而增加了工程量,或改变合同中任何一项工作的质量要求或其他特性,由此引起原定节点工期延长并有可能造成总工期延长。

(2)合同条件中涉及的任何可能造成延期的原因:

①延期交图。监理工程师未能在合理的时间内按照被批准的施工进度计划向承包人提供施工设计图,致使施工进展延缓或中断。若合同中规定此项为承包人提供施工图纸则不属上述情况。

②发包人迟延提供材料、工程设备或变更交货地点。

③延迟占用场地。发包人应随着工程进展及时地向承包人提供施工场地包括海(水)域,这是合同中规定的发包人的义务。不论什么原因或理由,发包人未能按被批准的施工进度计划在合理的时间内向承包人提供施工场地或通道,而导致工程进度拖延或中断。

④开挖现场发现文物等。由于承包人在现场施工中在地下发现了文物或化石,按规定应保护好现场并报告国家文物保护部门,因此中断了工程进行或拖延了工程工期。例如:××经济技术开发区海堤工程施工过程中发现了古代文物,为此处理而停工近两个月。

⑤进行合同规定以外的检查。由于承包人按照监理工程师的指令,对工程进行了合同规定以外的检查,而且检查的结果表明,被检查的项目达到了合同规定的规范标准,因此而导致了工程进度中断并延长工期。

⑥不利的外界条件影响。在承包人施工过程中,若遇到了即使一个有经验的承包人也无法预料到的外界障碍或条件而导致工程的延期或中断。例如航道封堵、与地方因陆域水域或赔偿引起争端等,也包括政治和经济政策的调整。

⑦工程暂停。若承包人根据监理工程师的指令,暂停部分或全部工程的施工,而且暂停的原因又不属于由承包人造成的,由此导致了工程的延期。

⑧发包人未按规定时间付款。由于发包人未按规定的时间向承包人支付工程进度款,或者拖延付款时间太长,致使承包人无法继续进行工程施工,则承包人有权通知发包人及监理工程师暂停工作或放缓工程进度,则由此导致工程中断或延期。

(3)异常恶劣的气候条件。承包人在施工过程中遇到了恶劣的气候条件而导致了工程延期或中断。一般在合同中或设计资料中都规定了每月海上施工天数以及施工中的最大风浪标准,凡在合同或设计文件中规定的界限以内的气候条件,不属于异常恶劣的气候条件。

如《水运工程标准施工招标文件》规定异常恶劣的气候条件是指水运工程水域施工作业难以正常进行或须采用其他补救措施才能进行的气候条件,一般是指:

①持续高温:连续3日日最高气温38℃以上。
②持续低温:连续3日日最低气温-20℃以下。
③大风天气:施工水域日风力在6级以上且持续时间不少于4h,或阵风大于8级。
④暴雨天气:日降雨量50mm及以上,或降雨强度大于20mm/h。
⑤暴雪天气:日降雪量10mm及以上。
⑥流速或波浪:内河3.5m/s及以上流速,海上2m及以上的大浪和强浪。
⑦水淹:施工场地大部或全部被潮水、洪水或雨水淹没超过1天。
⑧大雾:定点施工船舶能见度小于50m的雾天超过1天;运动船舶按有关规定。

(4)发包人的干扰和阻碍。按照合同规定,承包人的施工组织设计和工程施工进度计划由监理工程师审核批准后,承包人按照批准的计划具有自主施工的权利,发包人不能对承包人的工程活动进行指挥和干预。发包人任何干预承包人的行为都可能构成对承包人的干扰和阻碍,将导致工程施工的中断或延期并引起索赔。所以明智的发包人对工程的监控只能通过监理工程师的管理或参加工地会议的方式进行。

(5)承包人自身以外的其他原因。承包人自身及其所担风险以外的任何原因(如不可抗力)造成工程施工的中断或拖延,监理工程师都应当按照合同条件的规定,实事求是地商发包人批准承包人的工程延期。这也是监理工程师处理工程延期的总原则。

在合同执行期间,经过监理工程师审核经发包人批准的工程延期,所延长的时间都属于合同工期的一部分。即延长的工期加上原合同工期即成为新的工程竣工时间。

二、工程暂时停工及处理

在工程施工期间,无论是发包人、监理工程师的原因,还是承包人的原因,都可能造成工程暂时停工的事情发生。这种暂时停工可能是部分工程,也可能是全部工程。在暂时停工期间,承包人应积极采取措施妥善保护好本工程,或者是监理工程师认为必须保护好的任何工程部分。对工程的保护一是保护工程的安全,二是保护其在停工期间使其损失最少。比如:在台风到来之前,由于工程没有完成设计的断面构造,特别是港口水工建筑工程中的防护工程,必须在台风到来之前予以保护好,避免造成更大损失,如坡度放缓、面层进行人工块体覆盖等,目的是保护好堤身不被台风造成的风浪击毁。

凡是在监理工程师的指令下工程发生的暂时停工,其原因不属承包人的,监理工程师都应给予适当的工期延长,并且补偿承包人由于停工造成的费用增加,这种费用增加和工期延长应在监理工程师与发包人及承包人协商后确定。

暂时停工若是由承包人的某种失误或违约导致的,那么承包人除应妥善保护好工程外,其损失和责任应由其自行承担。

三、监理工程师对工程延期的管理

由于监理工程师有责任对工程进度进行全面控制,因此,监理工程师要对工程施工过程中出现的问题及承包人执行合同的情况有比较全面地了解,及时处理承包人提出的工程延期申请。延期处理属于索赔范畴,需遵守索赔的管理原则和审批程序。

1. 处理工程延期的一般程序

根据 FIDIC 合同条件,承包人应在察觉或应已察觉延期事件发生后的 28 日内向监理工程师提出工程延期的意向通知。并在察觉或应已察觉该延期事件后的 42 日内,向监理工程师提交详细的工期索赔报告,说明造成延期的理由及有关方面的详细情况。监理工程师认为所发生的事件属于工程延期性质,接到索赔报告后的 42 日内做出回应,表示批准、不批准并附具体意见,或要求进一步提交证明资料。在每次批准延期事件时应对以前做出的延期进行审查,以确定是否批准本次申请的延期,但不能削减总的延期。监理工程师做出延期决定之前应与发包人、承包人进行充分的协商。

我国的《标准施工招标文件》规定:①承包人应在知道或应当知道延期事件发生后 28 日内就延期提出索赔意向报告,否则将丧失延期的权利;②承包人应在发出索赔意向通知书后 28 日内,向监理工程师正式递交索赔报告。索赔报告应详细说明索赔理由以及要求追加的付款金额和(或)延长的工期,并附必要的记录和证明材料;③若延期事件具有持续影响的,承包人应按合理时间间隔继续递交延续索赔通知,说明持续影响的实际情况和记录,列出累计的追加付款金额和(或)工期延长天数;④索赔事件影响结束后的 28 日内,承包人应向监理工程师递交最终索赔报告,说明最终要求索赔的追加付款金额和延长的工期,并附必要的记录和证明材料;承包人按本合同的约定接受了竣工付款证书后,应被认为已无权再提出在工程接收证书颁发前所发生的任何索赔。⑤监理工程师收到承包人提交的索赔报告后,应及时审查索赔报告的内容、查验承包人的记录和证明材料,必要时监理工程师可要求承包人提交全部原始记录副本;并在收到上述索赔报告或有关索赔的进一步证明材料后的 42 日内,将索赔处理结果答复承包人,如果监理工程师未在上述期限内做出答复,则视为对承包人索赔要求的认可。

根据上述合同规定,监理工程师处理工程延期的一般程序如图 5-2 所示。

为了使工程延期的申请与审批程序化、规范化,除有详细报告外,还要按施工监理规范要求使用一定格式的表式进行延期申请及审批,表式见表 5-3。

2. 监理工程师审批工程延期的原则

(1)应符合合同条款的要求

监理工程师批准的工程延期,必须符合合同条款的规定,即导致工程拖延的原因必须是属于承包人以外的,凡是承包人自身原因及其应担风险造成的任何延误,都不能批准为工程延期。

(2)延期的工作应位于关键线路上或超过其总时差

监理工程师审批的另一个原则是:发生延期事件的工作必须在关键线路上或超过其总时差。只有在关键线路上或超过总时差的项目的延期才能构成对整个工程工期的影响。凡发生延期事件的工程部位不在关键线路上,且不超过总时差的,不能批准工程延期。

第五章 监理工程师的合同管理

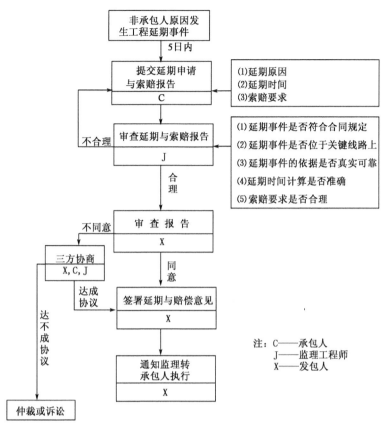

图 5-2 工程延期审批程序图

延长工期报审表　　　　　　　　　　　　　　　　　　　表 5-3

监 A-13

工程名称：_____　　编号：_____

监理机构：_____ _____工程，根据合同文件条款的规定，由于_____的原因，我方要求工期从原来的_____年____月____日延长到_____年____月____日，延长工期_____日，请予核准。 　　延长工期计算： 　　附件： 　　　　　　　　　　　　　　　　　　　　　　　　　　　承包人：_____ 　　　　　　　　　　　　　　　　　　　　　　　　　　　负责人：_____日期：_____
监理机构审查意见： 　　　　　　　　　　　　　　　　　　　　　　　　　　　监理工程师：_____日期：_____ 　　　　　　　　　　　　　　　　　　　　　　　　　　　总监理工程师：_____日期：_____
发包人审定意见： 　　　　　　　　　　　　　　　　　　　　　　　　　　　发包人代表：_____日期：_____ 　　　　　　　　　　　　　　　　　　　　　　　　　　　发包人负责人：_____日期：_____

本表由承包人填报，一式三份，经监理、发包人审批后，发包人、监理、承包人各一份。

(3) 依据实际情况实事求是

监理工程师批准的工程延期必须符合实际情况。承包人对延期事件发生后的各类有关细节要详细记载,及时向监理工程师提交详细报告。监理工程师也要对现场施工情况进行详细考察和分析,做好各种有关记录,从而使监理工程师审批的工程延期能够符合实际情况。

(4) 应与发包人和承包人充分协商

延期属于合同变更(改变了合同原定的竣工期限,属于实质性更改),因此必须坚持合同当事人之间充分协商一致的原则,以避免单方决定造成合同争执。因此监理工程师在确定延期时应做到与发包人和承包商之间充分协商,取得一致,包括工期延展的天数和补偿的费用额等。

3. 监理工程师应做好的合同管理工作

在工程中为减少和避免发生工程延期,监理工程师应经常提醒督促发包人做好以下几方面的工作:

(1) 发包人应做好施工前期的准备工作

①及时提供施工场地,做好"三通一平"工作,办理好各种与施工有关的手续,保证承包人及时进入施工现场。

②做好设计工作,以保证能及时地向承包人提供由发包人负责提供的设计文件。

③做好发包人自供材料或设备的供应与付款的准备工作。工程款在施工中起着润滑剂作用,拖延付款将影响承包人的流动资金周转,甚至于影响工程的各项准备工作,以致于造成工程的停工或延期。就我国工程建设的实际而言,造成工程延期的大多数原因都是资金拖欠引起。

(2) 施工中发包人应多做协调工作而少或不进行干预

发包人直接干预承包人的工作,往往成为承包人要求索赔的根据,严重的会使承包人无法进行工程施工。所以,聪明的发包人是不去干涉承包人工作的,而放手让监理工程师进行管理。

监理工程师也应做好减少工程延期的工作,主要体现在:

①在合适的时机下达开工令。当发包人在开工前的准备工作完成后即可下达开工令。在下达开工令之前应与发包人协商检查有无遗漏在开工前应完成的工作。

②提醒发包人履行职责。随着工程的进展,提醒发包人根据合同规定及时提供给承包人供施工或临时性使用的场地并按合同履行自己的职责(如付款、发包人的材料或设备的供应等)。

③妥善处理好延期事件。当延期事件发生后,监理工程师应根据合同规定妥善处理。即根据现场实际情况,在可能的条件下,指令承包人进行不受延期事件影响的项目或工程部位的施工,以尽量减少延期的时间和损失。

另外,监理工程师应及时对延期事件进行调查,合理确定延期的时间并批准之。需要说明的是监理工程师对工程延期的批准事先应获得发包人的同意及批准。

第四节　质量控制与费用控制中的合同管理

对于质量控制和费用控制的内容将在专门的教材中讲述,本节仅就有关合同管理的程序问题加以说明。

一、质量控制中的合同管理程序

在工程监理过程中,监理工程师的一项很重要的工作就是控制工程质量。在施工阶段,其控制的重点为原材料检验、隐蔽工程及中间工程验收、竣工初验及竣工验收。而合同管理工作的重点是在这些工作达不到合同规定的要求时,应按合同规定的程序处理及分清各方责任。

1. 材料及设备检验

(1) 发包人供材料和设备

①发包人责任。根据《建设工程质量管理条例》规定,建设单位(发包人)供应材料和设备的合同责任为发包人应当保证建筑材料、建筑构配件和设备符合设计文件和合同的要求。一般在合同中应约定发包人供应材料设备一览表,一览表应包括所供应的材料设备的种类、规格、型号、数量、单价、质量等级,提供的时间和地点等。发包人应按一览表内约定的内容提供材料设备,并向承包人提供其产品的合格证明。若发包人供应的材料设备与一览表不符时,可按下列情况处理:

a. 当材料设备的种类、规格、型号和质量等级等与一览表不符时,承包人可拒绝接收保管,由发包人运出现场并重新采购;设备到货时如不能开箱检验,承包人可只验收箱子的数量,之后承包人开箱时应请监理工程师及发包人代表到场查验,若出现缺件或质量等级、规格等与一览表不符时,由发包人负责补足或更换;发包人未通知承包人清点,承包人不负责材料设备的保管,丢失损坏由发包人负责。

b. 到货地点与一览表不符时,发包人负责运至一览表指定地点。

c. 到货时间早于一览表约定的时间,由发包人承担由此发生的保管费用;到货时间迟于一览表约定的时间,造成工程延期的,工期顺延,发包人赔偿由此造成的承包人损失。

d. 发包人供应的材料设备进场后需要重新检验或试验的,由承包人负责,但费用由发包人承担。

e. 承包人检验通过之后又发现发包人供应的材料设备本身存在质量问题的,发包人仍应承担重新采购及拆除重建的追加合同价款,并相应顺延由此延长的工期。

②承包人责任。承包人应按发包人或监理工程师通知的时间参加发包人供材料设备验收,并负责进行标识和妥善保管,以防止未经批准就使用或不当处理。同时提供适当的储存条件,在储存期间应进行定期检查,查明质量状况,防止变质、丢失和损坏。自发包人供材料设备验收接管后,除去材料设备本身的质量问题外,其他责任和风险已由发包人转移给承包人,承包人应承担因储存、保管、安装、维护不当所造成损失的责任。

③监理工程师的工作程序如下:

a. 根据工程进展和合同约定,监理工程师应提前提醒发包人供货并约定进场时间,并在货物进场之前不少于7日以书面方式通知承包人派人参加清点、验收和接货。

b. 监理工程师组织发承包双方对照一览表对发包人供材料设备进行验收。

c. 若发包人材料设备符合要求,发承包双方签署材料设备交接验收单,发包人应将材料设备的有关保证资料副本交给承包人,承包人按要求负责照管使用;否则,发包人负责更换,重验。

(2)承包人自供材料设备的验收程序

①承包人应在材料设备进场之前不少于24h通知监理工程师验收,并准备好验收资料;若用于工程的永久设备、材料为承包人所制造和生产,承包人事先应向监理工程师提交材料的样本以及有关资料,以在工程中或为工程使用该材料之前获得同意。

②在验收时监理工程师有权要求复检,若验收不合格,监理工程师应拒绝签字,书面通知承包人在规定时间内将不合格的材料设备清退出场,重新采购合格产品,并承担由此发生的费用,工期不予顺延。

③若监理工程师不能按时到场验收,事后发现材料或设备不符合设计或标准要求时,仍由承包人负责修复、拆除或重置,并承担所发生的费用,由此拖延的工期可以顺延。

④尽管经过监理工程师验收,在以后的使用或调试中监理工程师也有权随时检查和检验。若发现材料或设备本身质量存在问题时,由承包人负责修复、拆除或重新购置,并承担所发生的费用,由此延误的工期不予顺延。

2. 过程检验

(1)应遵循承包人自检合格后才能报请监理工程师检验的工作程序。

(2)经监理工程师检验后达不到合同约定的标准时,监理工程师应书面通知承包人按要求返工,直到符合约定标准。

(3)因承包人原因达不到标准的,由其承担返工费用,工期不予顺延;若因发包人原因达不到标准的,由发包人承担返工费用,工期顺延。

(4)经检查验收合格后,又发现承包人原因引起的质量问题,由其承担责任,赔偿发包人的直接损失,工期不予顺延。

3. 隐蔽工程

(1)承包人应对隐蔽工程部位进行自检,在自检合格后至少在验收时间48h之前填单向监理工程师申报验收。监理工程师在接到报验单后的48h内进行验收。

(2)若验收合格,监理工程师应在不超过24h的时间内在验收记录或报验单上签认,承包人可继续施工;若监理工程师在规定时间内不签字又无说明,则承包人可认为监理工程师已批准,可继续施工;监理工程师事后应予以确认并补办签认手续。

(3)若验收不合格,监理工程师应书面通知承包人返工。承包人应在监理工程师限定的时间内整改或返工并重新报验。所发生的费用由承包人承担,延误的工期不得延长。

(4)对于设置为停止点的重要隐蔽工程,监理工程师未参加验收或验收后没有正当理由而不签字,承包人应停工等待验收或签认。由此造成的费用增加由发包人负担,工期顺延。

4. 中间验收(包括检验批、分项工程、分部工程)

(1)承包人向监理工程师递交中间验收申请书,并附自检记录及质量保证资料。

(2)监理工程师对申请书进行审核,认为达到中间验收条件的,进行中间验收;认为需要补充材料的,由承包人补充材料后重新申请;认为需要承包人对补充材料进行澄清和说明的,承包人以书面形式进行澄清和说明。

(3)监理工程师与承包人、该部位后续施工人(如果有)约定中间验收时间。

(4)在约定的时间,由监理工程师与承包人、该工程后续施工人(如果有)一同进行中间验收。验收合格的,由监理工程师出具中间验收合格证书;验收不合格的,承包人应该按照监理工程师的指示予以修复。

无正当理由,监理工程师、承包人或该部位后续施工人(如果有)的一方或两方未按照约定的时间参加验收,不影响中间验收的进行。未参加中间验收方须承认验收数据。中间验收的数据将成为竣工验收数据的一部分。竣工验收时,对此部分工程不再重新验收。

5. 重新检验

无论监理工程师是否参加验收,当其提出已经隐蔽的工程需重新检验时,承包人应按要求进行钻孔探测或揭开重新检验,并在验收后按原设计标准重新覆盖或修复。检验合格,发包人承担由此发生的全部追加的合同价款,赔偿承包人损失,并相应延长工期;检验不合格,承包人承担发生的全部费用,工期不予顺延。

6. 试车

(1)设备安装工程经承包人检查具备单机无负荷试车条件,由承包人组织试车。并在试车前48h书面通知监理工程师,通知包括试车内容、时间、地点。承包人准备试车记录,发包人根据承包人要求为试车提供必要条件;设备安装工程具备无负荷联动试车条件,发包人组织试车,并在试车前48h以书面形式通知承包人。通知包括试车内容、时间、地点和对承包人的要求,承包人按要求做好准备工作。

(2)监理工程师按通知要求的地点、时间参加试车。试车通过,监理工程师审查试车记录并签字。

(3)若试车达不到验收要求,按以下3种情况处理:①属设计原因。发包人办理修改设计,承包人按修改的设计重新安装。发包人承担修改设计、拆除及重新安装的全部费用和追加合同价款,工期相应顺延;②属于设备制造原因。承包人采购的,由其负责修理或重新购置、拆除及重新安装的费用,工期不予顺延;若为发包人采购的,则应由其承担上述各项费用及追加合同价款,工期相应顺延;③属于承包人施工或安装原因。监理工程师在试车后24h内提出修改意见,承包人整改后重新试车,并承担整改和重新试车的费用,工期不予延长。

(4)试运行。除专用合同条款另有约定外,承包人应按专用合同条款约定进行工程及工程设备试运行,负责提供试运行所需的人员、器材和必要的条件,并承担全部试运行费用。由于承包人的原因导致试运行失败的,承包人应采取措施保证试运行合格,并承担相应费用。由于发包人的原因导致试运行失败的,承包人应当采取措施保证试运行合格,发包人应承担由此产生的费用,并支付承包人合理利润。

7. 交(竣)工验收

(1)承包人向总监理工程师报送带有负责该部位监理工作的监理工程师署名同意的竣工验收申请报告。

(2)总监理工程师审查后认为尚不具备验收条件的,应在收到交(竣)工验收申请报告后的28日内通知承包人,指出在颁发接收证书前承包人还需进行的工作内容。承包人完成总监理工程师通知的全部工作内容后,应再次提交交(竣)工验收申请报告,直至总监理工程师同意为止。

(3)总监理工程师审查后认为已具备交(竣)工验收条件的,应在收到交(竣)工验收申请报告后的28日内提请发包人进行工程验收。

（4）发包人组织监理工程师、承包人、勘察设计等相关单位在总监理工程师同意交（竣）工验收申请报告后14日内进行竣工验收。

（5）发包人经过验收后同意接收工程的，监理工程师应在发包人验收合格或同意接收工程后14日内［即收到交（竣）工验收申请报告后的56日内］向承包人出具经发包人签认的工程接收证书。发包人验收后同意接收工程但提出整修和完善要求的，应限期修好，并缓发工程接收证书。整修和完善工作完成后，监理工程师复查达到要求的，经发包人同意后，再向承包人出具工程接收证书。

（6）发包人验收后不同意接收工程的，监理工程师应按照发包人的验收意见发出指示，要求承包人对不合格工程认真返工重做或进行补救处理，并承担由此产生的费用。承包人在完成不合格工程的返工重做或补救工作后，应重新提交交（竣）工验收申请报告，按本款约定的程序重新进行。

8. 部分接受工程

所谓部分接受工程是指在全部工程交（竣）工前接受并使用已经竣工的单位工程。对于部分接受工程的合同责任划分为：发包人可以要求在约定的交（竣）工验收前进行部分工程的接收。部分工程接收的验收程序与竣工验收程序相同。发包人接收部分工程的，应当在该部分工程通过竣工验收之日7日内向承包人颁发该部分工程的接收证书；如果由于发包人要求接收部分工程导致承包人费用增加或工期延误，根据合同的相关约定，承包人有权要求索赔；发包人接收该部分工程后，若其他部分工程未能按期交（竣）工，则承包人的误期违约金也要相应减少，减少比例为被接收的部分工程与工程合同总额的比例。

现行法律规定未经验收的工程不得交付使用。现实中存在未经验收发包人提前占用或使用已完的部分工程现象，经常出现一些质量责任纠纷。

9. 工程质量保修中的管理

现实中，工程质量保修期中出现的合同争端也不少。为此，合同中专门明确了工程缺陷责任和保修责任。工程缺陷是指工程建造过程中形成的达不到功能或使用要求的现象，属于工程质量问题。而工程保修中的问题既有工程缺陷，又有包含在工程使用不当造成的损坏或缺陷，两者是关联的。

（1）监理工程师做好缺陷责任期的管理工作规定

①关于缺陷责任期的时间确定。缺陷责任期自工程竣工验收合格之日起算。单位工程先于全部工程进行验收，经验收合格并交付使用的，该单位工程缺陷责任期自单位工程验收合格之日起算；由于发包人原因导致工程无法按规定期限进行竣工验收的，在承包人提交竣工验收报告90日后，工程自动进入缺陷责任期。

由于承包人原因导致的缺陷或损坏达到使工程、单位工程或某项主要生产设备不能按原定目的使用的程度，则发包人有权要求承包人相应的延长缺陷责任期。但是任何缺陷责任期延长的累计时间不能超过24个月。

缺陷责任期终止后，承包人有权请求发包人按照合同中关于质量保证金中约定的日期返还质量保证金。

②缺陷责任划分

a.关于修复费用。在缺陷责任期内,承包人应当负责修复工程的缺陷、损坏,修复的费用根据以下情况处理:在缺陷责任期内,由于承包人原因造成工程的缺陷、损坏,承包人应承担修复的费用和风险;由于其他原因造成的工程的缺陷、损坏,发包人应承担修复的费用和风险,并支付承包人合理的利润。

b.关于检测费用。在缺陷责任期内,任何有关造成缺陷或损坏的原因都应由监理工程师与承包人共同检查认定。如果监理工程师与承包人无法达成一致意见,则可由发包人和承包人共同委托质量检测机构进行认定。经检测机构认定工程缺陷、损坏是由承包人原因造成的,检测费用由承包人承担;工程缺陷、损坏是由其他原因造成的,检测费用由发包人承担。

c.关于未能修复。承包人若未能在合理期限内修复发包人通知的缺陷或损坏,发包人应确定一个日期,要求承包人不迟于该日期修复好缺陷或损坏。如承包人到该日期仍未修复好缺陷或损坏,则发包人可自行修复或委托第三方修复,所需费用由发包人在质量保证金中扣除。如某项缺陷或损坏可能影响工程的正常使用和关键性能,则该项缺陷或损坏修复后,承包人应重新按照合同约定进行试验和试运行,相关费用由造成缺陷或损坏的责任方承担。在缺陷责任期内,为了修复缺陷或损坏,承包人有权进入工程现场,但不能损害到发包人有关保安和保护秘密等相关权利。

(2)监理工程师做好保修期的管理工作规定:

①保修期的确定。工程保修期从全部工程竣工验收合格之日起算,保修期时长按相关规定。

②发包人责任。发包人未经竣工验收提前占有或擅自使用工程的,由此而发生的质量问题,由发包人承担责任。工程自发包人提前占有或擅自使用之日起进入保修期,但是承包人应当在建设工程的合理使用寿命内对地基基础工程和主体结构质量承担民事责任。

③承包人责任。在工程保修期内,承包人应当根据有关法律以及合同规定,在约定的保修范围、保修期限内承担保修责任。保修的费用由造成质量缺陷的责任方承担。

④在保修期与缺陷责任期重合的期间,由发包人选择适用保修责任条款或者缺陷责任条款。

二、费用控制中的合同管理

1. 工程预付款

(1)关于预付款担保

发包人可以要求承包人在不迟于约定的支付工程预付款前48h提供预付款担保。承包人不提供的,发包人可以不予支付工程预付款。预付款担保可采用银行保函或担保公司提供的保证担保或其他发包人同意的担保形式。

当预付款被发包人逐步从工程款中扣回后,预付款担保可以对应减少,但剩余的担保金额不得低于未被扣回的预付款数额。为此,水运工程合同专用条件规定:当工程进度款累计支付比例达到合同总价的20%时,开始扣回预付款,并在工程款累计支付比例至80%时扣清,中间每期扣回比例相同。

(2)关于预付款支付

当承包人按照要求提交了预付款担保后,发包人应支付一笔用于承包人为合同工程施工购置材料、工程设备、施工设备、修建临时设施以及组织施工队伍进场等的预付款。预付款的额度和预付办法在专用条款中约定。但预付款必须专用于合同工程。

预付款在进度付款中扣回,扣回办法在专用条款中约定。在颁发工程接收证书前,由于不可抗力或其他原因解除合同时,尚未扣回的预付款余额应作为承包人的到期应付款。发包人不按约定支付预付款的,承包人在约定预付时间7日后向发包人发出要求预付的通知,发包人收到通知后仍不能按要求预付,承包人可在发出通知后7日停止施工,发包人应从约定应付之日起向承包人支付应付款利息,并承担违约责任。

(3)监理工程师的工作

监理工程师应按合同约定,协助发包人审查预付担保的合规性与有效性,及时通知发包人按期支付约定数额的工程预付款;处理好因预付款迟付而引起的索赔等事项。

2. 工程计量

监理工程师在施工过程中的合同价或费用控制工作主要有两个方面:一是控制好工程变更和索赔;二是做好工程计量管理。根据单价合同和总价合同计价方式不同,工程计量分成按单价子目计量和按总价子目计量两种方法进行合同管理。

(1)单价子目的计量

①由于签订合同时已标价工程量清单中的单价子目工程量为估算工程量,而结算工程量是承包人实际完成的,并按合同约定的计量方法进行计量的工程量。具体计量方法可参照《水运工程工程量清单计价规范》(JTS 271—2008)。

②首先承包人对已完成的合格工程进行计量,向监理工程师提交进度付款申请单、已完成工程量报表和有关计量资料。

③监理工程师对承包人提交的工程量报表进行复核,以确定实际完成的工程量。对数量有异议的,可要求承包人进行共同复核和抽样复测。承包人应协助监理工程师进行复核并按监理工程师要求提供补充计量资料。承包人未按监理工程师要求参加复核,监理工程师复核或修正的工程量视为承包人实际完成的工程量。

④监理工程师认为有必要时,可通知承包人共同进行联合测量、计量,承包人应遵照执行。

⑤承包人完成工程量清单中每个子目的工程量后,监理工程师应要求承包人派员共同对每个子目的历次计量报表进行汇总,以核实最终结算工程量。监理工程师可要求承包人提供补充计量资料,以确定最后一次进度付款的准确工程量。承包人未按监理工程师要求派员参加的,监理工程师最终核实的工程量视为承包人完成该子目的准确工程量。

⑥监理工程师应在收到承包人提交的工程量报表后的7日内进行复核,监理工程师未在约定时间内复核的,承包人提交的工程量报表中的工程量视为承包人实际完成的工程量,据此计算工程价款。

(2)总价子目的计量

①总价子目的计量和支付应以总价为基础,发包人和承包人需在专用条款中约定支付进度款所需达到的工程形象目标或时间节点。承包人实际完成的工程量,是进行工程目标管理和控制进度支付的依据。

②承包人在合同约定的每个计量周期内,对已完成的工程进行计量,并向监理工程师提交进度付款申请以及所达到工程形象目标或分阶段需完成的工程量和有关计量资料。

③监理工程师对承包人提交的上述资料进行复核,以确定承包人实际完成的工程量和工程形象目标。对其有异议的,可要求承包人进行共同复核和抽样复测。

④除按照合同中约定的变更外,总价子目的工程量是承包人用于结算的最终工程量。

3. 工程进度付款

(1)承包人按规定完成合格的工程数量后,应通知监理工程师参加计量,监理工程师对计量结果签证。计量结果是结算进度款的主要依据和基础。

(2)承包人应在每个付款周期后7日内,按监理工程师批准的格式和份数,向监理工程师提交进度付款申请,并附相应的支持性证明文件。

(3)监理工程师在收到承包人进度付款申请单以及相应的支持性证明文件后的14日内完成核查,提出发包人到期应支付给承包人的金额以及相应的支持性材料,经发包人审查同意后,由监理工程师向承包人出具经发包人签认的进度付款证书。

(4)发包人应在签认进度付款证书后的14日内(即监理工程师收到进度付款申请单后的28日内),将进度应付款支付给承包人。发包人不按期支付的,按专用条款的约定支付逾期付款违约金。专用条款对欠付工程价款利息计付标准没有约定的,按照中国人民银行发布的同期同类贷款利率计息。

(5)监理工程师出具进度付款证书,不应视为监理工程师已同意、批准或接受了承包人完成的该部分工作。

监理工程师在处理延迟支付进度款的合同事项时,需要做好催款和协调工作,如监理工程师在接到催款通知后应迅速与发包人协调。若发包人确有困难,可与承包人协商,经同意后签订延期付款协议,发包人可延期支付,并支付延期支付期间的应付款的同期银行贷款利息;若承包人不同意延期支付,且无能力继续施工,承包人可以在再次发出催款通知未果后暂时停止施工,或确认发包人已无能力支付工程款时,按合同约定可部分或全部解除合同,发包人承担违约责任。监理工程师应做好善后处理工作。

4. 竣工结算

(1)除非专用条款另有约定,承包人应按照合同规定的竣工验收程序在提交竣工验收报告的同时向监理工程师提交竣工结算报告及付款申请单,并提供完整结算资料和相关证明材料。竣工付款申请单应包括下列内容:竣工结算合同总价,发包人已支付承包人的工程价款,应扣留的质量保证金,应支付的竣工付款金额。监理工程师对竣工结算报告有异议的,有权要求承包人进行修正和提供补充资料。经监理工程师和承包人协商后,由承包人向监理工程师提交修正后的竣工付款申请。

(2)监理工程师应在收到承包人提交的竣工付款申请单后的14日内完成核查,并提出发包人到期应支付给承包人的价款建议送发包人审核并抄送承包人;除非专用条款另有约定,发包人应在收到监理工程师核查结果后14日内审核完毕,由监理工程师向承包人出具经发包人签认的竣工付款证书。监理工程师未在约定时间内核查,又未提出具体意见的,视为承包人提交的竣工付款申请已经监理工程师核查同意;发包人未在约定时间内审核又未提出具体意见的,监理工程师提出发包人到期应支付给承包人的价款视为已经发包人同意。

(3)发包人应在监理工程师出具竣工付款证书后的14日内,将应支付款支付给承包人。发包人未按照约定支付价款的,承包人可以催告发包人在合理期限内支付价款。发包人逾期不支付的,除按照工程的性质不宜折价、拍卖的以外,承包人可以与发包人协议将该工程折价,也可以申请人民法院将该工程依法拍卖。承包人就该工程折价或者拍卖的价款优先受偿,承包人行使优先权的期限为6个月,自工程竣工之日或者工程合同约定的竣工之日起计算。

(4)承包人对发包人签认的竣工付款证书有异议的,发包人可出具竣工付款申请单中承包人已同意部分的临时付款证书。存在争议的部分,按照合同的约定办理。

(5)结清证明。承包人在提交竣工结算报告时,应同时向发包人提交一份书面结清证明,确认竣工结算报告上的总额代表了就本合同发包人应付给承包人的全部和最终结算总额。该结清证明在承包人收到退还的履约担保和尚未付清的余额后生效。

在现实当中,监理工程师对费用控制方面的权力相对较弱,存在着发包人拖欠工程款现象,而现行法律对发包人不按期付款的约束较严,因此监理工程师在帮助制定合同条款时,应确定合理的支付时间,并反复提醒发包人到期付款,以免引起索赔和承担违约责任,造成不必要的损失。另外,凡是实行全过程审计的使用国有资金的水运工程的竣工结算需要经过审计部门审计定案后方能结算,一般很难保证发包人在14日内对竣工结算报告审核完毕。因此,在专用条款中应视审计工作的时间合理延长发包人的结算报告审核时间(如42日或56日),并在招标文件中就要明确工程结算需要在工程决算通过审计机构审计后方能进行。

第五节 索 赔 管 理

一、索赔概述

1. 索赔的概念

索赔是当事人在合同实施过程中,根据法律、合同规定及惯例,对并非由于自己的过错,而是由于应由合同对方承担责任的情况造成的,且实际发生了损失,向对方提出给予补偿的要求。在工程建设的各个阶段,都有可能发生索赔,但在施工阶段索赔发生较多。

对施工合同的双方来说,索赔是维护双方合法利益的权利主张。它与合同条件中双方的合同责任一样,构成严密的合同制约关系。

索赔的性质属于经济补偿行为,而不是惩罚。索赔方所受到的损害,与被索赔方的行为并不一定存在法律上的因果关系。导致索赔事件的发生,可以是一定行为造成,也可能是不可抗力事件引起,可以是对方当事人的行为后果原因,也可能是任何第三方行为所导致。

明确了索赔的含义和性质后就可以看到,索赔是合同赋予的履行合同时应行使的正当权利要求,而不应是无理争利。索赔和守约并不矛盾,恪守合同是发包人和承包人共同的义务,索赔则是合同内规定的管理内容,坚持双方共同守约才能保证合同的顺利履行。索赔在一般情况下都可以通过协商方式友好解决,只有当双方坚持已见而无法达到妥协时,才会导致争议而提交仲裁解决。即使要求仲裁解决,也应被看成是遵法守约的正当行为。

索赔是发包人和承包人都拥有的权利,但基于合同双方提出索赔的频率,明显的是承包人向发包人提出索赔的情况占绝大多数。因为在合同实施过程中,发包人处于主动地位,如果发生由承包人应承担的责任而给发包人造成损失,发包人可以采取扣留工程款或承包人设备等多种措施进行弥补,而承包人处于被动地位,只能通过索赔的方式弥补自己的损失。因此在工程实践中,又习惯地将承包人向发包人的索赔称为索赔,而发包人向承包人的索赔称为"反索赔"。

2. 索赔的作用和条件

(1) 索赔的作用

索赔与工程承包合同同时存在的。它的主要作用有:

① 保证合同的实施。合同一经签订,合同双方即产生权利和义务关系。这种权益受法律保护,这种义务受法律制约。索赔是合同法律效力的具体体现,并且由合同的性质决定。如果没有索赔和关于索赔的法律规定,则合同形同虚设,对双方都难以形成约束,这样合同的实施得不到保证,不会有正常的社会经济秩序。索赔能对违约者起警戒作用,使他考虑违约的后果,以尽力避免违约事件发生。所以索赔有助于工程双方更紧密的合作,有助于合同目标的实现。

② 落实和调整合同双方经济责任关系。有权利,有利益,同时又应承担相应的经济责任。合同中任何一方未履行责任,构成违约行为,造成对方损失,侵害对方权利,就应承担相应的合同处罚,予以赔偿。离开索赔,合同的责任就不能体现,合同双方的责权利关系就不平衡。

③ 维护合同当事人正当权益。索赔是一种保护自己,维护自己正当利益,避免损失,增加利润的手段。在工程承包中,如果承包人不能进行有效的索赔,不精通索赔业务,往往使损失得不到合理、及时的补偿,甚至会影响企业正常的生产经营。

④ 促使工程造价更合理。施工索赔的正常开展,可以将原来计入工程报价中的一些不可预见费用,改为按实际发生的损失支付,有助于降低工程报价,使工程造价更合理。

如果合同双方能够认真履行合同的义务,承担各自的风险,及时调整双方的债权债务关系,则工程承包合同能够很好地履行。索赔是经常发生的现象,是正常的。反之,一方不敢索赔,不会索赔,另一方不许对方索赔的现象是极不正常的。索赔是合同管理的重要内容,它应与施工合同的履行同时存在。

(2) 索赔的条件

索赔的目的在于保护自身的利益,向对方追回损失,避免亏损,但不能滥用。索赔要有一定的条件:

① 客观性。施工过程中确实存在不符合合同或违反合同的干扰事件,而且对承包人的工期和成本造成了影响,这是客观事实,而且要确凿的证据证明。

② 合法性。发生的干扰事件是非承包人自身责任引起的,也不是属于承包人的风险。根据法律法规及合同条件的规定对方应给予赔偿或补偿。

③ 合理性。索赔量的计算应合情合理,符合实际情况,采用合理的计算方法。

④ 时效性。索赔要在事件发生后合同规定的时间内提出,若超过时限,则视为放弃索赔权利。

承包人在索赔中注意遵守诚实信用原则,不能为了追逐利润,违反商业道德,采用不正当手段甚至非法手段搞索赔。这会使双方关系紧张,不利于合同的继续实施,也会使承包人的信誉受到损害,不利于将来的经营。若承包人的行为违反了法律,还会受到法律的处罚。

3. 索赔的分类

索赔的分类有多种,如按涉及的当事人分,有承包人与发包人之间的索赔、总承包人与分包人之间的索赔、发包人或承包人与供货商之间的索赔、发包人和承包人与保险公司之间的索赔等;按索赔的依据分,有合同内的索赔、合同外的索赔、道义索赔(不具合同内或合同外理由,但承包人却因非自己主观过失而遭受到损失向发包人提出具有优惠性质的补偿要求);按索赔的处理方式分,有单项索赔和综合索赔(又称一揽子索赔)等。

除以上的分类外,从合同管理的角度和索赔的目的来看,可分为工期索赔和费用索赔。

(1)工期索赔

要求批准延长合同工期的索赔,称为工期索赔。工期索赔要求被批准后,承包人可以免除承担因拖期违约被罚款的责任,而且还可能因工期提前得到奖励。因此,工期索赔的目的最终仍反映在经济收益上。

(2)费用索赔

费用索赔的目的是要得到经济上的补偿。在施工过程中,发生了非承包人的责任而导致工程开支的实际增加,承包人要求对附加开支给予补偿。

虽然索赔有工期索赔和费用索赔之分,但其根本目的最终反映在调整双方的经济利益之上。工期索赔和费用索赔是索赔的最基本分类。

二、施工索赔事件

1. 施工索赔的必然性

在水运工程施工过程中索赔经常发生,而且索赔数额又往往较大,这是由于以下一些原因造成的:

(1)水运工程的特点是工程规模大,投资多、结构复杂而质量和技术要求高,且工期又长。在施工中,又有许多条件的变化。如地质条件、水文条件的变化,建设及环保部门对工程新的建议、要求和干涉,建筑市场、建材市场的变化等,会影响工程的成本和工期。

(2)合同是在工程开始之前签订的,对如此复杂的水运工程和施工环境,合同中不可能对所有的问题做出预见和规定,对工程的所有部分做出准确的说明。合同中不可能考虑得非常周全。这些都可能导致双方对责任、权力和义务的争执,也会引起对双方经济利益的影响。

(3)在施工过程中,发包人要求的变化将导致工程变更,工程变更的增加将涉及费用与工期的变化。

(4)水运工程一般规模较大,涉及的承包人较多。各单位之间在技术经济方面互相联系又相互影响。一方失误,不仅给自己造成损失,也会影响其他承包人,进而影响整个工程。其中受到损失者将提出索赔。

另外,在国际工程承包中,由于合同双方的语言、法律、工程习惯的不同,也会对责、权、利的理解不同,引起索赔。

总之,由于各种内部或外部的干扰造成工期的延长和成本的增加,是索赔的起因。由于发包人起草合同,承包人处于不利的地位,在招投标中,承包人为了取得施工合同必须降低报价,因此承包人必须在施工过程中,取得不应由自己承担风险的那部分损失的支付。因此索赔是属于合同履行过程中正常的风险管理。索赔是正常的、不可避免的。

2.施工索赔的原因分析

施工索赔的原因是多种多样的,以下是主要的一些原因。

(1)发包人的原因

在施工索赔过程中,最主要的大量的是发包人方面的原因造成的。发包人方面的原因中又可以分为发包人违约和发包人的风险所致两个主要方面。

在水运工程施工中,常见的发包人违约事件有:

①发包人没有按合同规定提供施工水域、场地或作业面

发包人没有按合同规定的时间提供施工所需的陆域、水域,办理好土地和水域的审批、征用、拆迁补偿、障碍物清理,开通施工场地与城乡公共道路的通道、提供施工船舶的航道与临时施工码头,接通水、电及通信线路,或其他承包人占用的场地或工作面没有及时给出,致使承包人的施工人员和施工设备不能按时进场,工程不能及时开工,延误工期。

②发包人没有按合同的规定提供设计资料、设计图纸

发包人没有按合同规定的时间提供设计资料、设计图纸,影响工期、造成窝工。例如,推迟提供、提供的设计资料出错;合同规定一次提供,而实际上分批提供等。

③发包人未及时办理水运工程施工所需各种许可

发包人未及时办理工程施工所需的各种许可、批件、备案和临时用地、占道及铁路专用线的申请批准手续,影响施工正常进行。

④发包人未及时交付水准点和坐标控制点

发包人未及时将正确无误的水准点和坐标控制点以书面形式交给承包人。

⑤发包人未及时提供工程的陆地及海洋地质、水文、气象和地下(水下)管网线路资料。

发包人未及时提供这些资料,或者提供的资料数据不符合真实准确的要求。如出现了地质断层、淤泥层加厚,发现了图纸上未准确标明管线,沉船、古墓及其他文物,按合同规定应进行特殊处理或采取加固措施。

⑥发包人未及时进行图纸会审及设计交底

发包人未及时组织设计单位和承包人进行图纸会审,未及时向承包人进行设计交底。

⑦发包人没有按约定供应提供的材料设备

发包人没有按合同的规定按时提供应由发包人提供的建筑材料、机械、设备及进口材料设备,海运时间过长或在港口停置时间过长,以及提供的材料设备质量上不合格。

⑧发包人变更工程,如增加项目,变更已实施的工程量,致使费用增加或工期延长。

水运工程施工中工程变更是不可避免的,工程量的变化、设计变更、质量标准的改变、改换建筑材料、暂停施工或要求赶工等,均需要工程师通过变更指令来实现,这些都可能引起新的费用或延长工期,承包人可以提出索赔要求,以弥补自己的损失。

⑨发包人拖延合同规定的责任

发包人拖延合同规定的责任,如拖延对图纸的批准,拖延对中间工程和隐蔽工程的验收,拖延对承包人提出的有关施工问题的答复等。

⑩发包人未按合同规定支付预付款和工程款

发包人未按合同规定的时间和数量向承包人支付预付款和工程款，给承包人造成了经济上的损失，承包人有权提出索赔。拖欠工程款是发包人违约的主要表现形式之一。

⑪发包人要求赶工

发包人要求加快水运工程进度，指令承包人采取加速措施，承包人只有在以下两种情况下才能提出索赔：已产生的工期延长责任完全非承包人引起，发包人认可承包人的工期索赔；计划工期没有拖延，而发包人希望工程提前竣工，及早投入使用。

⑫发包人提前占用部分永久工程

发包人提前占用部分永久工程，或在保修期中，由于发包人使用不当或其他非承包人原因造成损坏。或者在竣工验收前工程尚未交付时，发包人使用已完或未完工程造成的损坏。

上述索赔原因能否成为施工索赔的依据，还应依据双方达成的水运工程合同，特别是合同协议书及合同专用条款的规定。

(2) 承包人的原因

在水运工程施工索赔事件中，主要的和大量的是承包人向发包人索赔。但是，索赔是合同双方都拥有的权利。发包人在承包人违约时，为了维护自身的经济利益也可以向承包人提出反索赔。

承包人应按合同的规定全面履行自己的各项义务。当出现了下面的情况时，发包人可向承包人提出索赔：

①工程质量不符合合同规定

如果承包人的施工质量不符合合同规定的技术规范要求，或者在工程中使用的材料、设备质量不满足要求，以及在保修期满之前未完成工程缺陷的修复工作时，发包人有权向承包人反索赔。这部分索赔包括由此而造成的直接损失，也可以包括与承包人违约行为有因果关系的间接损失。如承包人施工质量低劣导致保修期内所施工的码头仓库屋顶漏水，淋坏了库内的货物和电气设备，发包人可以要求承包人自费修理工程缺陷，也可以要求赔偿电气设备和货物的损失，以及仓库延期使用的损失。

②工程交付时间不符合规定

只要承包人没有合法的理由展延工期，而又不能按时竣工，他都要承担延期违约赔偿责任。承包人延误工期的原因包括两个方面：一是主观上的行为过失，如施工组织不当，管理水平不高等；再就是他应承担风险的客观原因导致的，如施工现场不利的气候条件影响等。

③承包人的其他原因

除质量和工期之外，承包人引起的反索赔的原因尚有以下几种：

a. 因承包人的原因，使发包人受到了管理部门的罚款或第三方投诉的损失。如承包人运输材料设备损坏了道路、桥梁和码头设施，施工过程中违反了环保规定，发包人被处罚金等。

b. 承包人以双方共同的名义办理的保险失效，给发包人带来的损失。

c. 承包人在保管材料、设备中的失职，给发包人造成的损失。

d. 因承包人原因工程延期，或需加班赶工时，所增加监理服务费。除此之外，在施工过程中，承包人的其他过失给发包人造成的损失，均可以成为发包人反索赔的原因。

(3) 工程师的原因

工程师是代表发包人或受发包人的委托进行水运工程施工管理的。从施工合同中工程师

的地位来看,他们的失误给承包人造成的损失应由发包人承担。由工程师原因引起的索赔事件主要有:

①工程师委派人员没有按合同规定提前通知承包人,对施工造成不利影响的。

②工程师发出的指令、通知有误,影响了施工的正常进行的。

③工程师未按合同规定及时向承包人提供指令、批准图纸、进行中间工程或隐蔽工程检验验收等工作,给施工造成不利影响的。

④工程师对承包人的施工组织进行不合理干预。工程师有权对承包人的施工组织进行监督检查,但如果对承包人的施工组织进行超越权限的不合理干预,影响了施工的正常进行的,承包人有权提出索赔。

当然,工程师原因引起的索赔不仅是工程师的错误或失误原因,有时由于正常的工作也可能引起索赔,如工程的重新检验结果为合格等。

(4)环境影响及风险因素

水运工程施工期长,施工现场环境的影响,特别是不可预见事件的影响必然对工期和费用造成很大的影响,尽管合同准备工作非常细致,合同条款内容严谨。但是,由于工程项目施工的复杂性和人们预见能力的有限性,仍会产生索赔事件。

现场环境的影响是指施工条件的变化。主要是指地质、水文条件,如地下水,地质断层、地质情况与技术资料有较大差异,也指航道、水深、水下地形等所提供的资料与实际不符。这些将对工期及费用产生较大影响,必然引起索赔。

对于风险因素,双方以合同中应做出明确细致的规定,有些不可抗力的风险应向保险公司投保。在很多情况下,双方应对风险情况的责任分担做出明确规定,而且大都由发包人承担风险责任。比如:

①自然灾害(风、雨、洪水、大潮、地震等)超过了合同规定的。

②社会动乱、暴乱等。

③物价大幅度上涨,造成材料价格、工人工资大幅度上涨。

④国家政策及法律法规的变更。

国家政策及法律法规的变更,是指直接影响到工程造价的变更。比如,限制进口,外汇管制或者税收及其他收费标准的提高。国际惯例规定从投标截止日期之前的 28 日开始,如果工程所在国或地方法律变更导致承包人施工费用增加,则发包人应该向承包人补偿其增加值。相反,如果导致费用减少,则应由发包人受益。国内工程因国务院各部委、地方政府及工程造价管理部门公布的价格调整,如定额、取费标准、税收以及需上缴的各种费用等的变化等,可以调整合同价款。

(5)其他原因

除上述导致索赔的主要原因外,在工程施工中尚有其他导致索赔的情况。

①合同文件的缺陷。由于合同文件的缺陷,特别是技术规范和图纸的缺陷,导致了承包人费用的增加和工期的延长,承包人可以提出索赔。现实中,发包人多采用总价合同,又没有给出明确的技术资料和工作内涵要求,存在许多模糊之处,尤其是水下施工,很容易成为承包人索赔的理由。

②其他承包人的干扰。大型水运工程往往会有几个承包人在现场施工,工程师有责任组

织协调好各承包人之间的工作。若某个承包人不能按期完成他的那一部分工作,将影响另外的承包人,由于承包人之间没有合同关系,受到影响的承包人将向发包人提出相应的索赔。

③其他第三方的原因。如银行付款延误、发包人材料设备订货迟到、质量和数量与合同不符、水电供应中断等,承包人也往往会向发包人索赔。

三、水运工程施工索赔程序

我国施工合同索赔随着建设工程市场的发展,合同法律法规的完善,招标投标工作的正常开展,正在逐渐走向健康发展的道路。经过实践,我国工程建设主体间的关系也有进一步地发展和变化,监理工程师的作用更加明确,索赔问题与国际接轨。按照《标准施工招标文件》、《水运工程标准施工招标文件》规定,水运工程施工索赔(在不特指下通常为承包人的索赔)的程序可以分为以下几个步骤。

1. 承包人提出索赔要求

(1) 索赔申请

在索赔事件发生后,承包人应迅速做出反应,在知道或应当知道索赔事件发生后 28 日内向监理工程师(合同范本中称为监理人)递交索赔意向通知书,声明将对此事件提出索赔,并说明发生索赔事件的事由。如果超过这个期限,监理工程师和发包人有权拒绝承包人的索赔要求。

(2) 提出索赔报告及有关资料

发出索赔意向通知书后 28 日内,承包人向监理工程师提出延长工期和(或)补偿经济损失的索赔通知书(正式报告)及必要的记录和证明材料。

(3) 如果索赔事件具有连续影响的,承包人应按合理时间间隔继续递交延续索赔通知,说明连续影响的实际情况和记录,列出累计的追加付款金额和(或)工期延长天数;在索赔事件影响结束后的 28 日内,承包人应向监理工程师递交最终索赔通知书,说明最终要求索赔的追加付款金额和延长的工期,并附必要的记录和证明材料。

为了提出索赔报告,承包人应当对索赔事件进行以下工作:

①事态调查。即寻找索赔机会,通过承包人对合同的管理和对合同实施的跟踪、分析,发现索赔机会。一经发现索赔机会,则应对它进行详细的调查和跟踪,以了解事件的前因后果,掌握事件的详细情况。

②索赔原因。对干扰事件进行分析,即这些干扰事件是由谁引起的,它的责任应由谁来承担。一般只有非承包人责任引起的损害事件才有可能提出索赔。在实际工作中,损害事件的责任常常是多方面的,故必须进行责任分解,划分责任范围,按责任大小,承担损失。这里最容易引起合同双方的争执。

③索赔依据。即索赔理由,主要是指合同文件。必须按合同判明这些索赔事件是否违反合同,是否在合同规定的赔偿或补偿的范围之内。例如,某合同规定,在工程总价 15% 的范围内的工程变更是承包人的风险和机会。则发包人指令增加工程量在这个范围内,承包人不能提出索赔。

④损失调查。即为索赔事件的影响。主要表现为工期的延长和费用的增加。如果干扰

事件不造成损失,则无索赔而言。损失调查的重点是收集、分析、对比实际和计划的施工进度、工程成本和费用方面的资料,在此基础上计算索赔值。

⑤收集证据。索赔事件发生后,承包人应抓紧收集证据,并在索赔事件持续时间一直保持有完整的当时记录。这也是索赔要求有效的前提条件。如果在索赔报告中提不出证明其索赔理由、索赔事件的影响、索赔值的计算等方面的详细资料,索赔是不能成立的。在实际工程中,许多索赔要求都因没有或缺少书面证据而得不到合理的解决,所以承包人必须对此有足够的重视。

⑥起草并提出索赔报告。索赔报告是上述工作的结果,应由承包人的合同管理人员起草,承包人的决策人审定。

2. 监理工程师审查索赔报告

(1)监理工程师审查承包人的索赔申请

合同规定,监理工程师收到承包人提交的索赔通知书后,应及时审查索赔通知书的内容、查验承包人的记录和证明材料,必要时监理工程师可要求承包人提交全部原始记录副本。这就要求监理工程师在接到承包人的索赔意向通知后,应建立自己的索赔档案,密切关注索赔事件的影响。检查承包人的同期记录时,监理工程师可以对记录的内容提出他的不同意见和他要求承包人需要补充的内容。监理工程师接到正式的索赔报告后,应认真研究承包人的索赔报告和证据资料,客观地分析索赔事件发生的原因,对照合同的相关条款,检查承包人提出的索赔证据,并查阅承包人的同期记录。监理工程师通过对索赔事件的认真分析,依据合同相关条款划清事件中合同双方的责任界限。在必要时,监理工程师还可以要求承包人进一步提供补充证据资料。特别是对发包人与承包人及工程师均应负有一定责任的事件,更应客观地确定各方应承担的合同责任的比例。最后再审查承包人提出的索赔补偿要求,删除其中的不合理的部分,拟定自己计算的合理索赔款额和展延工期的天数。

(2)索赔成立的条件

①与合同相对照,索赔事件确实已造成了承包人的施工成本的额外支出,或直线工期损失。

②造成费用的增加或工期损失的原因,按合同的约定既不属于承包人的行为责任,又不属于承包人应承担的风险责任。

③承包人按照合同规定的时间和程序提交了索赔意向通知和索赔报告。

上述 3 个条件没有先后主次之分,应当同时具备。而只有工程师认定索赔成立后,索赔事件才能按程序进一步处理。

3. 监理工程师对索赔的处理

合同规定,监理工程师应按与承包人商定或自行确定追加的付款和(或)延长的工期,并在收到上述索赔通知书或有关索赔的进一步证明材料后的 42 日内,将索赔处理结果答复承包人。监理工程师做出的确定能被承包人接受,充分的协商是必要的。如通过协商仍不能达成共识,承包人则仅有权得到所提供的证据满足监理工程师认为索赔成立那部分的索赔款和延长的工期。不论监理工程师确认的索赔款或工期与承包人申请的是否一致,批准给予补偿的索赔款额和延长工期的天数均应报请发包人批准。

监理工程师的索赔处理决定应站在公正的立场上,以合同条款为依据,充分研究承包人的索赔理由和提供的证据,根据索赔事件的情况实事求是的做出决定。如收到监理工程师的索赔处理决定后,发包人或承包人如果认为处理决定不公正,都可以在合同规定的时间内提请监理工程师重新考虑,当监理工程师最后做出决定,承包人仍不满意,则可以按照合同中的仲裁条款向仲裁机构要求仲裁。

4. 发包人审查索赔处理

合同规定,承包人接受索赔处理结果的,发包人应在做出索赔处理结果答复后 28 日内完成赔付。承包人不接受索赔处理结果的,可以按合同中约定的纠纷解决办法办理。

发包人应根据索赔事件发生的原因、责任范围、合同的相关条款审核承包人的索赔申请和工程师的索赔处理决定。同时应考虑工程建设的目的、投资控制、竣工投产日期要求以及承包人在施工过程中的表现,决定是否同意工程师的处理意见。发包人仔细权衡利弊后,可能对工程师的处理意见进行改动,比如他可能不同意延长工期,而给承包人增加费用补偿,要求承包人采取赶工措施,按期甚至提前竣工,这样的决定只有发包人才有权做出。索赔报告经发包人批准后,工程师即可签发有关证书。

目前有些工程实行全过程审计,对于这类工程,监理工程师对索赔报告进行审核后,还要报审计单位进行审计后才可作为结算的依据。

5. 承包人是否接受最终索赔处理

如果承包人接受最终的索赔处理决定,则索赔事件的处理即告结束。反之,就会导致合同争议。通过协商双方达成互谅互让的解决方案,是解决争议的最理想方式。若协商仍不能达成谅解,承包人可以申请争端评审小组裁决,或提交仲裁委员会仲裁。

索赔处理的程序可参考图 5-3 索赔处理流程图。

四、监理工程师的施工索赔管理

1. 监理工程师管理施工索赔原则和任务

在施工索赔过程中,监理工程师是核心人物。要使索赔得到合理解决,监理工程师在工作中应遵守如下原则:

(1) 公正原则

监理工程师不是施工合同的当事人。作为独立的第三方,监理工程师必须公正行事。由于发包人和承包人的立场和利益不一致,经常会出现矛盾。因此,工程师处理索赔问题的公正性应表现在以下方面:

①要按照法律法规和合同约定行事。作为监理工程师应当准确理解、正确执行合同,在索赔的处理过程中按照合同的原则行事。

②从事实出发,实事求是。监理工程师应按施工过程干扰事件的真实情况,承包人的实际损失和提供的证据,正确公正地做出判断。

③从工程的总目标出发,处理索赔问题,要使工程顺利进行,尽早投入使用,保证施工质量。

(2) 协商一致的原则

监理工程师在处理和解决索赔问题时,应及时地与承包人和发包人沟通,在做出决定、调整价格、决定延展工期和费用补偿时,应充分地与合同双方协商,最好能达成一致,取得共识。监理工程师应充分认识到这是避免索赔争议的最有效的办法。监理工程师应正确理解合同的规定,对索赔事件有正确的判断,这是发挥监理工程师作用,做好协商工作的基础。

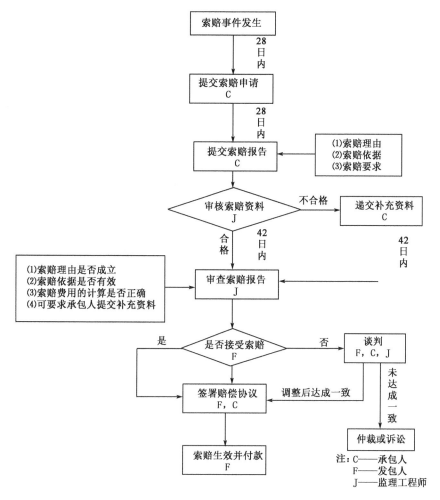

图 5-3 水运工程施工索赔工作程序

（3）诚实信用原则

监理工程师处在发包人和承包人之间,发包人将工程管理的任务委托给他,承包人希望他公正。他的索赔决定将直接影响双方的经济利益,而他的经济责任较小,所以工程师的工作在很大程度上依靠他自身工作的积极性和责任心,依靠他的诚实和信用,靠他的职业道德来维持。而这些只有监理工程师自身有公正的立场,勤奋的工作,良好的合作精神和较强的处理问题的能力和诚实信用的人格才能实现。

（4）及时履行责任的原则

在工程施工中监理工程师必须及时的行使权力,做出决定或下达通知、指令或表示认可和同意等。监理工程师应做好日常的监理工作,对工程质量、完成的工作量、现场检查等情况经

常与承包人协调,控制好质量和进度,及时批准支付,正确处理好变更。这样做有以下作用:

①可以减少承包人的索赔。因为工程师的工作及时,承包人不易找到索赔依据。

②制止干扰事件的影响扩大。发生干扰事件,工程师要及时做出决定,防止承包人停工待命或继续施工造成更大的损失。

③及时解决索赔问题,有利于工程进展。工程师收到承包人的索赔意向通知书,应迅速做出反应,认真研究密切注意干扰事件的发展,正确处理索赔问题,加深合同双方的理解,有利于工程进展。

④及时解决索赔问题,防止问题复杂化。及时解决单个索赔问题比较容易,多个索赔问题集中起来,分析处理困难又会产生新的问题,容易引起索赔争议。

监理工程师索赔管理的任务是他的主要工作之一,这一工作的基本目标是:通过自己的工作尽量减少索赔事件的发生,如果发生了,应公平、公正、合理地解决索赔问题。所以,监理工程师索赔管理任务是:

①作好工程管理工作,减少疏漏

作为工程师在工程管理工作中的疏漏给承包人造成损失也是索赔的原因之一,所以监理工程师在起草文件、下达指令、做出决定、答复请示时都应注意到完备性和严密性,颁发图纸、做出计划等方面都应考虑到其正确性和周密性。

②通过有效的工程管理减少索赔事件的发生

监理工程师应以积极的态度和负责的态度管理好工程,为发包人提供良好的服务。在工程施工中,监理工程师应做好协调和缓冲工作,及时发现并提醒双方的违约倾向,使合同双方严格按合同约定行事,特别是发包人义务的履行,以减少承包人提出索赔。

监理工程师对工程施工按合同约定进行有力的控制,及早发现干扰事件,采取措施降低干扰事件的影响,协助承包人做好安排减少损失,从而减少索赔量,也为发包人减少了损失。同时对干扰事件的控制与了解,为合理处理索赔提供了条件。

③公正、及时地处理索赔

发生了索赔事件之后,监理工程师应公正、及时地处理索赔,承包人及时得到合理的补偿,发包人又不多支付,合同双方都心悦诚服,对处理的结果满意,继续保持友好的协作关系。

监理工程师及时处理好单项索赔,不使之拖到总索赔中去,不仅减少了处理的难度,也会提高监理工程师的威信,使工程顺利进行。

2. 监理工程师处理索赔的依据

监理工程师处理索赔工作是其工程管理工作的一部分,处理索赔的依据是:

(1)施工监理合同

施工监理合同是指发包人聘请监理人代其对工程项目进行管理,明确双方权利、义务的协议。合同中应明确发包人授予监理工程师权限的内容,其中,应明确监理工程师在处理索赔工作中的任务和权限,这是监理工程师处理索赔工作的主要依据。

(2)水运工程施工合同

水运工程施工合同是承包人进行水运工程建设施工,发包人支付价款的合同。合同中规定了双方的权利和义务,划定了双方的风险责任,对工程质量、进度和费用也有明确的规定,同时,作为合同组成部分的标准、规范及有关技术文件、图纸、工程量清单、工程报价单或预算书及文件等,都是监理工程师处理索赔工作的主要依据。

(3) 有关的法律法规的规定

对于水运工程,交通运输部是行业发包人的管理部门,所以交通运输部及工程所在地政府有关规定也是监理工程师处理索赔的主要依据。

3. 监理工程师对索赔的审查

(1) 审查索赔证据

监理工程师对索赔的审查,首先要对承包人提出的索赔报告进行审查,分析承包人的索赔要求是否有理、有据。监理工程师要审查承包人索赔要求是否符合法律法规和施工合同的规定,受到的损失是否是非承包人自身的原因和应承担的风险,索赔的证据是否充分,索赔量的计算是否合适等。监理工程师通常要审查承包人提供的下列证明材料:

①合同文件。
②经监理工程师批准的施工进度计划。
③合同履行过程中的来往信件。
④施工现场记录。
⑤施工会议记录。
⑥工程照片。
⑦监理工程师发布的各种书面指令。
⑧中期支付工程进度款的单证。
⑨检查和试验记录。
⑩汇率变化表。
⑪各种财务凭证。
⑫其他有关资料。

(2) 审查工期延展要求

监理工程师对承包人工期索赔要求,在审查中应注意几下问题:

①划清施工进度拖延的责任

因承包人自身原因造成的施工进度的滞后,不能同意工期索赔要求。

只有承包人不应承担任何责任的延期,才能同意工期索赔。

有时工期延期的原因中可能双方均有责任,此时监理工程师应进行详细分析,分清责任比例,适当延展工期。

工期索赔要求,可能是单纯的工期延展要求,也可能是既要求展延工期,又要求费用补偿,监理工程师应进行认真的审查。

②被延误的工作是处于施工计划关键线路上的施工项目

因为只有关键线路上的工作内容的滞后,才会影响到竣工日期。但是,非关键线路上的工作的影响时间较长,超过其总时差,也会导致总工期的拖延,此时监理工程师应充分考虑事件的影响,给予相应的工期延展。

③监理工程师无权要求承包人缩短工期

监理工程师有审核、批准承包人延展工期的权利,但他不可以要求承包人缩短工期。即使指示承包人删减掉某些合同内的工作内容,也不能要求承包人相应缩短合同工期。如果要求提前竣工,则属于合同变更,应由发包人和承包人协商解决。

(3) 审查费用索赔要求

费用索赔的原因,可能是与工期索赔相同的事件,也可能是其他事件。监理工程师在审批中,除了要划清合同责任以外,应注意费用索赔的内容、索赔取费的合理性和索赔量计算的合理性。

① 承包人可索赔的费用内容

a. 人工费。包括增加工作的人工费,停工损失费和工作效率降低的损失费等。

b. 设备费。可采用机械台班费、机械折旧费、设备租赁费等。

c. 材料费。

d. 保函手续费。

e. 贷款利息。

f. 保险费。

g. 利润。

h. 管理费。包括现场管理费和公司管理费。

② 审核索赔取费的合理性

费用索赔涉及的款项较多,内容较杂。而且承包人往往从维护自身的利益出发,取费不尽合理,因此监理工程师应检查取费的合理性,剔除不合理的取费项目或费率。

③ 审核索赔计算的正确性

监理工程师要对承包人的索赔计算进行审查,既要检查数字计算的错误,也要检查采用的费率是否合理、适度。

(4) 监理工程师处理索赔的权限

监理工程师在对索赔的审批中还要注意自己的权限。

① 监理工程师仅有权审核、处理合同内的索赔。承包人提出的合同外索赔和道义索赔已经涉及对合同的修改,应由发包人处理。

② 监理工程师不负责对承包人拖期违约的赔偿处理。

③ 合同内索赔数额超过权限范围时,需报发包人批准后才能执行。

第六节 合同争端的协调与处理

在水运工程施工合同的履行过程中,不可避免地会出现一些违约事件,致使各种争端经常发生。其原因是水运工程施工合同涉及到的问题比较广泛和复杂,它包括地质勘探、工程测量、潮汐波浪、物资供应、现场施工、竣工验收、缺陷责任及其修复过程,而每一项进程中也都可能牵涉劳务、质量、进度、监理、计量和付款。这些都需要在合同中明确规定合同各方的责任和工作流程并要求严格遵守,尽可能减少争执。但是,要在合同执行中不发生任何变化和争端是很困难的。另外,水运工程施工合同履行期较长,难免会遇到客观环境条件、法律法规、经济政策的变化。由于这些变化和当事人签订合同时考虑不周,或合同条款存在某些缺陷或使双方理解不一致而导致处理意见相左。特别是几乎所有合同条款都与工程成本、价格、计量支付和相应的责任与义务等发生关系,直接影响到发包人和承包人的权利、义务和经济利益,致使合同的双方各持己见,彼此发生分歧、争议和争端。

凡是当事人对合同是否成立、成立的时间、合同内容的解释、合同的履行、违约的责任,以及合同的变更、中止、转让、解除、终止等发生分歧和争执,也包括对监理工程师的任何意见、指示、决定、证书或估价方面的不同意见,均为争端的内容。由此可见,在履行合同过程中发生争端是不可避免的,监理工程师的职责是协调和处理好这些争端。

发包人和承包人因合同发生争议,一般采取下述方式解决:
(1)向合同条款约定的机构或人员要求调解。
(2)向合同条款约定的仲裁机构申请仲裁。
(3)向有管辖权的人民法院起诉。

通常对双方发生争议的处理程序是:首先应由监理工程师进行协调;协调不成可请(自愿)工程所在地的合同管理机关进行行政调解,一般是指工商行政管理部门的调解;调解不成或在规定的期限内不能做出调解时,任何一方可在规定的期限后提请约定的仲裁机构进行仲裁或向人民法院起诉。

一、合同争端的协调与和解

在实行监理的工程中,在发包人与承包人发生争端时,监理工程师应本着"一手托两家"的原则,公正、公平、实事求是的协调双方的分歧,本着对工程建设有利、对双方有利的方针多做和解工作,提出解决问题的方案或建议,通过和解,可以较快、较经济地解决争端。实际上在执行合同期间发生的争端,绝大部分通过监理工程师进行协商是可以得到解决的。

进行合同争端的协调工作一般应是总监理工程师的职责,故应由总监理工程师主持发包人和承包人的争端协调工作。在特殊情况下,也可以由监理公司中的资深人员(如总工程师、经理或副经理等)来协调,以避免参与合同管理的监理工程师不能妥善处理甲乙双方的争端。对于具有法律性质的争端,总监理工程师应在听取法律专家咨询后再作决定,这将使问题解决得更合理,处理得更完善。需要说明的是,1999版FIDIC《施工合同条件》和我国新版的《标准施工招标文件》的合同条件都淡化了监理工程师作为公正调解人的角色,代之以争端裁决人(DAB)或争端评审小组来解决彼此的争端。

二、合同争端的行政调解

合同争端的调解是劝导当事人和解的一种方法。根据调解人的性质,分为行政调解和民间调解。合同争端的行政调解是行政机关依法劝导争端双方当事人和解,解决合同争端的一种方式。合同争端调解的行政机关一般应是管理合同的工商行政管理部门。所依据的行政法规是国家工商行政管理局制定的《合同争端行政调解办法》。工商行政管理部门进行合同争端调解的原则是:①自愿原则;②公平、合理、合法原则;③不公开原则。调解的程序为:

(1)申请。合同当事人若要求工商行政部门进行合同争端调解,应向其递交合同争端调解申请书。申请书应当写明申请人和被申请人的名称或者姓名、地址、法定代表人姓名、职务,申请的理由和要求,申请日期等。同时应向调解机关提供有关证据材料和相关的法定文件

(如合同书、代理人委托书等)。

(2)受理。工商行政管理部门在收到调解申请书后,应指派专人审查此申请书。并于5日内做出是否受理的决定。受理的条件为:①当事人自愿接受调解;②申请人是与本案有直接利害关系的当事人;③有明确的被申请人、具体的调解请求和事实根据;④符合合同争端行政调解的范围。

(3)调解。调解机关应指派1~2名调解员进行调解。调解的时间、地点应提前通知双方当事人,以便其做好准备。调解时,可由双方当事人陈述理由和主张。调解员在充分听取双方当事人的意见的基础上,进行劝导,促成双方当事人互相谅解,达成和解协议,并做好调解笔录。

(4)终结。当调解成立时,可由双方当事人自愿签订调解协议或新的合同。该调解协议或新的合同具有法律约束力,受法律保护。调解终结后,不论当事人和解与否,都应制作调解终结书,写明争端的主要事实、当事人的请求和调解结果,并由调解员署名,加盖合同争端调解专用章。调解终结书可送达当事人。合同争端的调解时限为受理之日起2个月。

三、合同争端的裁决

根据我国的建设工程合同争端的处理程序规定,在双方不愿和解、调解或者和解、调解不成的,可以将争端提请专门的争议评审小组裁决或决定。或按FIDIC合同条件的精神,提请争端裁决委员会(Dispute Adjudication Board,简称DAB)裁决或决定。

1. 提请争议评审小组决定

(1)任命争议评审小组。当事人按照专用条款中的约定,发包人和承包人应按照合同附件提供的格式各自选定1名争议评审小组成员,并共同选定第3名成员,第3名成员为争议评审小组的首席成员,成员需具有合同管理和工程实践经验。

(2)获得争议评审小组的决定。首先由申请人向争议评审小组提交一份详细的申请报告,写明争议的事实及相关情况、提交争议评审小组做出决定的事项、申请人对争议处理的建议和意见等,并附必要的文件、图纸和证明材料,申请人还应将上述报告的副本同时提交给被申请人和监理人。被申请人在收到申请人申请报告副本后的28日内,向争议评审小组提交一份答辩报告,并附证明材料,被申请人应将答辩报告的副本同时提交给申请人和监理人。不提交答辩报告,不影响争议处理程序的进行;争议评审小组应当自被申请人答辩期满后14日内,邀请双方代表和有关人员举行会议,调查争议细节,必要时争议评审小组可要求双方进一步提供补充材料;在会议结束后的14日内,争议评审小组应做出书面决定,并说明理由。在争议处理期间,争议双方暂按总监理工程师的决定执行。

(3)未能遵守争议评审小组的决定。发包人和承包人接受争议评审小组裁决结果的,应当自收到裁决之日起14日内,由监理人根据裁决拟定执行协议,经争议双方签字后作为合同补充文件,并遵照执行;如一方不执行争议评审小组决定的,另一方可根据本合同相关条款申请仲裁或提起诉讼,并在收到争议评审小组决定后的14日内将仲裁或起诉意向书面通知另一方。在仲裁或诉讼中争议评审小组的决定应作为裁判的依据。

注意,在合同履行过程中的任意阶段产生争端均可按上述程序处理。

2. FIDIC 合同条件下提请 DAB 决定

（1）DAB 的任命。双方应在投标书附录规定的日期前，联合任命一个 DAB。DAB 由具有相应资格的 1 名或 3 名人员组成。如双方无另行约定，一般应为 3 人组成。如果为 3 人组成，其中双方各推荐 1 名报对方认可；双方再与已任命的成员协商任命第 3 名成员，并由该人担任主席。DAB 成员及其咨询过的任何专家的报酬应经双方商定并各付一半费用。DAB 的任期无特殊规定一般应在清结证书生效后届满。但在此期间经双方协商一致（不能单方面）可以更换或替代其成员或终止其对此 DAB 的委任。

（2）获得 DAB 的决定。发生争端后，任何一方可以书面形式提交 DAB（3 人时提交主席），委托其做出决定，同时将副本送另一方和工程师；根据 DAB 的要求，双方应立即向 DAB 提交所需要的任何资料、现场进入权或设施；DAB 应在收到委托后的 84 日内，或由 DAB 建议并征得双方同意的时间内，做出决定；决定对双方具有约束力，双方应立即遵照执行。

（3）如果双方中的任一方对 DAB 裁决不满意，可以在收到该决定通知后的 28 日内，将其不满向另一方发出通知，包括在 DAB 在约定的时间内没有做出决定，任何一方均可在该期限后的 28 日内向另一方发出不满的通知。不满通知应包括争端的事项和不满的理由。如任一方在收到 DAB 的决定通知之后的 28 日内均未发出不满通知，则该决定成为最终的、对双方都有约束力的裁决，任何一方不得在就此争端提出仲裁。如果任一方对 DAB 的决定不满并向另一方发出了通知，双方可以着手申请仲裁，但仲裁需要等到不满通知发出后的第 56 日或其后才能进行。在此期间提倡双方冷静，采用友好方式通过协商解决争端。此外，FIDIC 合同条件要求，在等待裁决的时间内（包括友好协商和仲裁期间），承包人应继续按照合同进行工程。

四、合同争端的仲裁

在工程竣工之前或之后均可申请仲裁。但在工程进行中发包人、监理工程师及承包人各自的义务均不得以仲裁正在进行为理由而加以改变。

监理工程师在合同争端仲裁中的工作主要有两个方面：一是提供证据，所提供证据应实事求是，符合合同规定并应公正。在仲裁庭调查情况时，应积极配合，提供真实情况；二是监理工程师应监督各方按合同约定，继续进行工程施工，保证工程能顺利的进展并符合要求。

有关我国仲裁的法律要求在第二章述及。FIDIC 合同条件对仲裁的说明为：监理工程师的决定不作为最终有约束力的决定；仲裁人有全权公开、审查和修改与争端有关的工程师的证书、确定、指示、意见或估价，以及 DAB 的任何决定；任何事项都不应否定工程师对不论与争端有关的任何事项被传为证人并向仲裁人提供证据的资格；任一方在向仲裁人的申诉中，应不受此前向 DAB 提供的证据或论据，或在不满通知中提出的不满意理由的限制；但 DAB 的任何决定都可以作为仲裁中的证据。

另外需说明的是：如果在 DAB 已发生效力而另一方不执行 DAB 决定，另一方可以申请仲裁；如果不采用 DAB 或 DAB 期满，任一方可直接申请仲裁；仲裁决定是最终决定；仲裁在竣工之前或之后均可进行；双方、工程师、DAB 的合同义务不因在工程进行过程中正在进行仲裁而改变。

有一点作为监理工程师应该清楚，不管合同争端采取何种方式解决，除合同已经被中止或终止,承包人应在各种情况下应以全力进行施工,不得以停工或怠工来要挟发包人让步,以此方式解决合同争端,否则,承包人就构成了新的违约。对于争端而言,国籍惯例是"打官司和干工作两不误。"

第七节 案例分析

监理工程师在进行水运工程合同管理的过程中,会遇到许许多多的情况,需要监理工程师做出正确的分析与判断。这就要求监理工程师除了具备工程知识与技能之外,还要掌握监理的基本知识,相关法律、法规,特别是对合同和合同管理的基本概念、基本原理、基本程序和基本方法的掌握。提高综合应用监理知识解决实际问题的能力。

在合同管理方面的案例分析主要包括以下几个方面:

(1)合同的基本知识。

(2)工程招投标的基本规定。

(3)水运工程合同履行过程中的管理。

(4)施工索赔管理。

(5)合同违约责任及合同纠纷的处理。

本节收集了部分合同管理方面的案例,但为了配合学习合同管理知识,对复杂的背景及工程进行了简化。仅是想通过简单的案例分析,说明监理工程师应如何运用合同管理知识,处理工程中发生的涉及合同方面的问题。以下案例分析仅供读者学习本门课程时参考。

[案例1]

某实施监理的船坞工程项目,发包人与A施工总承包人签订施工合同,约定的承包范围包括围堰支护、基坑开挖、船坞主体结构与机电配套等。开工前总承包人将其中的围堰支护和基坑开挖分包给具有相应资质的B分包人。

工程实施过程中发生下列事件:

事件1:由于采用板桩围堰支护技术和安全要求高,B分包人编制了专项施工方案,并组织召开了有A总承包人与项目监理机构相关人员参加的专家论证会。会后B分包人将该施工方案送交项目监理机构,要求总监理工程师审批。总监理工程师认为该方案已通过专家论证,便签字同意实施。

事件2:发包人要求B分包人在围堰开工前7日内,将资质等级证明与专项施工方案报送工程所在地交通建设行政主管部门。

问题:

1.指出事件1中的不妥之处,写出正确做法。

2.指出事件2中发包人的不妥之处,写出正确做法。

回答要点:

问题1:

(1)专家论证会的组织者不妥,作为需要报监理机构审核重要工程施工方案的编制应是总承包人的职责,该项施工方案论证的组织者应是总承包人而不应是分包人;且专家成员不妥;专家成员应由符合相关专业要求的专家组成,本项目参建各方不得以专家身份参加专家论证会。

(2)审批签字程序不妥:

①仅仅报送施工方案不妥,专项方案经专家论证后,专家应当提交论证报告,对于论证内容要提出明确意见,并在论证报告上签字。该论证报告应一并报送。

②直接报送不妥,实行施工总承包的,专项方案应当由总承包人技术负责人及相关分包单位技术负责人签字。由总承包人(项目经理部)向监理机构报送。

③"B分包人将该施工方案送交项目监理机构,要求总监理工程师审批"不对,B分包人与发包人没有合同关系,不能直接向发包人暨监理机构提交申请或要求,应由总承包人报送监理机构审核。

(3)"总监理工程师认为该方案已通过专家论证,便签字同意实施"不对。监理机构不应直接接受分包人报送的专项施工方案,且可否接受与是否经过专家论证没有因果关系。

问题2:

(1)发包人要求分包人报送资料不妥,而应当通过监理机构要求总承包人报送有关资料。

(2)发包人承包人提前7日向主管部门报告有关资料不妥。按照《建设工程安全生产管理条例》,建设单位应当在该工程施工15日前,将资料报送建设工程所在地的县级以上地方人民政府建设行政主管部门或者其他有关部门备案。

[案例2]

某工程施工合同规定2012年10月30日竣工,在实际施工过程中,先后因下述4项原因导致工程延误35日:

(1)2012年5月11日至5月20日因设计变更等待图纸停工10日。

(2)2012年6月11日至6月20日因正常阴雨天气影响施工质量,监理工程师下令停工10日。

(3)2012年7月11日至7月20日因承包人设备故障而停工10日。

(4)2012年7月25日至7月29日因发生不可抗力事件而停工5日。

另外由于遭遇不可抗力导致已建部分工程破坏,修复费用需要80万元,承包人人员5人受伤,处理伤病医疗费用和补偿金共计5万元,承包人机械、设备受到损坏,造成损失10万元,由于现场停工造成机械台班费损失2万元,工人误工费3万元,工程破坏现场清理费3.5万元。

对以上事件,承包人提出索赔要求,要求拖延工期35天,并要求发包人给予费用补偿共计103.5万元。对此,监理工程师应批复哪些工期和费用赔偿?为什么?

回答要点:

1.工期索赔处理

(1)设计变更、等待图纸责任在发包人,经审核若影响工期属实,应批准延期10日。

(2)正常阴雨天气影响属于一个有经验的承包人可以预料到的,因此是承包人的风险,虽然是工程师下令停工,但这是为了影响施工质量,承包人应当事先考虑到气候的影响,不予延期。

(3)承包人自己的设备故障,属于承包人应承担的风险,产生的延误不予延期。

(4)发生不可抗力事件,依据专用合同条款规定,该风险主要在发包人,应予延期。

综上，监理工程师应批准工期延期15天。

2. 费用索赔处理

费用损失部分由双方各自承担相应的风险，已建工程破坏的修复费用80万元由发包人承担，承包人人员伤亡的医疗费用由承包人承担，承包人各单位的设备损坏、停供造成的误工费用亦由承包人承担，工程现场清理费用3.5万元由发包人承担，因此应批准的费用索赔共计83.5万元。

[案例3]

现场施工过程中，因M承包人的分包人施工延误，导致N承包人不能按已被批准的进度计划施工。对此损害事件N承包人要求索赔。试问这一索赔问题与发包人、工程师、M承包人和M承包人的分包人各有什么关系？

回答要点：

(1) N承包人与发包人有合同关系，而与M承包人及分包人没有合同关系，因此只能通过工程师向发包人进行索赔。

(2) 发包人与M承包人有合同关系，他可以通过工程师向M承包人反索赔。发包人与M承包人的分包人没有合同关系，不能直接向该分包人反索赔。

(3) M承包人可以直接向其分包人进行反索赔而不必通过工程师。

[案例4]

某工程项目在施工阶段，发包人与承包人签订了施工合同，在施工过程中，工程师发现如下问题：

(1) 工程所需200个港吊下铺钢轨由发包人供应，运达承包人工地仓库，并经入库验收。施工过程中，工程师进行质量检验时，发现有10个钢轨有较大变形，即下令承包人拆除。经检验原因属于钢轨质量不符合标准要求。

(2) 工程所需港吊设备，由发包人负责采购，由承包人选择的分包人负责安装，进行联动无负荷试车时，需发包人动力部门、承包人及有关外部单位进行某些配合工作。试车检验结果表明，该港吊的某控制设备存在严重的质量问题，需要更换。

问题：

(1) 对钢轨质量问题，工程师应如何处理？

(2) 按施工合同规定试车应由谁组织进行？此事件工程师应如何处理？

回答要点：

(1) 工程师对质量不合格的钢轨可下令承包人拆除，承包人应要求发包人退货，重新购进合格产品；新产品进场经过联合检验后由承包人重新安装，经检查合格后，可以验收。所造成的工期和费用损失，工程师应进行核实认可，予以签证，由发包人承担相应责任。

(2) 联动无负荷试车由发包人组织试车，应通知工程师和与联动试车有关单位和部门参加。港吊中控制设备存在质量问题，应由承包人向发包人提出更换设备要求。更换调整后，再组织试车验收。因更换设备所产生的工期延误和经济损失，工程师应进行核实认可，予以签证，由发包人承担责任。

[案例5]

某航务公司与某游艇公司签订一旅游艇码头工程施工合同，明确承包人(航务公司)保质、保量、保工期完成发包人(游艇公司)的旅游艇码头施工任务。工程竣工后,承包人向发包方提交了竣工报告,发包人认为双方合作愉快,为赶在旅游旺季增加收入,还没有组织验收,便直接使用了。使用中发包人发现码头的护舷和系船设施存在质量问题,遂要求承包人修理。承包人则认为工程未经验收,发包方提前使用,出现质量问题,承包人不再承担责任。

问题:

(1)单选:依据有关法律、法规,该质量问题的责任由( )承担。
①承包人 ②发包人 ③承包人与发包人共同 ④现场监理工程师

(2)工程未经验收,发包人提前使用,可否视为工程已交付,承包人不再承担责任?

(3)如果该工程委托监理,出现上述问题应如何处理,监理工程师是否承担一定责任?

(4)发生上述问题,承包人的保修责任,应如何履行?

(5)上述纠纷,发包人和承包人可以通过何种方式解决。

回答要点:

(1)②正确。理由是因发包人的做法违反建筑法的规定,按《建设工程施工合同示(范文本)》的规定,发包人强行使用未经验收的工程,由此发生的质量问题和其他问题由发包人负责。但法律规定,地基基础工程与主体结构工程的质量除外。

(2)可视为发包人已接收该项工程,但不能免除承包人对地基基础工程和主体结构工程的质量责任和保修的责任。

(3)出现上述问题属于监理工程师没有依照法律提醒发包人不经验收使用的法律后果,并及时组织单位工程验收,存在一定的管理责任。

(4)承包人保修责任,应依据建设工程保修规定履行,但保修期从该项目使用之日起算。

(5)发包人和承包人在履行合同中发生争议的,可以友好协商解决或者提请争议评审组评审。合同当事人友好协商解决不成、不愿提请争议评审或者不接受争议评审组意见的,可在专用合同条款中约定下列一种方式解决:①向约定的仲裁委员会申请仲裁;②向有管辖权的人民法院提起诉讼。

[案例6]

某工程发包人委托了某监理人进行监理,在委托监理任务之前,发包人与承包人已经签订施工合同。现场监理机构在执行合同中陆续遇到一些问题需要进行处理,若你作为监理工程师,对遇到的下列问题,请提出处理意见。

问题:

(1)在施工招标文件中,按工期定额计算,工期为550日。但在施工合同中,开工日期为2010年12月15日,竣工日期为2012年7月20日,日历天数为581日,请问监理的工期目标应为多少日?为什么?

(2)施工合同中规定,发包人给承包人供应图纸7套,承包人在施工中要求发包人再提供3套图纸,施工图纸的费用应由谁来支付?

(3)在基槽开挖土方完成后,承包人未按施工组织设计对基槽四周进行围栏防护,发包人代表进入施工现场不慎掉入基坑摔伤,由此发生的医疗费用应由谁来支付,为什么?

(4)在结构施工中,承包人需要在夜间浇筑混凝土,经发包人同意并办理了有关手续。按地方政府有关规定,在晚上11点以后一般不得施工,若有特殊需要给附近居民补贴,此项费用应由谁承担?

(5)在结构施工中,由于发包人供电线路事故原因,造成施工现场连续停电3天。停电后承包人为了减少损失,经过调剂,工人尽量安排其他生产工作。但现场1台塔吊、2台混凝土搅拌机停止工作,承包人按规定时间就停工情况和经济损失提出索赔报告,要求索赔工期和费用,监理工程师应如何批复?

回答要点:

(1)按照合同文件的解释顺序,合同条款与招标文件在内容上有矛盾时,应以合同条款为准。故监理的工期目标应为581日。

(2)合同规定发包人供应图纸7套,承包人再要3套图纸,超出合同规定故增加的图纸费用应由承包人支付。

(3)在基槽开挖土方后,在四周设置围栏,按合同文件规定是承包人的责任。未设围栏而发生人员摔伤事故,所发生的医疗费应由承包人支付。

(4)夜间施工已经发包人同意,并办理了有关手续后应由发包人承担有关费用。

(5)由于承包人以外的原因造成连续停电,在一周内超过8h。承包人又按规定提出索赔。监理工程师应批复工期顺延。由于工人已安排进行其他生产工作,监理工程师应批复因改换工作引起的生产效率降低的费用。造成施工机械停止工作,监理工程师视情况可批复机械设备租赁或折旧费的补偿。

[案例7]

某承包人承担了某北方集装箱港重力式码头和防波堤的施工任务,其中码头工程采用抛石基床。设计要求基床应坐在坚硬的土层上,并在招标文件中给出了相关标高和地质资料。承包人在投标时编制了施工组织设计,确定了重锤夯实基床的施工方案。根据招标文件及现场察看,承包人编制了施工进度计划,确定了防波堤的工期为42个月,码头工期为31个月。承包人据此编制了投标报价。该承包人中标后,发包人签订了承包合同,并按期开工同时进行了防波堤和码头的施工。在施工过程中,承包人根据实际中出现的问题,提出了以下工期或费用索赔,问监理工程师如何处理,为什么?

(1)在基槽开挖时,按招标时提供的地质资料和设计标高,承包人发现挖泥达到设计标高时,其土质仍然很软,达不到设计规定的技术要求。经报监理工程师,同意继续下挖至设计要求的土层,最深处已比设计标高深了10米。因此使挖泥量和抛石量各增加了3万立方米。费用增加114万元,局部工期增加了30日。承包人按合同规定提出了增加费用114万元和延长工期30日的索赔要求。

(2)由于码头基床高程相差很大,抛石厚度也相差较大,若采用重锤夯实方案,对承包人来说,一是施工控制难度较大,二是夯实船在海上停留时间较长。为此,承包人提出了采用爆破夯实方案,并向监理工程师递交了翔实可信的施工方案,并提出需增加费用50万元,工期可不延长的申请。

(3)在进行沉箱安装施工后,承包人又向监理工程师提交了费用索赔报告,理由是码头施工是在防波堤完工之前,没有掩护条件下进行的,应对码头施工部分增加外海施工系数。根据交通部当时的有关规定,人工费需增加10%,船舶及水上施工机械费需增加25%。

回答要点：

(1) 监理工程师经审查认为情况属实，同意承包人的增加费用 114 万元，延长本部分工期 30 日。理由是现场地质情况与招标文件的要求和所给条件不符，属于工程变更范畴，且为发包人责任，应按合同规定给予承包人费用和工期补偿。

(2) 监理工程师可同意其按新方案实施，但不同意承包人的费用索赔要求，理由是承包人是为了便于施工，缩短船机的闲置时间，减低成本而改变施工工艺的，属于承包人的施工替代方案，不是发包人的要求。监理工程师对其方案的技术可行性和可靠性进行审核，认为可行，可以批准其实施，但费用不予增加。

(3) 监理工程师不同意承包人的人工费和机械使用费的调价。理由是对码头在防波堤建成之前进行施工的这一情况承包人在投标时是清楚的，承包人投标文件中的施工组织设计已反映了这一点。作为一个有经验的承包人对此是可以预料到的，故应理解其投标报价中已考虑了在无掩护条件下进行码头施工的相关费用，故监理工程师对此索赔要求不予签认。

[案例 8]

某市利用世行贷款修建一座码头，按国际惯例采用 FIDIC 合同条件签订合同。在施工建设中，发现高程产生差错，监理工程师书面发出暂时停工指令。事件发生 15 日后，承包人根据重新放线复查的结果，用正式函件通知监理工程师，声明对此事要求索赔，并在事件发生后 35 日承包人再次提交了索赔的论证资料和索赔款数。监理工程师根据 FIDIC 合同条件有关条款及索赔程序进行了处理。

问题：

(1) 判断

监理工程师认为承包人第二次提交的索赔论证报告，超过了 28 日的时效，不予索赔。是否正确？

①正确　　　　　②不正确

(2) 分析

①承包人提出索赔的依据是什么？

②监理工程师审查索赔事实应做哪些查证工作？各作何处理？

(3) 选择

若监理工程师批准承包人的费用索赔，则这类费用又分两种情况：

①如果由于监理工程师提供的有差错的资料而导致承包人的停工，由此而产生费用索赔（　　）利润。

②如果承包人按照监理工程师提供的有差错的放线资料已经实施了，承包人对已完工程进行改正或补救而增加的费用（　　）利润。

A. 应包括　　　　B. 不应包括

回答要点：

(1) ②

(2) ①FIDIC 合同 17.1 款（或写出具体内容）。

②监理工程师应做的工作及相应的处理：

a. 应检查承包人对地面桩（或控制点）的保护工作及有关资料。若属保护不善，则应由承包人承担纠正差错的费用。

　　b.应检查承包人施工放线的方法、仪器和精度。因此而导致的差错,由承包人负责。

　　c.由于监理工程师提供资料的差错,应批准费用索赔。

（3）B；A。

复 习 题

1. 简述工程分包的概念、种类和规定。
2. 监理工程师对工程分包的管理要求有哪些?
3. 简述工程变更的范围、规定和程序。
4. 监理工程师对工程变更的管理要求有哪些?
5. 简述工程延期及其原因,工程暂时停工的处理。
6. 监理工程师对工程延期的管理要求是什么?
7. 质量控制中的合同管理程序及要求是什么?
8. 费用控制中的合同管理程序及要求是什么?
9. 简述监理工程师处理索赔的原则、程序和时限。
10. 合同争端的协调、调解、仲裁的有关程序和要求是什么?

第六章 国际工程合同管理

[**自学提要**] 本章为合同管理知识拓展内容。主要介绍国际工程合同与典型的合同条件。通过学习,了解国际工程合同的特点,熟悉 FIDIC 合同文件体系及主要使用条件;掌握 FIDIC 施工合同条件的主要条款和管理要点;了解 ICE 工程施工合同(NEC)的特点,熟悉合同关系,掌握合同选项策略。

第一节 国际工程合同

一、国际工程合同的含义

国际工程合同是指一国的当事人为取得酬金,以自己的人力、物力和技术,在他国境内承包兴建该国政府或雇主投资兴建的工程项目或为其提供咨询和管理服务所签订的协议。在构成此合同的三大要素中,总有一个或两个要素发生在国外境外,因此他属于涉外工程合同。按照国际工程的业务划分,国际工程合同分为国际工程咨询合同和国际工程承包合同。为了能使从事国际工程业务的公司更好地开展业务,避免因合同条款上发生争执或产生歧义以至在合同履行中产生纠纷,按国际惯例,一般当事人双方协议采用国际上比较通用、规范、严谨的标准合同文本供其使用,这种文本也称国际工程合同条件。

二、国际工程承包合同的种类

国际工程承包合同从不同的角度,依据不同的标准,可以有多种分类方式,通常的分类如下:

(1)根据承包内容的不同,可以分为工程设计承包合同、工程施工承包合同和总体承包合同等。

工程设计承包合同是某工程项目的雇主与设计咨询公司或咨询人之间为该项目的设计而签订的承包合同。承包的内容包括承包人为雇主提供设计方案和施工图纸,以及在施工阶段提供设计监理(相当于我们国家的设计代表工作)。

对某项工程的施工进行承包而签订的合同称为工程施工承包合同,承包的内容是承包人负责按发包人提供的图纸要求完成项目的施工任务。

对工程设计和施工同时进行承包而签订的合同称为总体承包合同(All-in Contract)。它又可分为统包合同或"交钥匙"合同(Turnkey Contract)、半统包合同(Semi-Turnkey Contract)、产品到手承包合同(Product in Hand Contract)和分项承包合同(Separate Contract)。其中统包合同是指由承包人与发包人之间直接签订某项工程全部任务的协议,包括从方案的选择、规划、勘察、可行性研究、设计材料供应、施工和安装到操作人员培训、试车投产等,直到产品质量、数量及原材料消耗达到设计要后,再移交给发包人的合同。半统包合同是指由一个承包人统包一个工程项目的全部技术和建设工作,直到该工程项目符合合同规定的各项指标和效率,但不必对产品的质量、数量、原材料消耗标准负责的合同,又称半交钥匙合同。产品到手合同是指承包人不仅必须履行从勘察、设计施工交付使用的各项建设任务,而且还必须承担在工程使用后一定时间内的技术指导、设备维修和技术培训等任务,并保证能按照合同规定的各项指标生产出合格产品的合同。分项承包合同是指发包方将一项总的工程分为若干部分,每个部分包含一个或几个子工程项目,分别与若干承包人签订的合同,各承包人只对自己所承担的项目负责,而整个工程项目由发包人负责协调组织。

此外,还有阶段发包方式(Phased Construction Method)合同,也称为 CM 方式(Construction Management Approach)合同;建设—运营—转让(Build – Operate – Transfer,简称 BOT)模式合同。BOT 合同模式的合同主体为:①东道国政府(Host Government)/部委(Ministry)/公营部门机构(Public Sector Agency),为项目的建议、立项和最终所有者;②特许或私营项目公司,为项目的承办、融资、运行者,在项目经营期内拥有特许权,可以自行经营也可以出租。一般由承包商、设备供应商及维修和经营项目的公司所组成的联合体。保险公司、国际金融机构、某些基金会或东道主政府都可能成为其股东;③施工联合集团(Construction Consortium),是交钥匙项目的固定总价合同的承包商,负责设计、建造、设备采购、安装和调试等项工作。这种方式多用于国家的大型的基础设施建设,如道路、桥梁、交通隧道、供水、排污、废物处理、港口、电站、电信和一些工业项目。

(2)根据计价和支付方式的不同,可分为总价合同、单价合同和成本加酬金合同。

总价合同(Lump – sum Contracts)是指承包人同意按照当事人双方在合同中确定的总价,负责完成合同规定的全部工程任务的合同,是最通用的一种合同形式。适用于雇主已有详细的设计,预先能比较准确地估计出工程的总造价,并以此总合同价发包给承包商。通常是通过投标竞争来确定合同总价。它又分为固定总价合同(Fixed Price Contract)和可调整的或浮动的总价合同(Adjustable Price Contract)两种。固定总价合同的特点是其价格不随外部条件的变化而变动,承包商不得以此变动向雇主要求补偿。这种合同形式对承包商来说风险较大。可调整的总价合同的特点是双方在合同中约定,当某种因素使价格的变化超过一定范围时,可以调整合同价。风险为承包商和雇主按比例分担。

单价合同(Unit Price Contract),又称按量计价合同(Admeasurement Contract),是总价合同的一种变形。它是根据承包商自己在投标时或其他方式拟定的单价和价格,按照已完成的工程量进行结算的一种计价合同。其特点是量变价不变。一般又分为工程量表合同和单价表合同。前者是招标文件中列有工程量清单,由承包商报价确定单价,执行中单价不能变,而工程量可按实结算。FIDIC《施工合同条件》即属于此种合同形式。但该合同条件又规定在某项目实际完成的工程量超出或少于工程量表中规定的工程量的 10% 以上时,可以对该项目的单价进行调整。而后者是只列出工程项目名称,但无工程量,只载明承包商要对各给出项目报出单价,最后按实际完成的工程量,乘以所报单价计算合同价格。又称之为纯单价合同(Straight Unit Price Contract)。这种合同形式适用于没有详细图纸就进行招标的情况。单价合同对承包商来说没有工程量风险,但有单价风险。

成本加酬金合同(Cost Plus Fee Contract)是指承包商为完成工程项目和合同中规定的其他任务所实际发生的成本再加上雇主向承包商支付的一笔酬金和应得的利润而确定的合同价格的一种合同形式。此种合同又分为成本加百分率酬金合同、成本加固定数目酬金合同、成本加奖金合同以及最高限额成本加固定酬金合同。这种合同的特点是成本费实报实销,对承包商来说承担的风险最小。一般适用于特殊工程项目(如军事或国防项目)的承包。

(3)根据发包人的身份不同,可以分为主包合同和分包合同。

主包合同(Main Contract)是由发包人(雇主)同承包人直接签订的合同,双方之间存在着直接的权利和义务关系。分包合同(Sub-Contract)是主包合同的承包人(即主承包人)将自己所承包的工程项目中的一部分分包给其他承包人(即分承包人)而签订的合同。

(4)其他分类。如单独承包合同和联合体承包合同;工程承包合同和机电设备制造安装合同以及劳务合同等。

三、国际工程合同条件简介

国际工程合同条件是一种供国际工程参与者选择使用的标准格式合同文本。使用标准格式的合同条款有明显的优点。有利于平衡各方之间的权利和义务关系,尤其能公平地在合同各方之间分配风险和责任。大多数情况下,由于权利和义务关系明确,则避免了履约程度低下,成本增加,以及由于施工合同各方彼此之间缺乏应有的信任而引起的争端。

使用标准合同条件不仅有利于顺利地完成合同,而且很有可能使标价有所降低,这是因为投标者熟悉合同规定的适用条件。由于投标者熟悉合同条件,所以他们的估价也将是准确的,而不必过多的考虑资金的额外备用问题。同时,标准合同条件有利于合同管理人员的工作,这将提高合同管理人员的工作效率和业务水平。

目前国际工程上常用的合同条件主要有:国际咨询工程师联合会(FIDIC)编制的各类合同条件;英国土木工程师学会的"ICE 土木工程施工合同条件",英国皇家建筑师学会的"RIBA/JCT 合同条件";美国建筑师学会的"AIA 合同条件",美国承包商总会的"AGC 合同条件",美国工程师合同文件联合会的"EJCDC 合同条件",美国联邦政府发布的"SF-23A 合同条件"等。其中以 FIDIC"土木工程施工合同条件"、"ICE 土木工程施工合同条件"和"AIA 合同条件"最为流行。

大部分国际通用的施工合同条件由"通用条件"和"专用条件"两部分组成。通用条件是指对某一类工程都适用,如 FIDIC《施工合同条件》对各类土木工程如房屋建筑、工业厂房、公路、桥梁、水利、港口、铁路、机场等均适用。专用条件则是针对一个具体的工程项目,根据项目所在国和地区的法律法规的不同,根据工程项目的特点和雇主对工程建设的不同要求,而对通用条件进行具体化、修改和补充。

1. FIDIC 合同条件

FIDIC 是国际咨询工程师联合会的法文名称(Federation Internationale Des Iigenieurs Conseils)的缩写,它是各国咨询工程师协会的国际联合会。FIDIC 合同条件是一个系列合同条件。1999 年前最常用的有 5 个合同条件,即《土木工程施工合同条件》(简称红皮书),《雇主/咨询工程师标准服务协议书》(简称白皮书),《电气与机械工程合同条件》(简称黄皮书),《设计—施工和交钥匙工程合同条件》(简称桔皮书)和《土木工程分包合同条件》(简称赭皮书)。1999年FIDIC在吸收已有合同条件优点的基础上重新编写并出版了新的4个合同条件文本,即《施工合同条件》(简称新红皮书)、《生产设备和设计—建造合同条件》(简称新黄皮书)、《EPC交钥匙项目合同条件》(简称银皮书)及《合同简短格式》(简称绿皮书)。

2. ICE合同条件

ICE是英国土木工程师学会(The Institution of Civil Engineers)英文名称的缩写。它是设在英国的国际性组织,是根据英国法律具有注册资格的教育、学术研究与资质评定的团体。ICE在土木工程合同方面具有很高的权威性,它编制的土木工程合同条件在土木工程界具有广泛的应用。ICE属于固定单价合同格式。同FIDIC合同条件一样,ICE合同条件是以实际完成的工程量和投标文件中的单价来控制工程项目的总造价。ICE也为设计—施工模式制定了专门的合同条件。同ICE合同条件配套使用的还有《ICE分包合同标准格式》,是用于承包商与分包商签订分包合同时使用。

3. AIA合同条件

AIA是美国建筑师学会(The American Institute of Architects)英文名称的缩写。AIA在美国建筑界及国际工程界具有较高的威信。AIA出版的系列合同文件在美国建筑界和国际工程承包界特别在美洲地区应用广泛。AIA制定和发布的合同条件主要用于私营的房屋建筑工程,共有5个系列:A系列是用于雇主与承包商的标准合同文件,不仅包括合同条件,还包括承包商资格申报表、保证标准格式等;B系列是用于雇主与建筑师之间的标准合同文件,其中包括专门的用于建筑设计、室内装饰工程等特定情况的标准文件;C系列是用于建筑师与专业咨询机构之间的标准文件;D系列是建筑师行业内部使用的文件;G系列是建筑师在企业及项目管理中使用的文件。其中,"施工合同一般条件A201"是AIA合同文件的核心。

第二节 FIDIC《施工合同条件》

一、FIDIC《施工合同条件》概述

FIDIC《施工合同条件》(Condition of Contract for construction)是在FIDIC《土木工程施工合同条件》的基础上重新编写而成的。FIDIC《土木工程施工合同条件》共出版了4版,第1版于1957年发行。在此以前还没有专门编制的适用于国际合同的条件。FIDIC条件的第1版(由于其标题长且封面为红色,很快以"红皮书"为众人所知)是在国际承包业蓬勃发展,迫切需要一套标准合同条件的形式下出版发行的。第1版是以正在英国使用的合同格式为蓝本,该合同格式由土木工程师协会(ICE)出版,因而所反映出的传统和法律制度具有英国特色。第2版于20世纪60年代中期发行,但没有改变第1版中包含的条件,只是在第1版的基础上增加了一个第3部分。此第3部分提供了用于疏浚和填筑合同时,对通用条件所作的一些具体变动。第3版对前两版作了全面修订,并于1977年出版,同时还附有与之配套的解释性文件,

题为"土木工程合同文件注释"。第4版是于1987年出版发行,1992年再次修订重印。与第3版相比,主要有如下改动为:第2部分(专用条件)已从备忘录形式扩展为一整套全面展开的示范条款,并单独装订成册。这就能够使第1部分(通用条件)以印刷形式附在标书文件中,作不变的证据。对第1部分不作任何改动,如果要求任何改动,则需通过第2部分中某一条款来体现;疏浚和填筑工程已被编入第2部分,不再列出。FIDIC《土木工程施工合同条件》已为我国工程界所熟知,直至目前该版仍可使用。

FIDIC《施工合同条件》(1999年第1版,由于封皮颜色仍为红色,又称新红皮书)的主要应用条件与FIDIC《土木工程施工合同条件》基本相同:即可用于由雇主或由其委托的设计工程师负责设计,在施工过程中由工程师为雇主进行项目管理,以单价合同为计价基础的施工合同。但其适用范围由土木工程扩展到包括房屋建筑、土木工程、电力、机械等各类工程的施工。

在我国改革开放不断深入的20世纪80年代,不论是在国境外承包的工程,还是在国内使用世界银行、亚洲开发银行或其他国际金融机构提供贷款的工程建设中,都普遍遇到了国际惯例做法,如招标投标制、工程监理制等,并在承包合同中采用了FIDIC《土木施工合同条件》,而且取得了一定的经验。如大连的大窑湾港区工程即是采用FIDIC合同条件进行管理的工程。京(北京)津(天津)塘(塘沽)高速公路为我国第一条世界银行贷款的高速公路,一方面采用了FIDIC合同条件进行管理,另一方面注重提高雇主、监理工程师和承包商各方的素质,不仅工期和造价得到了有效的管理,而且工程质量也达到了国内最高水平,得到了中、外专家的好评。实践证明,采用FIDIC合同条件,是适应社会主义市场经济的需要,是开拓国际市场的需要,是推行监理制度的需要。正是借鉴了FIDIC合同条件,我国才制定和完善了适应国情的建设工程合同示范文本。加入WTO以后,我国再次面临着学习和使用国际上通行的合同条件,进行合同管理。因此学习FIDIC合同条件仍然是需要的。

二、FIDIC《施工合同条件》的组成与特点

1. FIDIC《施工合同条件》的组成

FIDIC《施工合同条件》(第1版)共由4部分组成,即通用条件、专用条件编制指南、争端裁决协议书格式、投标函与合同协议书格式。

(1)通用条件

通用条件共分20条,163款。其作用是明确双方的权利和义务关系。通用条件部分,是在总结以往工程合同管理经验的基础上编写的,针对各类工程施工和合同管理中常见的问题依据有关法律进行示范性的规定。这些规定有的不需要做任何改动,有的需要在专用条件中予以进一步说明和修改,有的必须在专用条件或投标函中予以明确,如通用条件的第1.1.2款中定义了雇主、承包商、分包商和工程师等词的含义,但又同时指出,这些词所指的具体对象必须在投标函及附录中具体填入相应的人或公司。通用条件的编制原则是尽可能的全面和细致,使用时对不需要的条款只需在专用条件中相应条款中注明不采用即可,避免重新添写条款。通用条件的具体内容可大致分为4类:费用控制的条款,进度控制条款,质量控制条款,规章、法规及其他条款。

这些条款并不是截然分开和相对独立的,因此,在理解和应用FIDIC《施工合同条件》时应

当全面阅读,特别是对那些相互联系的条款应重点阅读和理解。

(2)专用条件

专用条件的作用,是对通用条件进行补充和修正,使合同条件能够适应不同的国家地区的不同项目的实际情况。正因为专用条件是依据实际情况和具体对象而制订的,所以专用合同条件在合同文件中占有重要的地位。通用条件与专用条件共同构成了制约合同各方权利和义务的条件。因此,对具体合同编写时都应编写专用条件,才能使合同条件更具有针对性和可用性,并且专用条件在合同文件中的优先顺序高于通用条件。一般专用条件对通用条件的修正和补充有以下三种形式:填入具体内容,修正合同条款,增加合同条款。

①填入具体内容。通用条件中有一部分条款没有具体内容,或有些条款明确了具体的约定在专用条件中加以说明,这类条款在专用条件中必须加以说明。

②修正合同条款。根据本工程的特点,在专用合同条件中,可以对通用条件的任何条款进行适合本工程的任何修正。例如,通用条件中通常是由工程师来行使合同管理的权力,如要求工程师在行使某种权力之前应获得雇主的批准,则必须在专用条件中规定。

③增加合同条款。在专用同条件中,除在通用条件的 20 条 163 款号之内,按条款号一一对应修正、补充外,必要时也可增加条款数量。这要依据工程的具体情况而定。如法律方面条款、技术条款和经济、财务方面的条款。

(3)争端裁决协议书格式,投标函、投标函附录及合同协议书格式

由于新红皮书引进了采用争端裁决委员会来代替以往版本由工程师解决争端的做法,故在合同条件后面给出了雇主、承包商和被任命的裁决委员之间的协议的有关条款供选用。

投标函是由承包商填写并签署的被雇主接受的投标报价书。主要内容为:"我方研究了实施上述之工程的合同条件、规范、图纸、工程量表、其他资料表、所附附录和编号＿＿＿＿＿＿(填文件编号)的补充文件,我方愿以＿＿＿＿＿＿(以支付货币填写)的总额或按照合同条件可能确定的此项其他总额的报价,按照本投标书,包括所有这些文件,实施和完成工程并修补其中任何缺陷。"以及表示接受 DAB 的建议、遵守本投标书并受其约束、按规定提供履约担保、承认投标函与中标通知一起构成对双方有约束力的合同等。投标函是合同文件的重要组成部分,且优先于合同专用条件。

投标函附录是投标函的补充文件。它与投标函一起构成了投标文件的重要组成部分。用于说明雇主和承包商对合同项目的某些重要约定。包括了雇主、承包商、工程师的定义(以往版本应在专用条件中定义);通信方式、合同语言、适用法律;进场、正常工作和竣工时间;履约保证金、误期赔偿、暂定金额;以及价格调整、支付规定、生产设备和材料、保险等有关比例和数量的规定;争端解决和区段定义等。其中大部分内容由雇主填写,少部分由承包商填写。以往由专用条件确定的有关内容现在都在投标函附录中约定,这是新红皮书的一大特点。

协议书是合同的首要文件,其内容包括:签约日期、发包方、承包人、工程名称、构成合同的文件目录、协议生效日期、公证人、发包方、承包人签字。

2.《施工合同条件》的特点

新版《施工合同条件》与《土木工程施工合同条件》相比,具有以下特点:

(1)从总体框架上借鉴了 1995 年出版的 FIDIC《设计—建造与交钥匙工程合同条件》格式,跳出了英国"土木工程师协会(ICE)"的框架,由原红皮书 72 条 194 款变为 20 条 163 款。

共定义了 58 个关键词,其中新增 30 个关键词是原红皮书没有的,并且每个关键词的定义更为确切。

(2)内容上做了比较大的改动与补充,条款顺序也重新进行了合理调整,其中采用原版内容只有 33 款,进行补充和改动较大的有 68 款,新编写的条款有 62 款。其中在内容编写上遵循的宗旨是将通用条款编写多一些、详细一些,用户不用时可以删除,尽量减少在专用条款中编写附加条文。

(3)新版合同条件表现出更多的灵活性,使其既符合世界银行要求也给了雇主选择余地。如履约保证的格式。

(4)新版合同条件更强调了对知识产权的保护,专门增加了"知识产权和工业产权"一款,对雇主和承包商各自对哪些文件可保留版权和知识产权以及文件的适用许可范围等作了明确的规定。

(5)新版合同条件对雇主和承包商双方的职责和义务,以及工程师的职权都作了更为严格而明确的规定。例如:设置了"雇主的资金安排"一款,对雇主的资金安排和支付提出了要求,以保障承包商的利益;对承包商的工作提出了更严格更具体的要求有:要求承包商按照合同建立一套质量保证体系;承包商每月应向工程师提交月进度报告,此报告应随其中支付报表的申请一起提交;若承包商不按规定去延长履约保证的有效期,或雇主向承包商索赔成立后承包商不按期支付此项款额,或雇主要求修补缺陷而承包商未按期进行修补等,雇主有权没收承包商履约保证;对工程的检验和维修提出了更高的要求等。

(6)索赔争端与仲裁方式及规定发生了变化,新版合同条件中承包商向雇主索赔的明示条款明显增多,并且工程师对承包商索赔要求答复的日期有了明确的时间限制(42 日内)。在解决争端时加入了争端裁决委员会(DAB)方式和工作步骤,即由雇主方和承包商方各提名一位 DAB 委员提请对方认可,合同双方再与这二人协商确定第三位委员任主席共同组成 DAB,由 DAB 裁决合同双方争端。如有一方不同意裁决意见则可提交仲裁。

三、FIDIC《施工合同条件》第一部分"通用条件"基本内容

FIDIC《施工合同条件》第一部分为通用条件,共编写了 20 条,分别为:一般规定,雇主,工程师,承包商,指定分包商,职员和劳工,生产设备、材料和工艺,开工、延误和暂停,竣工检验,雇主的接受,缺陷责任,测量和估价,变更和调整,合同价格和支付,雇主提出终止,承包商提出暂停和终止,风险和责任,保险,不可抗力,索赔、争端和仲裁。为了便于学习,可将这 20 部分内容按其顺序和性质划分为 8 个方面。分述如下:

1. 一般规定

这部分内容为通用条件的第 1 条,共包括 13 款。

(1)定义。本版合同条件共定义了 58 个措词和用语,其中 30 个是新出现的。主要有:有关合同,如合同、投标函、投标书、投标函附录、中标函、资料表、规范、图纸等;合同各方与当事人,如雇主、承包商、工程师、分包商、DAB;期限和竣工,如基准日期、开工日期、竣工时间、接受证书、竣工后的试验、缺陷通知期限;款项和支付,如中标合同额、合同价格、费用、付款证书、外币、本币、暂列金额、保留金等;工程和货物,如永久工程、临时工程、工程、货物、材料、生产设

备、承包商的设备等;其他定义如工程所在国、现场、承包商、履约担保、不可预见、变更等。

(2)解释。如单数形式的词也包含复数的含义,反之亦然。书面或用书面系指手写、打字、印刷、电子制作并形成永久性记录等。

(3)通信交流。合同中涉及的有关批准、证书、同意、确定、通知和请求等项必须采用书面形式,以面交、邮寄或信差送达、电子传输等方式进行通信或交流,且不得无故扣押或拖延。

(4)法律和语言。合同受投标函附录中规定的国家或地区法律的约束,并以投标函附录中规定的主导语言编写的合同版本为正版,以此表述优先。

(5)文件的优先顺序。构成合同的文件应互为说明、互为补充,合同文件执行的优先顺序为:

①合同协议书(Contract Agreement)(如有);
②中标函(Letter Acceptance);
③投标函(Letter of Tender)(包括其附录);
④专用条件(Particular Condition);
⑤通用条件(General Condition);
⑥规范(Specification);
⑦图纸(Drawings);
⑧资料表(Schedules)以及其他任何构成合同之一部分的文件(Documents)。

如果在上述文件中出现歧义或不一致时,工程师应给出必要的澄清或指示。

(6)合同协议书。除非另有协议,否则双方当事人应在承包商接到中标函后的28日内按照专用条件所附格式签订合同协议书,为签订合同而发生的规定税费由雇主承担。

(7)权益转让。没有一方的事先同意,另一方不得转让整个或部分合同,或合同项下的任何好处或利益。

(8)文件的照管和提供。规范和图纸由雇主保管,承包商的文件在工程移交给雇主之前由其自行保管。承包商应在现场保留一套完整的文件供工程师或雇主人员在合理的时间内查阅;一方发现为工程准备的文件中有技术性错误或缺陷应立即通知另一方。

(9)延误的图纸或指示。若任何必须的图纸或指示未能在合理的时间送达给承包商,可能造成工期拖延或中断施工,则承包商应通知工程师,若工程师仍未按通知要求送达并给承包商造成损失,承包商可以依此索赔。

(10)雇主使用承包商的文件和承包商使用雇主的文件。雇主和承包商对由自己编写的设计文件享有版权和其他知识产权,双方可以通过签订协议给予对方复印、使用及传输上述文件的许可,但未经一方同意,另一方不得为第三方复印、使用、传输上述文件。

(11)保密事项。为证实承包商是否履行合同所需要的秘密和信息,承包商应当向工程师透漏。

(12)遵守法律。承包商应遵守适用法律。依法纳税、设计、施工及修补缺陷并取得许可和执照;雇主应依法得工程规划等许可。

(13)共同的与各自的责任。若承包商为联营体或联合体时,则各当事人在履行合同时均向雇主承担共同的和各自的责任,各当事人应指定其中一人作为负责人,有权管辖此联营体或联合体及每个成员。没有雇主的事先同意,承包商不得改变其组成或法律单位。

2. 各方及当事人的权利与义务

（1）雇主（Employer）

雇主的主要义务有：按规定时间为承包商提供施工场地，否则承包商有权索赔工期、费用和利润；帮助承包商获得工程所在国的相关法律文本，并帮助其获得法律要求的各项许可、执照和批准；雇主有责任保证其雇员或其他承包商配合本承包商的工作，并遵守现场安全和环保规定；按合同约定向承包商支付工程款，并应承包商请求向其提供资金安排计划，如若实质性变更付款计划，应向承包商说明。

雇主的权利有：如果雇主根据合同认为因承包商的责任给自己造成了损失，可以向承包商提出索赔，包括索赔工期（延长缺陷责任期）、费用和利润等。

（2）工程师（Engineer）

工程师由雇主任命并与其签订咨询服务协议，如果雇主要更换工程师，则必须提前不少于42日发出通知以征得承包商同意，否则不得更换。工程师的职责和权力为：工程师应履行合同中指派给他的任务或职责，可以行使合同中规定的以及必然隐含的应属于其行使的权力；如若要求工程师在行使某种权力之前需要获得雇主批准，则必须在合同专用条件中规定。若未得到承包商的同意，雇主不得对工程师的权力进一步加以限制；但工程师：①无权修改合同；②无权解除任何一方合同规定的职责、义务或责任；③所做的任何批准、校核、同意、检查、检验、指示、通知、建议、要求和试验等并不能解除承包商对此事项应负的合同责任。

工程师可随时对其助手（助理）授权或撤销授权，助手在授权的范围内向承包商发出的批准、审查、开具证书等行为与工程师具有同等的效力。但对于任何工作、生产设备和材料，如果工程师助手未提出否定意见并不构成批准，工程师仍可拒绝验收；承包商对工程师助手的决定有异议时，可提交工程师确认、否定或更改。

承包商仅接受工程师及其授权的助手的指示，这种指示应为书面形式。如若为口头指示，承包商应在该指示发出后2日内书面要求确认，若工程师或其助手在接到确认函后2个工作日内未答复，则此确认函已构成工程师或其助手的书面指示。

工程师很重要的一项职权是做出确定。在做出确定前，应与雇主和承包商协商并力争达成一致；如果达不成一致，可根据合同规定自行做出一个公正的确定并通知双方，双方应履行工程师的确定事项，除非根据索赔、争端和仲裁条款做出修改。

（3）承包商（Contractor）

承包商的一般义务如下：①按照合同规定及工程师的指示进行设计、施工和修补缺陷；②提供工程所需的生产设备、承包商的文件、人员、货物等以及其他物品和服务；③要对一切现场作业和施工方法的完备性、稳定性和安全性负责；并对承包商的文件、临时工程和按合同规定的设计负责，即使上述各项工作需由工程师批准，如果出现错误也必须由承包商承担责任；④如果承包商负责部分永久工程设计，则应对其设计的永久工程负责并保证完工后能达到合同规定的目的。并在竣工检验之前按规范要求向工程师提供竣工文件及操作和维修手册。

另外，对履约保证、承包商代表、分包商、合作、放线、安全生产、质量保证、现场数据、接受合同款额的完备性、不可预见的外界条件、道路和路线、货物的运输、承包商设备、环境保护、电、水、燃气、雇主的设备和免费提供的材料、进度报告、承包商现场工作等方面的职责作了规定。

(4) 指定分包商(Nominated Subcontractor)

承包商对指定分包商的支付要依据合同的规定及工程师的证明,用暂定金额支付并加入合同价格中。若承包商无正当理由扣留或拒绝支付时,雇主有权直接向指定承包商付款,并从承包商的款项中扣回。

(5) 职员和劳工(Staff and Labour)

本款对承包商的职员和劳工的雇佣;工资、工作条件、健康及安全;工作时间;承包商的监督;承包商的人员等项责任作了规定。

3. 工程质量控制(Quality Control)

(1) 生产设备、材料和工艺(Plant Materials and Workmanship)

①实施方法。承包商应以合同规定的方法,按照公认的良好惯例来制造生产设备、生产加工材料及实施工程。

②样本。承包商要事先向工程师提交所用材料的样本和有关资料,以便得到同意。

③检查和检验(Inspection and Testing)。雇主人员有权在合理时间进入所有现场和获得天然材料的场所,并在生产、加工和施工期间对材料、工艺进行检查,承包商应提供一切方便;未经工程师的检查和批准,承包商对工程的任何部分不得覆盖、掩蔽和包装,否则,工程师有权要求承包商打开这部分工程供检验并自费恢复原状;对合同中规定的检验,由承包商提供所需人员和文件、仪器、工具、动力、材料等。检验的时间和地点由承包商与工程师商定;工程师可以根据变更规定来改变合同规定的检验位置和详细内容,或指示承包商进行附加检验;工程师参加检验应提前24小时通知承包商,如若工程师未能如期参加检验,承包商可以自行检验,工程师应确认此检验结果;承包商要及时向工程师提交具有充分证实的检验或试验报告,当规定的检验通过后,工程师应签发检验证书;若按工程师的指示对某项工作进行检验或由工程师的延误导致承包商遭受了工期、费用及合理的利润损失,承包商可提出索赔;如果检查或检验结果为不合格时,工程师可以拒收并说明原因,则承包商应立即修复,工程师按合同规定再行检查或检验直至合格为止。无论是否通过了检查或获得了检验证书,如果工程师认为设备或材料有不符合合同规定之处,可随时指示承包商将其移走、替换或重建。工程师还可随时指示承包商实施为保护工程安全而急需的任何工作。若承包商未及时遵守上述指示,雇主可雇佣他人完成此工作并进行支付,有关金额由承包商补偿给雇主。

(2) 竣工检验(Tests on Completion)

①承包商的义务。承包商应将竣工文件及操作和维修手册提交给工程师,之后将其准备接受竣工检验的日期提前21日通知工程师,并在该日期后的14日内由工程师指定日期进行竣工检验。检验合格,则承包商应向工程师提交一份有关此检验结果的证明报告;若检验不合格,工程师可拒收该工程或区段,并责令承包商修复缺陷,此修复的费用和风险由承包商自负。工程师或承包商有权要求重新检验。

②延误检验。因雇主原因延误竣工检验,承包商可以合同规定进行索赔;因承包商原因延误竣工检验,工程师可要求承包商在接到通知后的21日内进行竣工检验,若承包商超出此时间仍未检验,则雇主可自行进行竣工检验,其风险和费用均由承包商承担,并认为此竣工检验是在承包商在场的情况下进行的且其结果应视为准确有效。

③未能通过竣工检验的处理。对于按规定进行重新竣工检验仍未通过时,工程师有权指

示再一次进行检验;如果不合格的工程(或区段)基本达不到原使用或盈利目的的,雇主可拒收此工程(或区段)并从承包商处得到相应的补偿;若雇主同意,也可以在扣减与不合格工程相当的合同价格后颁发接收证书。

(3)雇主的接收(Employer's Taking over)

承包商认为工程已完工并可移交,应在移交日期之前的14日内向工程师提出颁发接收证书的申请,工程师接到该申请后,对检验结果满意,即可颁发接收证书。不满意时,可驳回其申请,承包商应补充和完善后再行申请。若在工程师接到申请后的28日期限内既不驳回也不颁发接收证书,而工程或区段又符合合同规定,则应视为第28日已颁发了接收证书。雇主应接收已颁发了竣工证书的合格竣工工程并负责其照管,而承包商应在接收证书之前将地表恢复原状。若雇主同意,工程师可对永久工程的任何部分颁发接收证书。在没有颁发接收证书之前,雇主不得使用该部分工程,否则应视为雇主已接收了该部分工程并承担相关责任。

(4)缺陷责任(Defects liability)

①缺陷通知期。从接收证书注明的工程(或区段)的竣工日期开始进入工程(或区段)缺陷通知期。承包商应按雇主的指示对工程中出现的各种缺陷进行修补、重建或补救。但雇主应有义务通知承包商。属承包商原因的,由承包商承担相应费用;否则,按变更处理。若因承包商原因的缺陷或损坏致使工程或工程的主要部分达不到原定使用目的,则雇主有权通过索赔要求延长缺陷通知期,但最多不得超过2年。

②履约证书。通知期满后的28日内,承包商履行了规定的义务并通过了对工程的检验后,工程师应尽快向承包商颁发履约证书。

4.进度控制(Progress Control)

(1)工程开工(Commencement of Works)

开工日期应在承包商接到中标函后的42日内或在专用条款中规定。工程师应至少提前7日将开工日期通知承包商,承包商应在开工日期后尽快开工。

(2)竣工时间(Time for Completion)

竣工时间为从开工日期算起的合同中规定的整个工程或某个区段的完工时间。承包商应在此时间内通过竣工检验并完成合同中规定的所有工作。

(3)进度计划(Programme)

在接到开工通知后的28日内,承包商应向工程师提交详细的进度计划。当进度计划与实际进度或与承包商履行的义务不符时,或工程师根据合同发出通知时,承包商应修改原进度计划并向工程师提交。

(4)竣工时间的延误与赶工(Extension of Time for Completion and Expediting Progress)

①如果由于以下原因致使承包商不能按期竣工,承包商可以索赔工期。

a.工程变更或合同范围内某些工程的工作量发生实质性变化。

b.根据合同条款承包商有权获得延长工期(如外界干扰引起的延误)。

c.异常不利的气候条件。

d.传染病或公共当局的行为导致承包商不能获得充足的人员货物。

e.雇主、雇主人员或雇主的其他承包商延误、干扰或阻碍了工程的正常进行。

②施工进度。如果因承包商的原因造成进度过于缓慢,以至于不能按时竣工或实际进度

落后于计划进度的情况,工程师可以要求承包商修改进度计划、加快施工并在竣工时间内完工。由此引起的风险和开支,包括由此导致雇主产生的附加费(如工程师的报酬),均由承包商承担。

(5)工程暂停(Suspension of Work)

承包商应根据工程师的指示暂停部分或全部工程,并负责保护这部分工程。如果此暂停并非承包商原因导致,则承包商:

①有权索赔因此暂停和(或)复工而造成的工期和费用损失。

②如果涉及为雇主所进行的设备或材料采购或运输暂停并超过28日,承包商有权按停工开始日时的价值获得对还未运至现场的生产设备或材料的支付。

③如果此暂停已持续84日,且承包商向工程师发函提出在28日内复工的要求未获批准,则承包商可以:当暂停工程仅影响到部分工程时,通知工程师把此部分工程视为已削减的工程;或当暂停的工程影响到整个工程时,要求终止合同;或不采取上述措施而等待工程师的进一步的复工指示。

(6)复工(Resumption of Work)

在接到继续工作的许可或指示后,承包商应和工程师一起检查受到暂停影响的工程、生产设备和材料,并进行修复。

5. 费用控制(Cost Control)

(1)测量和估价(Measurement and Evaluation)

①测量。工程师应依照合同规定对已完工程进行测量核实已完工程数量,计算应付承包商的款额。工程师进行测量前应通知承包商派人参加,若承包商未能派人参加测量,则应承认工程师的测量结果的准确性。当任何永久工程的工程量需要通过记录来计算时,工程师应负责准备这些记录。承包商应按照合同规定对记录进行审查,如果承包商审查后不同意上述记录,则应通知工程师,工程师在复查后应予以确认或修改。若承包商在被要求审查记录14日后未发出不同意的通知,则认为已接受。除合同另有规定外,测量值应为实际净值。

②估价。每项工作的估价应为该项工作的测量值乘以相应的费率或单价。费率或单价的确定为:

a.合同中有规定的,取合同规定值。

b.合同中未有规定的,首先应取类似工作的规定值。

c.不满足以上两种规定的,应依据合同规定对费率或单价进行合理的调整或考虑该工作的合理费用和利润进行重新确定。

③删减(Omissions)。若因删减某项原定工程而使承包商发生费用又不能计入剩余工作项目合同款额时,承包商可以通过索赔得到补偿。

(2)变更和调整(Variation and Adjustments)

①变更。在颁发工程接收证书之前,工程师可以通过发布变更指示或要求承包商以提交建议书的方式提出变更。除非承包商马上通知工程师因其无法获得变更所需货物并附有证据,否则承包商应执行此变更并受此约束。工程师在接到承包商的不能执行变更的通知后,应做出取消、确认或修改变更指示的确认。变更的内容主要包括:a.改变合同中所包括的任何工作的数量;b.改变任何工作的质量和性质;c.工作工程任何部分的标高、基线、位置和尺寸;d.

删减任何工作;e.对任何永久工程需要的附加工作、生产设备、材料或服务;f.改动工程的施工顺序或时间安排。没有工程师的指示,承包商不得对永久工程擅自进行变更。如果工程师在做出变更指示之前要求承包商提交对变更的建议书时,承包商应尽快提交建议书(包括变更部分工作安排说明、进度计划、对总进度计划的修改及延期要求、变更估价)或不能执行变更的理由。工程师对承包商的建议书或理由应尽快给予批准或提出意见。在等待答复期间,承包商不应延误任何工作。工程师应向承包商发出每一项变更的指示并要求承包商做好费用记录。变更估价按合同中有关测量和估价的规定执行。

②价值工程(Value Engineering)。若承包商认为采取某建议可以缩短工期、为雇主节省工程费用或带来效益,承包商可以向工程师提出,但建议书的费用需自担,该建议书视为变更建议书并按其规定处理。若因此改变永久工程的设计,则由承包商负责此设计。

③暂定金额(Provisional Sums)。暂定金额为雇主的工程备用金。只有在工程师的指示下才能动用并加入合同价格中。工程师可以要求:承包商实施工作,按变更进行估价和支付;承包商从指定分包商或他人处购买生产设备、材料或服务时,需要支付给承包商其实际支出的款额加上管理费和利润。

④计日工(Daywork)。对于少数零星工作,工程师可以变更的形式指示承包商实施,并按合同中所列的计日工表进行估价和支付。承包商应每日向工程师提交一式两份报表,包括在前一天工作中使用的人员、设备、材料和临时工程,以及使用的生产设备和材料的数量和型号的详细情况。工程师同意并签字后退还一份报表给承包商,作为申请中期支付的依据。

⑤调整。因工程实施中法律或对法律的解释发生变化而导致承包商在工期或费用方面的损失,承包商可以索赔;若合同规定因费用涨落需进行补偿的,则每个月内支付给承包商的款额都要根据合同规定的调价公式或物价变化做相应调整。调价公式为:

$$P_n = a + b \times L_n/L_o + c \times E_n/E_o + d \times M_n/M_o + \cdots$$

式中: P_n——用于在 n 期间(以月为单位)所完成的工作以相应货币的估计合同价值的调整系数;

a——在相关调整数据表中规定的固定系数,表示合同付款中不予调整部分;

b、c、$d\cdots$——代表相关调整数据表中列出的,与工程施工有关各成本要素(如人工、材料、设备等)的估计比例系数;

L_n、E_n、$M_n\cdots$——适用于(与特定的付款证书有关的)期间最后一天 49 天前的表列成本要素的,n 期间现行成本指数或参考价格;

L_o、E_o、$M_o\cdots$——适用于基准日期时表列相关成本要素的基准成本指数或参考价格。

(3)合同价格与支付(Contract Price and Payment)

①合同价格

合同价格要通过对实际完工工程量的测量和估价以及因法规或物价变化所进行的调整(不包括合同规定应由承包商支付的关税和税费)。

②预付款(Advance Payment)

雇主应为承包商开工时的动员工作支付一笔无息付款,并按投标函附录中规定的总额、次数和时间支付,按共同规定的次数、比例和时间扣回。

③支付

a. 期中支付证书的申请

承包商在每个月末之后要向工程师提交一式6份报表,同时提交证明文件,作为对期中支付证书的申请。此报表应包括:

Ⅰ.截至该月末已完成的工程及施工文件中已进行部分的估算合同价值(包括变更)。

Ⅱ.由于法规变化和费用涨落应增加和扣减的款额。

Ⅲ.作为保留金扣减的款额。

Ⅳ.作为预付款的支付和偿还应增加和扣减的款额。

Ⅴ.根据合同规定,作为永久工程的设备和材料的预支款而增加或扣减的款额。

Ⅵ.根据合同或其他规定(包括索赔规定)应增加和扣减的款额。

Ⅶ.对以前所有的支付证书中已经证明的款额。

如果合同中的支付计划表规定了分期支付的数额,工程师可根据实际情况予以调整,若合同中没有支付计划表,则承包商应提交一份按季度估算的支付计划表。

b. 拟用于工程的生产设备和材料

在为永久工程配套的生产设备和材料已运至现场并符合规定时,当月的期中支付证书中应加入一笔预支款(为生产设备和材料的费用的80%),当此类生产设备和材料已构成永久工程时,则应在此时的期中支付证书中将此预支款扣除。

c. 保留金(Retention Money)的扣留与支付

对于保留金的扣留一般按投标函附录中规定的百分比在每月支付证书中扣除,直至扣到规定的数额为止(一般为接收的合同额的5%)。在颁发整个工程、某个区段或部分工程的接收时,再按一定比例的保留金退还给承包商,在缺陷通知期全部期满后,再退回剩余部分。

d. 期中支付证书颁发的规定

Ⅰ.只有在雇主收到并批准了承包商提交的履约保证之后,工程师才能为任何付款开具支付证书。

Ⅱ.在收到承包商的月报表和证明文件后的28日内,工程师应向雇主签发期中支付证书,列出确认的应付金额并提交详细证明材料。

Ⅲ.当该月应付净金额少于投标函附录中对支付证书规定的最低限额时,工程师可不开具支付证书,而将此金额累计到下月应付金额中。

Ⅳ.若工程师认为承包商的工作或提供的货物不完全符合合同要求时,可以从应付款项中扣留用于修复或替换的费用,直至修复或替换完毕,但不得因此而扣发期中支付证书。

Ⅴ.工程师可在任何支付证书中对以前的证书做出修改。支付证书不代表工程师对工程的接受、批准、同意或满意。

e. 支付规定

Ⅰ.支付期限。对于首次预付款期限为:中标函颁发之日起42日之内,或雇主收到履约保证及预付款保函之日起的21日之内,或两者中的较晚者;期中支付的期限为在工程师收到报表及证明文件之日起的56日内;最终支付期限为雇主收到最终支付证书之日起的56日之内。

Ⅱ.支付货币。合同价格应以投标函附录中指定的一种或几种货币并按合同约定的比例和汇率进行支付,若投标函附录中未注明汇率时,应采用工程所在国中央银行规定的在基准日期通行的汇率。

f. 延误的支付

如果承包商在规定的期限内未收到支付,则承包商有权对雇主的欠款每月按复利收取延误期融资费。无论期中支付证书何时颁发,延误期都从合同中规定的支付日期算起。除非专用条款另有规定,此融资费应从年利率为支付货币所在国中央银行的贴现率加上3%计算。这也算是对雇主不履行合同的一种惩罚。

g. 竣工报表(Statement at Completion)

在收到整个工程的移交证书之后的84日内,承包商应向工程师提交一式6份按工程师批准的格式编制的竣工报表及证明文件。列出最终合同总价、未付款额及应另行支付的索赔金额。工程师应对此报表及证明文件进行审核并开具期中支付证书。

h. 最终报表和结清单

在颁发履约证书后56日内,承包商应按规定的格式向工程师提交一式6份的最终报表草案及证明文件,包括最终合同价值及承包商认为根据合同或其他规定还应支付给他的其他款项(如索赔)。如果承包商与工程师达成一致,则承包商提交正式最终报表。否则工程师可对没有争议的部分向雇主签发期中支付证书。将争议提交争端裁决委员会,必要时提交仲裁解决。承包商根据争端解决的结果编制一份最终报表交雇主。在提交最终报表同时,应付一份书面结清单交给雇主。

i. 最终支付证书

在收到承包商的最终报表和书面结清单之后的28日以内,工程师应向雇主签发最终支付证书,表明雇主最终应支付给承包商的款额以及雇主和承包商之间所有应支付的和应得到的款额的差额。

6. 合同终止(Termination)

(1)雇主提出终止

①通知改正。如果承包商未履行合同规定的义务,工程师可通知承包商并要求他在一定的合理时间内改正。

②雇主提出终止合同。当承包商发生以下行为时,雇主有权终止合同:

a. 未能按要求及时提交履约保证或按照工程师的要求改正其过失。

b. 不愿继续履行合同义务。

c. 无正当理由不按时开工、拖延工期或不及时拆除、移走、重建不合格的生产设备、材料或工艺缺陷,或实施补救。

d. 擅自将整个工程分包出去或转让合同。

e. 经济上已无力履行合同,根据法律规定,无力偿还到期债务。

f. 各种贿赂行为。

如果发生上述a~d项违约行为,则雇主可在向承包商发出通知14日后终止本合同。而发生e、f项违约责任,雇主可立即终止合同。终止合同后雇主可将承包商逐出现场,然后由雇主自行或雇佣他人完成此工程。雇主和他雇佣的人员有权使用承包商的任何货物和设计等文件。承包商的设备和临时工程可由雇主出售,以弥补承包商对雇主的欠款,但多余的款额应退还承包商。承包商要自负风险和费用安排上述设备和临时工程的撤离,不得拖延。

③终止合同后的估价和支付。雇主终止对承包商的雇用后,工程师应尽快对合同终止日

的工程、货物和承包商文件的价值做出估价,并确定承包商所应得的款项。终止通知生效后,雇主可向承包商提出索赔,在得到所有损失赔偿费和雇主善后工作补偿费之前,停止对承包商的一切支付。只有在扣除了上述得赔偿费和补偿费还有余额时,将此余额部分支付给承包商。

④雇主提出终止合同的权利。只要不是为了自己或安排其他承包商实施工程之目的,雇主认为适宜时,有权随时向承包商发出终止合同的通知。此终止以承包商收到终止通知日期与雇主退还履约保证日期二者之中较晚者之后28日生效。但此种情况应按雇主违约或不可抗力终止合同的情况进行估价和支付。

(2)承包商提出暂停或终止合同

①承包商暂停工作的权利。如果工程师未能按合同规定开具支付证书;或雇主在收到承包商请求后未能在42日以内提出资金安排的证据;或雇主未能按合同规定及时支付,则承包商可以在发出通知21日之后暂停工作或放慢工作速度,并对其损失提出索赔。但在发出终止之前,一旦收到了有关证书、证明或支付,承包商应尽快恢复工作。上述暂停或放慢进度不影响承包商按合同规定对到期未付款额部分收取利息及提出终止合同的权利。

②承包商终止合同。如果发生以下情况之一,承包商可向雇主发出终止合同通知:a.雇主收到承包商暂停工作的通知后的42日内仍未提供合理的资金证明;b.工程师在收到报表和证明文件后的56日内仍未颁发相应的支付证书;c.应付款额在规定的支付时间期满后42日以上仍未付;d.雇主基本未履行合同义务;e.雇主未在承包商收到中标函后地28日内与其签订合同协议书,或擅自转让了合同;f.由于非承包商的原因工程暂停84日以上,或提供累计超过140日,且影响到了整个工程;g.雇主在经济上无力执行合同,或无力到期偿还债务,或停业清理或破产等。承包商可在发出通知14日后终止合同(后两种情况可立即终止)。雇主应尽快退还履约保证,向承包商支付并赔偿其由此造成的损失。

③停止工作及承包商设备的撤离。由雇主或承包商提出终止的通知生效后,或由于不可抗力导致合同终止后,承包商应尽快;停止一切工作,但仍进行工程师指示其为保护生命财产和工程安全而进行的工作;移交他已得到付款的那部分工程文件、生产设备、材料及其他工作;在撤出现场上所有其他的货物(为保护安全必要的货物除外),然后离开现场。

7. 风险管理(Risk Management)

(1)风险和责任(Risk and Responsibility)

①保障。承包商要保障雇主、雇主的人员及他们各自的代理人免受人身和财产损失。如果承包商的人员伤亡或其他事故是由雇主方面或合同中规定的保险范围以外的原因而引起,则雇主应保障承包商及其人员免于承担责任。

②承包商对工程的照管。从工程开工之日起到对工程、工程的某个区段或某部分颁发接收证书之日止,承包商对应对其照管责任。待颁发接收证书之后,照管工程的责任才移交给雇主。

③雇主的风险及其责任。雇主风险是指:a.战争、敌对行动、入侵、外敌行动;b.工程所在国内的叛乱、恐怖活动、革命、暴动、军事政变或篡夺政权,或内战;c.暴乱、骚乱或混乱,但完全局限于承包商以及分包商的人员中的事件除外;d.军火、炸药、离子辐射或放射性污染,但由于承包商使用此类辐射或放射性物质的情况除外;e.以音速或超音速飞行的飞机或其他飞行装置产生的压力波;f.由于雇主使用或占用永久工程的任何部分所造成的损失或损害(合同中

另有规定除外);g.因工程任何部分的由雇主负责的设计不当而造成损失;h.一个有经验的承包商无法预见且无法合理防范的自然力的作用。

如果出现雇主风险并导致了工程、货物或承包商工程文件的损失或损害,则承包商应尽快通知工程师,并按工程师的指示弥补此类损失或修复损害。然后通知工程师进行工期和费用索赔。

④知识产权和工业产权(Intellectual and Industrial Property Rights)。雇主应保障承包商免遭因履行合同或并非合同目的使用工程或将非承包商的物品与工程联合使用导致侵权行为而产生的索赔。同样,承包商应保障雇主免遭因承包商的任何货物的制造、使用、出售或进口以及承包商负责的设计导致侵权而引发索赔。如果雇主或承包商任何一方收到了与侵权有关的索赔,而此索赔事件又应收到另一方的保障,则该方一定要在收到索赔通知后的28日内通知对方。否则视为其放弃了得到保障的权利。保障方应自费处理此索赔,被保障方应予以协助。

⑤责任限度。承包商根据合同对雇主承担的全部责任不应超过专用条件中所注明的金额。如无此规定,则不应超过已接收的合同款额。

(2)保险(Insurance)

①一般规定

a.中标函颁发前达成的条件协议中规定了承包商应投保的险种、承保人和保险条件,在专用条件中规定了雇主作为投保人时的承保人和保险条件。

b.如果要求某一保险单对联合的被保险人进行保险,则该保险应适用于每个单独的保险人,如同向每一个保险人颁发了一张单独的保险单一样。

c.办理的每份保险都应规定,进行补偿的货币种类应与修复损失或损害所需的货币种类一致。

d.投保方应按投标函附录中规定的期限向另一方提交保险生效的证明及"工程和承包商的设备的保险"和"人员伤亡和财产损害的保险"的保险单的副本。投保方在支付每一笔保险费后应将支付证明提交给另一方,并通知工程师。

e.若投保方未能按合同要求办理保险或未能提供保险生效证明和保险单的副本,则另一方可办理相应保险并缴保险费,合同价格将因此作相应调整。

f.合同双方都应遵守每份保险单规定的条件。投保方应将工程实施工程中发生的任何有关的变动都通知给承保人,并确保承包条件与本条的规定一致。

g.没有对方的事先的批准,另一方不得对保险条款作实质性的变动。

h.任何未保险或未能从承保人处收回的款额,应由承包商和(或)雇主按照各自根据合同规定应负的义务、职责和责任分别承担。若投保方未能按照合同要求办理保险并使之保持有效,而另一方既没有批准删减此项保险,也没有自行办理该保险,则任何通过此类保险本可收回的款项由投保方支付给另一方。

i.一方向另一方的支付要遵循合同中有关索赔条款的规定。

②承包商进行保险的险种有:工程保险,承包商的设备保险,人员伤亡和财产损害的保险(第三方保险),承包商保险和分包商的保险。

(3)不可抗力(Force Majeure)

①不可抗力的定义。不可抗力是指一方无法控制,在签订合同之前该方又无法合理防范,

而一旦发生该方无法合理回避或克服,且主要不是另一方造成的事件或情况。不可抗力一般是(但不限于)雇主风险的前4项和天灾(如地震、飓风、台风或火山爆发等)。

②不可抗力的通知。由于不可抗力发生而使一方已经或将要无法履行合同义务,该方在认识到此事件后的14日内应通知另一方并对影响程度给予详细说明。当不可抗力的影响终止时,该方也应通知另一方。在此期间,免除该方无法履行的义务。

③减少延误的责任。在任何情况下,合同双方都应尽最大的努力减少不可抗力造成的延误。

④不可抗力引起的后果。由于不可抗力造成承包商无法履行合同义务,并且按照要求通知了雇主,则承包商有权索赔由于不可抗力遭受的工期和费用损失。

⑤影响分包商的不可抗力。如果附加的或超出了本款规定的范围之外的其他不可抗力事件发生致使依据有关工程的任何合同或协议免除了分包商的义务,此时承包商应继续工作,其履约义务不得免除。

⑥可选择的终止、支付和返回。因不可抗力导致整个工程持续84日无法施工,或累计停工时间超过140日,则任何一方可向另一方发出终止合同的通知,通知发出7日后终止即可生效。承包商按照对合同终止时的规定撤离现场。工程师应估算已完成的工作价值(包括已完工程、已采购的设备和材料、为完成工程而合理导致的费用和负债以及设备返回本国和遣返人员的费用),并向承包商颁发支付证书。

⑦根据法律解除履约。如果出现了合同双方无法控制的事件或情况(包括但不限于不可抗力)致使一方或双方履行合同义务成为不可能或非法,或根据本合同适用的法律,双方均被解除了进一步的履约,则在任一方发出通知时双方应被解除了进一步的履约,但不影响任一方因对方以前的违约而享有的权利。并且雇主支付给承包商的金额与不可抗力情况下终止合同所包括的款项相同。

8. 索赔与合同纠纷的解决(Claims and Settlement for the Contract Disputes)

(1)承包商的索赔(Contractor's Claims)

①索赔通知。承包商必须在索赔的事件发生后的28日内通知工程师并提交合同要求的其他通知和详细证明报告;否则将丧失索赔的权利。

②保持同期记录。承包商应随时记录并保持有关索赔事件的同期记录。工程师在收到索赔通知后可监督并指示承包商保持进一步的记录及审查承包商所作的记录,并指示承包商提供复印件。

③索赔报告。承包商在引起索赔的事件发生后的42日内或由承包商提出工程师批准的时间内,承包商应向工程师提交详细的报告,说明其索赔的依据及要求索赔的工期和费用,并附以完整的证明报告。如果引起索赔的事件具有连续影响时,承包商应在第一份索赔报告提交以后按月陆续提交进一步的期中索赔报告,给出索赔的累计工期和费用。待引起索赔的事件产生的影响结束后的28日或由承包商提出工程师批准的时间内,提交一份最终索赔报告。

④工程师的处理。在收到承包商的索赔报告及相关证明报告后的42日或由工程师提出承包商同意的时间内,工程师应做出批准或不批准的决定。也可以要求承包商提交进一步的证明报告,但一定要在规定的时间内做出表示。

⑤索赔的支付。工程师在核实了承包商提交的报告、记录和相关证明资料之后,根据合同

规定确定承包商有权获得的延期和附加金额。并在期中支付证书中给予索赔款额的支付。如果承包商提交的报告不足以证实其全部索赔,则对已经证实的部分给予支付,而不应将索赔额全部拖至工程结束后一并支付。如果承包商未遵守合同中对索赔的各项规定,其行为已影响了对索赔的调查,则工程师在做出索赔决定时应考虑这一影响。

(2)争端的解决(Disputes)

①争端解决的程序。双方发生争端时应首先将争端提交争端裁决委员会(Dispute Adjudication Board,以下简称 DAB),由 DAB 做出裁决,双方同意则执行;当一方或双方不同意 DAB 的裁决时,还可再经过 56 日的期限争取友好解决;不能友好解决,则一方可要求仲裁解决争端。

②DAB 的委任和终止。合同双方应在投标函附录规定的日期内任命 DAB 成员。DAB 由 1~3 人组成。若为 3 人,双方各推荐 1 名供对方批准,并共同确定第 3 名作为主席。如果合同中由 DAB 成员的意向性名单,则必须在此名单中进行选择。不论和种原因,如果双方未能就 DAB 成员的任命或替换达成一致,即应由专用条件中指定的机构或官方在与双方协商后确定 DAB 成员的最后名单。合同双方与 DAB 的协议应编入附在通用条件后的争端裁决协议书中,由合同双方共同商定对 DAB 成员的支付条件,并各支付酬金的一半。合同双方可以共同将某事项提交给 DAB 以征得其意见,但不得单方与 DAB 征求意见。

合同双方可任命合格得人选替代 DAB 的任何成员。任何成员的委任的终止必须经合同双方一致同意。除非另有协议,在结清单即将生效时,DAB 成员的任期即告期满。

③DAB 的决定。合同双方产生合同争端时,任一方可以书面形式将争端提交 DAB 裁决,同时将副本递交另一方和工程师。DAB 在接到书面报告后的 84 日内对争端做出裁决,并说明理由。如果任何一方对 DAB 的裁决不满,他应在接到该裁决书后的 28 日内向对方发出表示不满的通知,并说明理由,表明他将提请仲裁;如果 DAB 未能在 84 日内做出裁决,则合同双方中的任一方都可在上述的 84 日期满后的 28 日内向对方发出要求仲裁的通知。如果在接到 DAB 的决定书后的 28 日内任何一方都未提出不满的通知,则该决定成为对合同双方都有约束力的最终决定。

只要合同尚未终止,承包商有义务按照合同继续实施工程。在未通过友好解决或仲裁改变 DAB 做出的决定之前,合同双方均应执行 DAB 的决定。

(3)友好解决(Amicable Settlement)

在一方发出对 DAB 的决定表示不满的通知后,必须经过 56 日之后才能开始仲裁。这段时间内双方可以协商友好解决彼此的争端。

(4)仲裁(Arbitration)

如果一方发出对 DAB 决定表示不满的通知 56 日后,又未能友好解决争端,则将此类争端提交国际仲裁机构做出最终裁决。除非另有协议,仲裁应按照国际商会的仲裁规则进行,并按照此规则指定 3 位仲裁人。仲裁人有充分的权利公开、审查和修改工程师的任何证书、决定、指示、意见或估价以及 DAB 对争端所做出的任何决定。仲裁过程中,合同双方均可提交新的证据和论据,工程师可被传为证人并可提交证据,DAB 的决定可作为证据。不论工程竣工之前还是竣工之后,均可进行仲裁。在工程进行过程中,合同双方、工程师以及 DAB 均不应因仲裁而中断履行各自的义务。

对以上合同条款的理解和应用可以结合第五章相关合同管理内容进行。

四、FIDIC《施工合同条件》中关于工程师的地位和权限

FIDIC合同条件下把执行项目管理任务的机构或人员统称为工程师。工程师是由雇主聘（雇）用的，为了管理工程合同而进行工作的咨询公司或专业管理公司，即作为一个独立的专业公司接受雇主雇用而履行服务的一方，可以是一个专业公司，也可以是一个具有执业资格的咨询工程师。工程师在合同中是一个法人，相当于监理单位或监理机构，不应看成是一个具体的人员。在FIDIC合同条件中，具体执行工程师工作任务的是工程师代表。他是由工程师任命的并对工程师负责的，履行和行使由工程师所履行的职责和权力的人员。相当于我国的总监理工程师一职。国外一般称之为常驻工程师。在FIDIC合同条件中还有工程师助理一职，他是由工程师代表授权并委托执行所委派的工作。相当于我国的专业监理工程师。

工程师不属于施工合同的一方。但工程师确是在合同管理中处于中心地位。FIDIC施工合同条件是专门为由工程师代行雇主权限管理工程而编写的。换句话说，只有在雇主任命了工程师管理合同的条件下才能使用FIDIC施工合同条件。工程师在项目进行中起着重要的作用，若要更好地管理合同和工程，就必须获得与其职责相适应的权力。因此，FIDIC合同条件中规定了工程师的职责和权限。

工程师应全心全意地为工程项目负责，必须按照合同条款规定兼顾雇主、承包商的利益，但始终应代表雇主的利益。工程师应教育和带动自己的工作班子，重合同、守信誉、公正、科学、独立地进行工作。若监理人员违约，就可能使承包商获得索赔款项和工程延期，给雇主带来损失。

在FIDIC合同条件中，规定了工程师的职责和权限如下：

（1）向承包商发布信息和指示。尽管雇主、承包商和工程师之间定期召开会议，但雇主和承包商的全部联系还应通过工程师进行，以避免出现可能的混乱和误解。即有关合同范围内的信息和指示只能来自工程师，雇主和承包商对对方的任何要求和建议都应经工程师来处理，不允许将工程师抛在一边自行其是。

（2）评价承包商对所进行的工作的建议。如工程设计、施工方案、施工计划和合理化建议等。也包括承包商提交工程师审查、验收、批准的各种请示、报告等。

（3）保证材料和工艺符合规定。工程师要严格监督承包商按合同规定的设计、规范、标准和工程师的指示施工并检查验收。

（4）复核并批准已完工程的测量值，向雇主递交临时和最终付款证书。没有工程师签发的付款证书，承包商不能得到付款。

（5）解释书面合同和管理合同。

从以上可以看出，我国目前在监理实践中，监理工程师的权限与FIDIC合同条件规定的权限还有差距，主要是合同管理和财务管理方面。FIDIC合同条件分派了工程师很多财务管理的职责，除了工程师管理常规的计量支付外，FIDIC合同条件一项基本原则就是工程师有权决定额外付款。

第三节 FIDIC 其他合同条件

一、《生产设备和设计—施工合同条件》(1999 年第 1 版)

《生产设备和设计—施工合同条件》是 FIDIC 为由承包商对机电类项目建设进行总承包而专门编写的，它适用于雇主和承包商签订的有关机械与设备的设计、供应和安装的电力和(或)机械工程的标准合同条件格式。该合同条件是在 FIDIC《电气与机械工程合同条件》(黄皮书)的基础上进行较大修改而形成的，为总价合同模式。因其外皮颜色仍为黄色，故被称为"新黄皮书"，1999 年发行了第 1 版。该合同条件基本框架与"新红皮书"相同，也包括 3 个部分：通用条件，专用条件和附件。附件给出了投标函、合同协议书和争端裁定协议书的标准格式。其中通用条件包括 20 条、167 款，共包括：一般规定；雇主；工程师；承包商；设计；职员和劳工；生产设备、材料和工艺；工程开工、延误和暂停；竣工检验；雇主的接收；缺陷责任；竣工后检验；变更和调整；合同价格和支付；雇主提出终止；承包商提出暂停和终止；风险和责任；保险；不可抗力；索赔、争端和仲裁等 20 个方面的内容。其中关于设计和设备安装方面的规定简述如下。

1. 关于设计

(1) 一般设计义务。承包商应承担工程的设计并对其设计的质量负责。承包商的设计应由有资格的设计工程师或相关的专业人员承担。如需设计分包，其分包商应经工程师同意。承包商应保证其设计人员或设计分包商有经验和能力完成设计工作。并保证其设计人员在整个合同期间随时可以参加与工程师进行的有关设计问题的讨论。一旦接到开工通知，承包商应仔细检查雇主要求中的设计标准和计算书，以及各参照项。在投标书附录中规定的时间内，承包商应就雇主要求中发现的任何错误、缺陷等通知工程师。工程师接到此通知后应决定是否按变更处理。如果此类错误构成变更，承包商可以进行索赔。

(2) 承包商的文件。承包商文件包括全部图纸、计算书、计算机软件(程序)、样品、图样、模型、操作和维修手册以及类似性的其他手册和资料。承包商将准备所有雇主要求中规定的文件以及任何进一步的文件，雇主的人员有权查看这些文件的准备工作。如果雇主的要求中规定承包商的文件需提交工程师检查和(或)批准，这些文件应提交工程师并附一份通知。工程师的审核期为不超过自收到承包商文件后的 21 日。若承包商的文件经审查不符合要求，承包商应自费进行修改并重新提交，为经批准的文件不得用于工程。若在规定的审核期满后工程师未能通知承包商，则视为该文件已或批准。承包商必须按经批准的文件实施工程，如承包商欲对已批准的文件进行修改应立即通知工程师。工程师的批准或许可不解除承包商的任何合同规定的责任和义务。

(3) 承包商的保证。承包商应保证他的设计、文件和实施工程符合工程所在国法律和构成合同的一切文件、变更和修改的要求。

(4) 技术标准和规章。承包商的设计、文件以及实施和完成工程都应遵守工程所在国的各种标准、规范、法律和法规。

(5)竣工文件。承包商应在现场保存一套完整的最新的施工记录,这些目录为竣工验收所专用,在竣工检验开始之前,承包商应将两份复印件交给工程师。此外,承包商应将施工图纸提请工程师批准,并在颁发接收证书之前按规定的数量和份数将有关图纸交给工程师。在竣工检验开始之前,承包商还应向工程师提交一份操作和维修手册。否则视为工程尚未完成。

2. 承包商的义务

承包商应按合同规定完成工程的设计、建造、竣工和缺陷修补,并为此目的提供人员、设备、材料和各种服务。承包商应对所有现场作业和施工方法的完备性、稳定性和安全性负责。承包商应按照工程师的要求提交所采用方法和所做安排的详细说明,且在未通知工程师的情况下不得做重大修改。承包商在接到中标函后的28日内按合同规定的金额、币种和格式向雇主提交履约保证。在承包商完成工程和竣工并修补任何缺陷之前,履约保证持续有效。承包商不得将整个工程分包出去,承包商应对其分包商及其雇员的行为负责。承包商应采取必要的安全措施,保障人员、施工现场的安全,并提供保护邻近地区人员或公共设施安全的临时工程。承包商应按照合同规定建立一套质量保证体系,并经过工程师的同意。但并不因此而解除承包商根据合同应具有的任何责任和义务。

3. 雇主的义务

雇主应在规定的时间给予承包商进入和占有现场的权利。并向承包商提供合理的帮助,使承包商获得一切必需的许可、执照和批准,如货物运输、清关以及设备运离现场所需的各种许可。雇主应在接到承包商要求之后的28日内向承包商提交资金安排表,按期支付款额。如有变更应通知承包商。

4. 工程师的责任和权利

工程师由雇主任命,行使合同中明确规定的或隐含的权利。但工程师无权修改合同。工程师的任何指示不解除承包商未能遵守合同的责任。工程师可根据合同规定,针对工程或修补缺陷向承包商发出指示,这些指示应以书面形式给出,承包商应遵守工程师或工程师助理发出的指示。工程师按照合同要求做出的决定应尽量与合同双方达成一致,保持公正。工程师应将决定通知各方,每一方均应遵守。

5. 质量控制

承包商应按照合同中规定的方式进行生产设备的制造、材料的生产和实施工程,并根据合同规定或按工程师的指示,向工程师提供工程中所用材料的样本供其审核。雇主人员有权在合理的时间内对承包商的设备制造、材料的生产和施工过程进行检查,承包商应为此提供机会。需覆盖或掩蔽的工程部分施工之前,承包商应通知工程师立即进行检查,如果未发出此类通知而工程师要求检查时,承包商应将这部分供工程师检查并自费恢复原状,使之完好。承包商应为进行检验提供一切便利。工程师可以拒收不合格的工程,由此产生的再次检验的费用由承包商负责。工程师在任何时候都有权要求承包商对检验不合格的工程采取补救工作。如果承包商未能执行此工作,雇主可自行或请他人完成,并就由此发生的费用向承包商索赔。达到竣工条件,承包商在提交了竣工文件和操作和维修手册后,将竣工检验日期提前21日通知工程师,按照合同规定进行竣工检验。检验的顺序为:试车前的检验、试车中的检验、试运行。在竣工检验后,承包商应向工程师提交竣工检验报告。未通过竣工检验的部分或区段应根据合同规定进行重新检验。如果在重新检验后仍未能获得通过,工程师可以要求再进行一次竣工检验,或拒收,或颁发接收证书,若为后者,雇主可从合同价格中做适当的扣除。如果因雇主的原因延误竣工检验,承包商可以索赔并在拖延超过14日时认为雇主已于检验之日接收该工程。

原黄皮书对设备制造的质量控制做的合同规定对我们进行设备监造监理可以借鉴。其主要要求为:应按惯例做法以恰当和熟练的方法去实施。工程师按合同规定或取得承包商的同意,可以将生产设备的检查和检验授权给一名独立的检察员进行。在设备制造期间,工程师有权对根据合同提供的全部生产设备的材料和工艺进行检查、研究和检验,同时检查其制造进度,但要按规定事先通知。承包商应为工程师进入制造设备的厂房进行此类工作提供许可和方便以及手段和条件。工程师的此类检查、研究或检验不应解除承包商在合同中的任何责任。如果工程师认为检查的结果表明生产设备有缺陷或不符合合同规定时,则可拒收此类生产设备,应立即通知承包商,并说明拒收的理由。承包商随后应快速修补好缺陷或保证任何拒收的生产设备符合合同要求。如果工程师要求对此类生产设备重新检验时,则按以上规定重复进行。所导致雇主的支出的全部费用应从合同价格中扣除。

二、《设计采购施工(EPC)/交钥匙工程合同条件》(1999年第1版)

《设计采购施工(EPC)/交钥匙工程合同条件》是与FIDIC与《施工合同条件》(新红皮书)及《生产设备和设计—施工合同条件》一同编制的,适用于在新的国际工程承包市场特点下的项目总承包合同模式。1999年发行第1版,因为其封皮颜色为银灰色,故称之为"银皮书"。该合同条件名称中的"EPC"是Engineering(设计)、Procurement(采购)和Construction(施工)的缩写。其适用范围为由承包商负责设计、工程材料和设备的采购以及工程施工直至竣工,在交付雇主时能够立即运行的工程项目建设发承包模式,即"交钥匙工程"。

1. 合同条件适用范围和特点

此合同条件通常采用于为雇主建造工厂、发电厂、石油开发项目以及包括港口码头在内的基础设施项目。其特点是工程的合同价格和工期具有高度的准确性,由承包商全面负责项目的设计和实施,雇主很少参与项目的具体执行,也不需要工程师管理合同。要求承包商承担工程建设本身的大部分风险。即除了合同规定的雇主风险(新红皮书中雇主风险条款中的前5项)外的所有风险由承包商来承担。由于项目总承包模式是《施工合同条件》和《生产设备和设计—施工合同条件》模式的综合,故银皮书的基本条款分别采用了新红皮书和新黄皮书相应条款,共有20条、166款。除了将新黄皮书中的第3条工程师改成雇主的管理以外,其余的名称与新黄皮书相同。此合同条件与《施工合同条件》相比,主要不同之处在于:一是该合同为固定总价合同;二是不采用工程师管理工程和合同,而是直接由雇主代表管理合同,承包商负责工程管理和总体协调;三是由承包商负责设计;四是雇主和承包商的风险责任分摊方式不同,后者承担主要风险。而与新黄皮书相比,不同之处是不采用工程师管理工程和合同以及风险分摊不同。

2. 关于雇主管理

此合同条件一大特点是不采用工程师管理合同,而是直接由雇主的代表管理合同。雇主代表一般应是雇主的雇员,也可以是雇主临时聘用的人员。但不论是雇员还是临时人员,都应当是具有符合工程管理要求的经验和能力的工程师或其他专业人员。即应具备任职资格(如FIDIC 的咨询工程师)。雇主代表由雇主任命,履行雇主委托或任命的职责,行使管理权限。工作的内容和方式类似于 FIDIC 合同条件下的工程师。但不具备公正的第三方的地位,相当于我国传统上的"甲方代表"。该合同条件规定:雇主代表的任何建议、检查、审核、检验、同意、批准或类似行为(包括没有否定),均不解除承包商的任何责任。即由于承包商的错误、漏项、误差以及不遵守法律、规范、技术标准的规定,不论雇主代表是否有上述行为,其责任都由承包商负责。

3. 关于设计—施工与交钥匙的区别

设计—施工与交钥匙两个术语是有差别的,但目前国际上还没有公认的定义。它们的共同点都是由承包商对设计完全负责。按 FIDIC 的界定,两者的定义如下:

设计—施工是指承包商按照雇主的要求,负责工程的设计与实施,包括土木、机械、电气等综合工程以及建筑工程的设计、施工、安装。相当于我国的工程总承包(即设计施工总承包)。

交钥匙工程是指按雇主的要求,承包商提供一套完整的设施(或项目)给雇主,雇主只要将"钥匙"转动,该设施(项目)即可投入运行。其特点是承包商需要融资建设,包括进行设计、施工、装置、装修和设备制造或采购,并负责运行工程。即由承包商融资建设项目,竣工后负责试运行,达到生产能力后移交给雇主使用,雇主按约定付款;或采用 BOT 模式由承包商运行数年,在将其投资收回并得到一定的利润(按约定)后移交给雇主运行。这种方式多用于大型工业项目和基础设施项目(如国内引资的高速公路项目,或一些援外项目)。

三、《合同简短格式》

与新红皮书、新黄皮书和银皮书一同发布的第 4 个合同条件是《合同简短格式》,称为"绿皮书"。该合同适用于投资额相对较小的建筑工程和其他工程,这些工程不需要专业分包,工期短且工作任务简单,或为具有重复性的工程。该工程一般由雇主负责设计,但也可由承包商负责设计。一般不委托工程师来进行管理,由雇主代表负责工程与合同管理。

简明合同格式主要由 5 部分组成:①协议书;②通用条件;③专用条件;④裁决规则;⑤通用条件指南。通用条件共有 15 条 52 款。包括:一般规定;雇主;雇主的代表;承包商;承包商的设计;雇主责任;竣工时间;接收;修补缺陷;变更和索赔;合同价格和支付;违约;风险和责任;保险;争端的解决。与新红皮书和新黄皮书相比,合同条款由 20 条缩减为 15 条,不采用工程师管理工程和合同,而直接由雇主代表进行管理。

第四节 ICE 新工程合同条件(NEC)概述

一、《工程施工合同》的形成过程

1985 年 9 月英国土木工程师学会(ICE)批准了编写一个新型施工合同的建议;1986 年 7

月着手制定合同编写的详细规划,由 Martin Barnes 博士(项目管理公司负责人)负责、John Perry 博士(伯明翰大学土木工程学院院长)协助;1986 年 9 月提交了编写详细规划,修改后于 1987 年 9 月征求专家意见;1988 年 6 月 ICE 决定成立由 ICE 成员、承包商代表、咨询工程师和雇主代表组成的工作小组起草新型合同文本。1991 年 1 月出版征求意见稿广泛征求雇主、承包商、咨询工程师、测量工程师和律师和一些机构的意见,并且在英国、南非和伯利兹等国家和地区试用;1993 年 3 月正式出版了新工程合同(NEC)第 1 版,1994 年 7 月开始修订,1995 年 11 月出版了第 2 版,并更名为《工程施工合同》。

二、《工程施工合同》的特点

1. 良好的灵活性

可适用于工程施工,如土木工程、电气工程、机械工程和房屋建筑工程;无论承包商是承担部分设计、全部设计,还是不承担设计都适用;提供了菜单式合同选项,使合同可适用于报价(单价或总价)式合同、目标式合同、成本偿付合同和管理合同;可用于英国,也可以用于其他国家。

2. 更加清晰和简洁

语言通俗易懂;结构合理、定义精确;按工作流程编排内容;词语明确、条款少精。

3. 促进良好的管理

合同条款的实施有助于提高管理效率;加强当事人之间的合作,以减少工程施工时的内在风险;有利于当事人更好地使用新的管理技术而提高管理水平。

4. 便于分包管理和财务管理

不指定分包商;可适用于工程量清单合同,也可用于分项工程表(带有固定价格的工程项目清单),便于计价和结算。

三、《工程施工合同》的构成

1. 构成

《工程施工合同》属于菜单式、组合型合同文件,主要由核心条款、主要选项条款、次要选项条款、成本组成表以及合同资料格式 5 部分构成。核心条款是必备条款,核心条款与次要选项条款等组合,可以构成不同种类或要求的合同文件,如标价合同(单价合同)、目标合同(总价合同)、成本加酬金合同和管理合同等。

2. 核心条款

核心条款共有 9 条,包括:总则;承包商的主要责任;工期;测试和缺陷;付款;补偿事件;所有权;风险和保险;争端和合同终止。

3. 主要选项

主要选项是按合同价格形式(付款形式)来划分的,共有以下 6 种形式可供选择。

选项 A:带有分项工程表的标价合同(有项目,没有工程数量,相当于纯单价合同)。分项工程表是由承包人制定的,为实施合同工程所要施工的各分项工程的汇总表。当承包人对分项工程表报价(分项工程的单价)后,每个分项工程的价格就是固定不变的,也是雇主支付给承包人的该项工程的款项。这些款项的总和(所有分项工程费)就是承包人完成整个合同的价格,包括所有承包人应承担的风险。这种合同适用于阶段付款。

选项 B:带有工程量清单的标价合同(相当于单价合同)。工程量清单在招标文件中给出,包括工作项目和数量。投标人根据招标文件提供的资料以及承包人应承担的风险对清单中的各个工作项目进行报价。这就是我们国内的采用工程量清单计价方式进行招标采用的合同形式。

选项 C:带有分项工程表的目标合同;选项 D:带有工程量清单的目标合同。选项 C 和 D 相当于可调总价合同。这种合同适用于拟建工程范围没有完全界定或预测的风险较大的情况。价格的确定包括了财务风险的分担。招标时承包人利用分项工程表或工程量清单以总价合同的方式报出目标价格,包括承包人估算的实际成本加其他成本以及间接费中的管理费和利润。在合同执行中,雇主可以按实际成本加间接费(费率由承包人在投标时报出)进行期中支付累计成为已完工程总价(PWDD),按合同约定对承包人报出的合同总价按补偿事件和通货膨胀因素进行调整,形成最终合同总价。在合同结束之时,如果 PWDD 小于最终合同总价,承包人可以获得差值中的分摊部分(计算方法在合同资料中约定),作为节约的奖励;否则,超出部分就由承包人自行负担分担份额。

选项 E:成本偿付合同。这种合同适用于施工工程的范围界定不充分,甚至作为目标价格的基础也不充分并且要求尽早动工时的状况。这种合同对承包人而言除承担那些需要管理自己的雇员和资源的风险外,不再承担成本风险。承包人得到的合同款项是实际成本加上报价的间接费,只受到少量的用于激励有效施工的约束,所承担的风险也是最小的。

选项 F:管理合同。这里的管理合同是用于雇主与管理承包人签订的总承包管理合同情况。管理承包人所承担的施工工程的责任等同于那些根据其他选项工作的承包人所承担的责任,但他本人不直接从事任何施工。所有分包合同都是与管理承包人直接签订的,并对分包人和分包合同实施管理。管理承包人负责提供管理服务,必要时提完成设计(设计加管理合同)。管理承包人在投标时就他的管理服务费和所估算的分包合同总价报价。分包合同的价格是作为实际成本支付给管理承包人的,并且是以这种方式支付的唯一款项。补偿事件可能造成分包人的价格增加,因此只能补偿给分包人,而管理承包人不能获得处理相应补偿事件的工作的单独付款和相关的额外费用。注意,这里的管理承包人不同于雇主的项目经理,项目经理与雇主签订专业服务合同,代表雇主管理合同,但不承包工程也不与分包人签订分包合同,不承担施工责任和风险。

4. 次要选项

当主要选项选定后,合同使用者可以人已选定次要选项。其中选项 U 只能用于在英国国内的工程(英国关于设计、施工、管理的法规)。次要选项共有 15 项。主要包括:

选项 G:履约担保;选项 H:母公司担保;选项 J:预付款;选项 K:多种货币(不与 C、D、E、F 同时使用);选项 L:区段竣工;选项 M:承包商设计;选项 N:价格调整(不与 E 和 F 同时使用);选项 P:保留金(不与 F 同时使用);选项 Q:提前竣工奖;选项 R:拖期罚款;选项 S:质量欠佳罚款;选项 T:法律变化;选项 U:施工法规;选项 V:信托基金;选项 Z:合同附加条件。

5. 合同选项的选择策略

合同选项的选择策略如图 6-1 所示。

第六章 国际工程合同管理

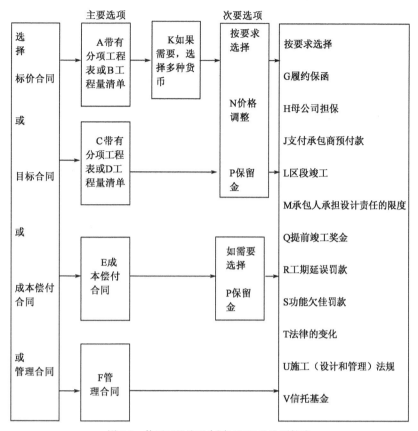

图6-1 使用工程施工合同(NEC)的选项策略

四、《工程施工合同》(NEC)的合同管理特点

采用《工程施工合同》(NEC)的目的之一就是促进良好的工程管理,这也是《工程施工合同》(NEC)最重要的特征。它可以为雇主、设计师、承包人和项目经理提供一种现代手段,以求共同合作完成合同工程,并有助于减少工程内在的风险,开展更为有效的管理。合同管理是一种合作管理,需要通过分清职能和责任鼓励当事人在合作管理中发挥各自应有的作用,在实现各自目的的同时合作完成工程。在《工程施工合同》(NEC)中,为了促进良好的管理,设计了工作应遵循的程序,这些程序的作用是提高预防为主的管理效果和提供合理处理补偿事件的方法。另外《工程施工合同》(NEC)采用了雇主委托项目经理管理合同的项目管理模式。并为此设计了根据雇主利益由项目经理可以选择的能够解决问题的选项条款,以保证采用成本最低的管理方法获得最佳的管理成效。

《工程施工合同》(NEC)最为显著的特点是采用项目经理管理合同,也就是受雇主委托全权负责项目管理。同时,雇主还聘请监理工程师独立实施质量控制工作,主要职责就是检查工程是否按"工程信息"(含对合同工程的规定和说明,相当于国内的施工规范和质量标准;对承包人实施合同工程所用方法的要求,相当于国内的施工规程)实施,包括对材料的测试和对施工质量的检验,也包括对承包人进行测试时的观察(见证和旁站)。监理工程师与项目经理是

207

平行的,其对工程施工质量做出独立的判定,不需要征询项目经理的意见,并且在其行为受到承包人质询时,监理工程师也不得求助于项目经理。若承包商对监理工程师或项目经理的行为不满,应诉诸于裁决人。因此,在《工程施工合同》(NEC)模式中引入裁决人来公正解决承包人与项目经理会或监理工程师的争议(合同争端)是它的另一大特色。可以说,1999版FIDIC合同文件中采用裁决人制度也是借鉴了《工程施工合同》(NEC)模式。这种模式有别于FIDIC的合同管理模式和我国的名义合同管理模式(类似于FIDIC),《工程施工合同》(NEC)采用项目经理和监理工程师共同进行工程管理是和我国目前的一些实际做法颇为相似的。即雇主的项目管理者(大多也称项目经理,只不过是自己的雇员而非委托的专业项目经理)负责合同管理,包括投资、进度、协调。而监理工程师主要管质量和安全(法律责任)。《工程施工合同》(NEC)的合同关系与项目组织关系如图6-2所示。

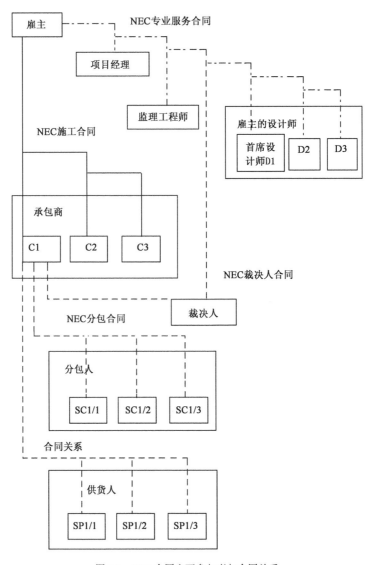

图6-2 NEC合同主要参与者与合同关系

五、项目经理与监理工程师的主要管理职责

1. 合同当事人、关系人与其他人

《工程施工合同》(NEC)的当事人是雇主(Employere)和承包商(Contractor)。合同关系人为项目经理(Project Manager)、监理工程师(Supervisor)、裁决人(Adjudicator)、分包商(Subcontractor)、供应商(Supplier of the Contractor),其他人为当事人和关系人以外的人员或机构。

雇主、承包商、项目经理和监理工程师应按本合同规定,在工作中相互信任、相互合作,共同完成合同工程;裁决人应按本合同的规定独立公正的工作。

2. 项目经理的职责

项目经理是由雇主从他或外面的人中任命的,其作用是为雇主管理合同,目的在于实现雇主所期望的目标。雇主通常在一个项目的可行性研究阶段就任命一位项目经理。项目经理的责任可以包括代表雇主行使权利,就有关设计的采购、成本和工期的估算、可选施工方案的优劣以及选定最合适的合同策略等方面为雇主提供咨询。

施工合同赋予了项目经理相当大的权力,可以认为,项目经理拥有雇主授权采取行动的权力,以及做出需要他作出决定的权力。《工程施工合同》(NEC)建议雇主尽量授权予项目经理,最好不要对其权力加以限制。但项目经理有责任与雇主保持密切的联系,对重大事项应征询雇主的意见后决定。项目经理的合同管理职责与权力主要有:

(1) 对承包商的请求及时做出答复并有权做出决定。

(2) 有权对工程信息做出变更并发出变更指令。

(3) 有权对承包商的设计包括施工设备设计进行审核并认可。

(4) 有权对承包商的主要雇员进行审核并认可,在有充分理由时可以指令承包商调离其雇员;有权对承包商使用或保管的施工设备、设备(指用于永久工程)、材料的所有权做出裁定,凡是已运入施工作业区的或已为监理工程师标记的施工设备、设备、材料其所有权即转归雇主,没有项目经理的允许,承包商不得撤出。

(5) 有权对承包商的分包商资格及分包合同条件进行审核,认可或不认可;在未获得认可之前,承包商不得指定分包商。

(6) 有权审核施工进度计划并决定是否认可,有权对某一工程发出停工或不开工的指令,有权指令承包商为提前竣工而赶工;有权决定竣工日期并签发竣工证书。

(7) 应在每一个结算日进行计价审核和应付款额,并向承包商详细说明应付款额计价审核的情况,并在结算日一周内签发付款证书。

(8) 有权对变更、赶工、缺陷处理等事项发生的费用进行审核并做出增加或扣减决定;在处理补偿事件时可根据各种可行方法,指令承包商提交报价和可供选择的其他报价,并在报价后的两周内予以答复,如有充分理由,可指令承包商修改报价。必要时,项目经理可以自行计价,并将结果通知承包商。

3. 监理工程师的职责

监理工程师是由雇主为某一特定合同而指定的。他可以是雇主自己的人(在我国不行),也可以是外面的人。其基本职责是检查工程的施工是否符合合同要求。这一点类似于其他合

同中的驻地工程师(如 FIDIC)或建筑师(如 AIA)。在工作中,可能需要质量检查人员或工程管理人员协助监理工程师工作。其主要职责有:

(1)应对工程的各项测试或检查事先通知承包商。

(2)对于承包商事先通知的测试或检查,应按时到场,对其测试进行观察。

(3)监理工程师进行的测试或检查,不应造成工程不必要的延误,或在测试和检查合格条件下的工程款支付的延误。

(4)有权对承包商用于工程的设备和材料按照工程信息所规定进行测试或检查,合格时通知承包商,承包商在接到合格通知后,方可将这些设备或材料运入施工作业区。此外,监理工程师应对施工作业区以外的施工设备、设备和材料做出鉴别并标记。

(5)在有恰当的理由时有权指令承包商寻查缺陷,包括进行工程的剥露、拆卸、重新覆盖和重新安装,以及为监理工程师进行的测试和检查提供设施、材料和试样,也包括进行工程信息中为要求进行的测试和检查。当然,若此类工作的结果是未发现缺陷,则构成补偿事件。

(6)在缺陷责任解除日之前,监理工程师应将发现的每一处缺陷通知承包商,承包商也应将其发现的每一处缺陷通知监理工程师。并且,无论监理工程师是否就缺陷发过通知,承包商都应将其改正,并在缺陷改正期结束之前改正所有指出的缺陷。对于竣工期前通知的缺陷,缺陷改正期自竣工之日起算;对于其他缺陷,缺陷改正期自缺陷通知之日起算。监理工程师按缺陷改正期最晚结束的日期签发缺陷证书。

复习题

1. 国际工程的管理与国内工程的管理主要区别是什么?
2. 国际工程合同条件的典型代表有哪几种?
3. 给出 FIDIC 各类合同条件的适用条件对比?
4. 分析 FIDIC 合同中的工程师地位、作用和管理权限。
5. 对比分析国内建设工程施工合同示范文本与 FIDIC 施工合同条件关于索赔的规定的异同?
6. 对比分析 FIDIC《生产设备和设计—施工合同条件》与《设计采购施工(EPC)/交钥匙工程合同条件》中关于设计管理的规定。
7. 分析 ICE《工程施工合同》(NEC)的特点和项目组织结构。
8. 分析 ICE《工程施工合同》(NEC)中的项目经理与 FIDIC 合同体系中的工程师的作用的异同;分析监理工程师与 FIDIC 合同项下的工程师的作用的异同。
9. 什么是目标合同?如何理解 C、D 选项中的合同预算价与合同实际价差的处理规定?